Das Reich und
die neuen Barbaren

Jean-Christophe Rufin

DAS REICH UND
DIE NEUEN BARBAREN

Aus dem Französischen von
Joachim Meinert

Mit einem Geleitwort von
Adolf Muschg

Büchergilde Gutenberg

Titel der französischen Originalausgabe
L'empire et les nouveaux barbares
© 1991 by Editions Jean-Claude Lattès

Lizenzausgabe für die Büchergilde Gutenberg
Frankfurt am Main und Wien
mit freundlicher Genehmigung des Verlages
Volk und Welt, Berlin
Copyright © der deutschen Ausgabe 1993
by Verlag Volk und Welt GmbH, Berlin
Lektorat Dietrich Simon
Umschlaggestaltung Eckard Warminski, Büdingen
Satz deutsch-türkischer fotosatz, Berlin
Druck und Bindung Offizin Andersen Nexö, Leipzig
Printed in Germany ISBN 3-7632-4308-9

Adolf Muschg

Uralte Mauern, ganz neu

Nachdem ein wohlbekannter historischer Versuch, die Welt zu verändern, fehlgeschlagen ist, kommt es wieder darauf an, die Welt neu zu interpretieren.

Die Umkehrung der Marxschen Devise ist nicht (nur) zynisch gemeint. Es gibt solide Gründe, warum »objektive« Bilder der Geschichte keine Konjunktur mehr haben. Der von der real-sozialistischen Philosophie vor ihrem Ende schamhaft zugelassene »subjektive Faktor« ist mehr als ein Irrlicht und Poltergeist. Was für die Teilchenphysik erwiesen ist — die Abhängigkeit der Gegenstände von ihrer Wahrnehmung —, gilt nicht nur im sub-mikroskopischen Bereich. In der Bewußtseinsindustrie gilt das Bild der Welt längst für diese selbst — so sehr, daß sich die Realitätsvermutung inzwischen umgekehrt hat. Was dem Touristen begegnet, muß dem Bild gleichen, das man ihm davon gemacht hat; und es fällt nur soweit in Betracht, als es sich wieder zur Reproduktion durch die eigene Kamera hergibt: durch ein Bild, das beweist, daß er da gewesen ist. Die Kategorie des »Authentischen« hat mit den Gegenständen als solchen immer weniger zu tun und wird immer mehr eine Bildeigenschaft. Sie dient nicht dem Staunen, sondern der Wiedererkennung. Wer in dieser Welt etwas wie Gerechtigkeit sucht, muß wissen, daß er für Mediengerechtigkeit zu sorgen hat. Was sich nicht für das Bild ereignet, ist so gut wie nicht geschehen. Ist es aber erst Bild geworden, verschwindet es in der Überfülle des Angebots: Informationsüberfluß ist die beste Zensur. (Etwas, was der reale Sozialismus zu seinem Nachteil nie begriffen hat.) Der Schlüssel-Rohstoff unserer Zivilisation — »Information« genannt — lebt von der Verschwendung.

Seine Industrie ist mit der Produktion von Folgenlosigkeit beschäftigt. Offensichtlich entspricht sie einem profunden Bedürfnis. Der Konsum soll fortlaufen; die Geschichte aber muß stillstehen. Das ist die Parole der Postmoderne: der Weltgeist, am Ende seiner Dialektik, soll von den gelähmten Füßen wieder auf den Kopf zurückgestellt werden. Der Kalte Krieg ist vorbei, der Augenblick soll verweilen — weil er so schön ist? Oder weil jede Fortsetzung nur schrecklich sein kann?

Dieses Buch zeigt den gewünschten Stillstand als Leitbild nicht der ganzen, sondern einer ganz speziellen Welt. Der Verfasser nennt sie »das Imperium«. Zugleich handelt er von einer neuen Befestigungsanlage, einem Damm gegen Veränderung. Er soll das Ungleichgewicht auf diesem Planeten stabilisieren und zugleich sein Wohlstandsgefälle beibehalten, das garantiert, daß die Werte nach der einen Seite fließen, der Abfall nach der andern. Die Installation ist eine Rampe zur Trennung eines anspruchsvollen Lebens vom notdürftigen; ein Filter, der für Menschen nur von einer Seite her durchlässig sein soll. Der Verfasser nennt ihn »Limes«.

Auch er verwendet also ein Bild — eine Analogie, die »historische Metapher« der Römischen Kaiserzeit. Sie dient auch ihm zur Wiedererkennung, aber nicht zur Reproduktion des Bekannten. Er legt eine transparente Folie über die heutige politische Weltkarte, und diese wird überraschend lesbar. Noch schwankt der Verlauf des Limes zwischen den imperialen Blöcken Europa, den USA, Japan und dem Rest der Welt. Aber das Prinzip steht fest: »Wohlstandssicherung für die Vollbürger; Definition — und Ausschluß verschiedenen Grades — der Barbaren. Dazwischen die empfindliche Zone der Hilfsvölker und Teilverbündeten, die der schärfsten Beobachtung bedarf: Lassen sie sich dem Befestigungswerk einordnen? Um welchen Preis? Kann es sie klein halten, muß es sie ducken? Dabei sind strategische und geographische Nähe nicht immer identisch. Weit entfernte Lieferanten unentbehrlicher Rohstoffe können dem Imperium näher liegen

6

als eine eigene Provinz ohne bedeutenden Nutzwert – also: Kuweit näher als Bosnien. Bürgerkriege im Limesbereich sind Alarm- und Interventionsfälle; solche in marginalen Gegenden mobilisieren nicht einmal die Moral: man kann sie sich austoben lassen. Die antike Folie verdeckt Namen wie Singapur, São Paulo oder Johannesburg. Dafür kann man lesen: Comptoir. Ein befestigter Außenposten des Imperiums.

Aber kennen wir das nicht schon alles: Nord gegen Süd statt West gegen Ost? Und worin weicht das Limes-Modell von der geläufigen Topographie des Kolonialismus ab, worin geht es darüber hinaus?

An vielen, an überraschenden Stellen: etwa in der günstigen Bewertung Japans und seines ökonomischen Opportunismus. Oder im Verständnis für das, was das Imperium »Ökologische Erpressung« zu nennen beliebt: das heißt, ihren Anspruch auf reine Luft, deren Kosten aber gefälligst ebenfalls die Entwicklungsländer tragen sollen. Im übrigen: das Imperium wird ebensowenig als kollektiver Unmensch wie die »Barbaren« als homogene Opfermasse geschildert. Als erfahrener Arbeiter in der Dritten Welt ist Rufin weit von deren Romantisierung entfernt; ebensowenig aber bereit, als dissidenter Bürger das »Imperium« diesem seinen Respekt vorzuenthalten. Die Widersprüche des Imperiums sind ebenso gewaltig wie seine Leistungen subtil. Es braucht nicht als Weltverschwörung beschrieben zu werden. Es bleibt ein großangelegter Versuch zur Zivilisation. Seine Kultur ist bedeutend.

Aber: ein universales Gut ist sie nicht. Wer herrschen muß, kann nicht teilen. Umgekehrt: die Barbaren sind keine edlen Wilden, an denen sich das herrschende Schuldbewußtsein schadlos hält. Es genügt, daß sie das System in Frage stellen, einfach, indem sie nicht dazugehören. Rufin schildert kein organisiertes Verbrechen der Begünstigten gegen die Armen. Er zeigt ein Dilemma. Darin ist zwar Raum für jede mögliche Schandtat – Raum aber auch für eine nicht minder erschreckende Unschuld.

Die altrömische Folie dient der verbesserten Klarsicht auf zur Zeit – und wohl noch lange Zeit – unlösbare Sachverhalte. Sie entstellt die Weltkarte der Gegenwart zu überraschender Kenntlichkeit. Die Freude an der Brillanz streitet erkennbar mit der Bestürzung über das strukturelle Elend, von dem sie so glänzend Bericht erstattet. Das tut sie engagiert: ohne Respekt für das Wohlbefinden des Lesers, aber mit allem Respekt vor seiner Intelligenz, vor der Findigkeit jenes Geistes, der bereit und fähig bleibt, sich auch auf eigene Kosten zu entwickeln. Auch das Römische Kaiserreich wurde weder von Schwachköpfen noch von Gewissenlosen zusammengehalten.

Das Porträt Mark Aurels entwirft die erste Möglichkeit, mit einem Dilemma zu leben, das nicht zu lösen ist; wir sehen das Modell einer doppelten Moral, einer zwischen Diesseits und Jenseits (des Limes) gespaltenen Humanität. Der philosophische Kaiser, der als Machtverwalter einen Widerspruch praktizieren und perpetuieren muß, der ihm als Menschen verhaßt ist, wird zum Stoiker, auch gegen sich selbst: dafür zahlt er mit dem Preis der Melancholie.

Das nächste Porträt in Rufins moralischer Galerie ist dasjenige des elsässischen Generals Kléber. Von Napoleons Heer abgesprengt, in Ägypten zurückgeblieben, verweigert er jeden Kompromiß mit der universalen Geltung der Menschenrechte. Er tut die Pflicht des Aufklärers auch inmitten der Barbarei und zahlt dafür mit seinem Leben.

Der Dritte im Bunde der Zeugen ist der kaum bekannte Roman von Ungern: ein im russischen Bürgerkrieg geschlagener »weißer« Offizier, der bei den kriegerischen Steppennomaden der Mongolei untertaucht und als einer von ihnen seinen Kampf gegen jede Art von Macht fortsetzt. Ein Wilder, auf der Seite – immer auf der Seite – der Ausgeschlossenen. Er zahlt mit Anonymität.

Kaum eine Frage, welcher der drei der Träger von Rufins persönlichstem Pathos ist. Der Mann ohne Eigenschaften, außer der einzigen der Revolte, ist zugleich eine literarische Figur — benachbart jenem Arthur Rimbaud, der sein Ich zuerst in der Literatur zerstört hatte, bevor er auch bei lebendigem Leibe umzog in die absurde Haut einer barbarischen, aber ungeteilten Existenz.

Dieses Buch, ins Deutsche übersetzt, wird von jedem seiner Leser noch einmal übersetzt werden müssen — in seine eigenen Erfahrungen in diesem bis vor kurzem geteilten, jetzt wieder — und ganz anders — in sich getrennten Lande. Der Leser wird seinen politischen, sozialen, aber auch seinen ganz persönlichen Ort in Rufins Topographie eintragen. Er wird sich an dieser verräterischen Weltkarte zu messen haben; aber auch sich aufgerufen fühlen zum nötigen Verrat an ihr: zum permanenten Aufstand gegen die Grenzen und für die Menschen, die sie trennen sollen.

*Diese so vollkommene Demo-
kratie ... möchte lieber nach
ihren Feinden als nach ihren
Leistungen beurteilt werden.*

*Guy Debord, Betrachtungen
zur Gesellschaft der Show*

DER BRAND VON KARTHAGO

*Denn in allen Kämpfen unterliegen zuerst
die Augen.*

Tacitus, *Germania*

Wir haben eine schreckliche Angst durchgemacht.

Das Verschwinden des sowjetischen Feindes, mit dem wir, als unserem Schreckbild, seit fünfundvierzig Jahren fest rechnen konnten, hatte die Demokratien in tiefe Schwermut gestürzt. Was wird Rom ohne seine Feinde sein? spöttelte Cato nach der Zerstörung Karthagos. Wir konnten uns die gleiche beängstigende Frage stellen. Man erinnere sich der großen Verwirrung angesichts des Falls der Berliner Mauer, dieser Angstempfindung, daß wir Tod und Gefahr nunmehr nur noch von uns selbst zu befürchten hätten. Ein Provokateur verschlimmerte das Unbehagen noch, als er, Hegel zum zweitenmal in seinem Grab umdrehend, den Anbruch der weltweiten Demokratie und das Ende der Geschichte verkündete.[1] Zum Glück eilten ein paar besonnene Leute herbei, um uns, gestützt auf ihre militante Vergangenheit, zu versichern, daß noch nicht alle Hoffnung verloren sei: »Das Drama liegt noch vor uns.«[2] Das Schlimmste blieb, leider aber keinesfalls ganz sicher, dennoch wahrscheinlich. Bedrohung, Krieg, kurz, das Leben, sollten uns alsbald zurückgegeben werden.

Es dauerte nicht lange, um zu erkennen, daß sie recht hatten. Eine große Militäroperation der Amerikaner in Panama, schwere Unruhen im sowjetischen Aserbaidschan, eine nie dagewesene Serie blutiger Konflikte in Afrika und vor allem natürlich die Invasion Kuwaits kündeten von der guten Nachricht: ein Feind ward uns neuerlich geboren.

Ich sage, *ein* Feind, obwohl er allem Anschein nach verschiedene Gesichter hatte: vom irakischen Caudillo bis zu den Drogenkartellen von Medellín, von den muslimischen Fundamentalisten bis zu den chinesischen Führern, die den demokratischen Frühling hinmordeten, sind es viele, die in unseren Augen die Gefahr verkörpern möchten. Dennoch ist kein einziger aus sich selbst heraus ein Gegner von der Statur dessen, den wir verloren haben. Keiner von ihnen ist der Feind; der setzt sich vielmehr aus ihnen allen zusammen. Jenseits ihrer belanglosen Personen sind es Elend, Gewalt und Haß der Massen, die, von ihnen repräsentiert, die eigentliche Gefahr darstellen. Alle diese Feuersbrünste lodern in derselben Richtung am Horizont auf: dort wohnt die Gefahr. Vielgesichtig, unvorhersehbar, wandelbar, wie sie ist, erlaubt uns allein die Himmelsrichtung, sie auszumachen: der Süden.

Der Süden, das ist die neue Bedrohung. Die Hellsichtigsten behaupten, sie hätten es vorausgesehen: die Ablösung mußte von jenen jungen Kontinenten kommen. Armes Rußland: so lange haben wir sein bitteres Knochenmark ausgesaugt; es ist erschöpft, ausgezehrt, gerade noch fähig, sich selbst zu martern! Aber was macht's, da die Welt in ihrer wundersamen Fruchtbarkeit einen Ersatz gefunden hat. Melancholiker aller Länder, vereinigt euch: die Gefahr ist wieder da. In Scharen von Artikeln, Sendungen, Büchern verkündet, feiert man sie und tut so, als ob man sie fürchte: die Ost-West-Konfrontation ist tot, die Nord-Süd-Konfrontation tritt an ihre Stelle.

Eine derart reine Symmetrie bezaubert den Geist. Diesem Platzwechsel der Himmelsrichtungen wohnt etwas Religiöses inne, wie einem planetaren Kreuzeszeichen. Er ist zugleich ideal, abstrakt, himmlisch und furchtbar praktisch: die auf Unterentwicklung spezialisierten Wirtschaftsfachleute treten, von den Tropen erschöpft, in die Europäische Bank für Wiederaufbau und Entwicklung ein und lernen Polnisch. Zur selben Zeit lassen die Generalstäbe ihre Panzer sandfarben tünchen, richten ihre Rake-

14

ten nach Süden aus und studieren die Abschreckung des Schwächeren durch den Stärkeren ...

Doch hinter dem scheinbar so einfachen und kräftigen Richtungswechsel des Feindes verbergen sich schwerwiegende Ungewißheiten. Nachdem die Zeit der ersten Euphorien vorüber ist, wird es heute dringlich, sich Fragen zu stellen.

DEN SÜDEN ERFINDEN

Beim Osten wußte man sehr genau, woran man war. Die kommunistische Welt bildete einen Festlandblock (Sowjetunion, Osteuropa), mit dem einige ferne, aber festgefügte Satelliten (Vietnam, Kuba, Äthiopien ...) sowie ein paar dissidente Länder (China, Albanien) verbunden waren. Alle diese Staaten waren extrem zentralisiert und militärisch integriert. Die Ähnlichkeit ihrer jeweiligen Wirtschaften, die starke Konzentration der Entscheidungsgewalt erlaubten es, sie zu einem »Pol« zusammenzufassen. Der Begriff »Osten« war, wie sehr er die Dinge auch vereinfachen mochte, berechtigt.

Aber »Süden«? Wie soll man ihn definieren? Besitzt er überhaupt eine Eigenexistenz? Im modernen Lexikon der überlieferten Vorstellungen kann man seit zwanzig Jahren lesen: »Dritte Welt: vor allem erklären, daß sie nicht existiert!« Sie ist geographisch extrem weit gestreut: es gibt kontinentartige Staaten wie Brasilien neben solchen wie Grenada, die eher einem Departement ähneln – jedenfalls der Größe nach. Länder gänzlich ohne Ressourcen stehen neben Erdölnationen. Singapur mit seiner Hochtechnologie liegt weiter südlich als Mali. Manche Staaten sind schwer gerüstet, während andere nur über einen Trupp Gendarmen verfügen, der für die Bewachung des Präsidenten zuständig ist. All das ist weithin bekannt. Die Zersplitterung und Spaltung des Südens kann niemand übersehen. Bemühungen um Einheit, sei es im regionalen oder einem umfassenden Maß-

15

stab, haben zu keinem Ziel geführt. Bandung und die Nichtpaktgebundenheit, mit der dem mangelhaften Begriff »Dritte Welt« ein Inhalt verliehen werden sollte, liegen weit zurück. Die Rivalität der Großmächte hat sich vom europäischen Schauplatz zurückgezogen und seit dreißig Jahren die Spaltungen geschürt, die Konflikte mit Waffen versehen, die Aufstände und revolutionären Ausbrüche angestachelt. Doch man kann nicht behaupten, daß die Dinge seit dem Rückzug der Sowjetunion und ihrer Verbündeten aus der Dritten Welt besser geworden wären. Die Konflikte haben eher an Zahl und Gewalttätigkeit zugenommen.

Der atomisierte, instabile, unberechenbare Süden kann nicht einfach so den Platz des beruhigenden Monoliths Osten einnehmen. Dieser neue und bereits so geschätzte Feind verfügt nicht über jene ideologische Ganzkörperrüstung, welche die Stärke und zugleich das Bequeme am Kommunismus ausmachte. Der Gegner wird uns diesmal nicht geschenkt: wir werden ihn uns erschaffen, zusammenfügen, ihm die Geschlossenheit geben müssen, deren er von Natur aus ermangelt.

Der Nord-Süd-Gegensatz mag auf den Ost-West-Gegensatz folgen, doch er ähnelt ihm nicht. Ost-West, das war von Anfang an eine Achse der Konfrontation: schon durch seine Geschichte stellte sich der Marxismus als Feind der vom Westen verfochtenen Werte dar. Das Nord-Süd-Konzept hingegen ist ursprünglich aus dem Gedanken der Solidarität hervorgegangen. Vor weniger als zehn Jahren forderte Willy Brandts Nord-Süd-Kommission die beiden Supermächte auf, ihre Rivalitäten zu beenden, abzurüsten und die eingesparten Mittel für die Entwicklung des Südens zu verwenden.[3] Heute fordert der Osten Hilfeleistungen für seine Entwicklung. Und was den Süden angeht, so wird gegen ihn gerüstet.

Die Dritte Welt ist heute weder reicher noch einiger noch feindseliger als vor zehn Jahren. Wenn die Nord-Süd-Achse aus einer Verbindung der Solidarität und des Mitgefühls zu einer Achse der Gefahr und der Feindseligkeit wird, dann heißt das, es ist ein anderes Bild des Südens im Entstehen. Es verleiht dem Süden die Einheit, Macht und Aggressivität, die seine neue Rolle erfordert.

Diese Erfindung des Südens ist im Gange. Sie vollzieht sich vor unseren Augen, in unseren Köpfen. Viele Leute, im Norden wie im Süden, tragen dazu bei, stacheln das Auseinanderklaffen und die Feindseligkeit zwischen diesen beiden Welten an. Viele andere stellen sich dagegen und sehen, welche Gefahren diese neue Ideologie mit sich bringt.

Man muß sehr weit in die Vergangenheit zurückgreifen, um die Spur eines ähnlichen Gesinnungswandels zu finden. Die Geschichte der europäischen Monarchien und Nationalstaaten liefert zahllose Beispiele für Rivalitäten des Ost-West-Typus, wo also klar konturierte Ensembles gleicher Größenordnung einander gegenüberstanden. Um eine Welt zu finden, die wie heute der Norden nicht mehr einen festumrissenen und vergleichbaren Gegner vor sich hat, sondern eine buntscheckige und zerstreute Vielheit, deren Einheitlichkeit und Geschlossenheit es erst herzustellen gilt, muß man bis in die Antike zurückgehen. Ich habe Cato zitiert, und das war kein Zufall. Der Fall Karthagos ist zweifellos die letzte historische Situation, in der eine Zivilisation, nachdem sie den letzten ihr selbst ähnelnden Gegner eingebüßt hatte, sich angesichts eines Vakuums denkerisch neubestimmen mußte.

Die Zeugen und Ideologen dieses Umbruchs waren bislang in der von Staub überdeckten Nekropole der lateinischen Übersetzungen eingeschlossen. Ihre Werke indes sind nicht stärker an ihre Zeit gebunden, als etwa ein Machiavelli dem florentinischen 15. Jahrhundert verhaftet ist. Es ist heute legitim, auf sie zurückzugreifen. Sie sind die letzten, die eine Situation analog der, in die wir soeben geworfen worden sind, erlebt und beobachtet haben. Der Denkansatz dieses Buches, seine Methode oder, wenn man das lieber hätte, seine Voreingenommenheit beruhen auf dieser Hypothese. Die lateinische Tradition liefert die intellektuellen Werkzeuge, die den gegenwärtigen Wandel der Denkweisen zu erfassen vermögen. Die ideologische Umwälzung, die Rom nach der Niederlage Karthagos erlebt hat, ist jener vergleichbar, die heute an die Stelle der Ost-West-Konfrontation einen Gegensatz zwischen Norden und Süden treten läßt.

Das Gewicht der Zivilisation

Fünf Jahrhunderte lang, von seiner Gründung an, hat Rom sich mit einer Folge von zunehmend stärkeren Gegnern auseinandergesetzt und diese besiegt: Etrusker, Sabiner, Samniten, Griechen aus Epirus. Schließlich stand Karthago vor ihm auf. Über ein Jahrhundert lang und im Laufe von drei langen Kriegen werden sich diese beiden Welten die Vorherrschaft über das Mittelmeer streitig machen. Schließlich, im Jahr 146 v. Chr., stecken die Legionen Karthago in Brand und streuen Salz über seinen Trümmern aus. Rom verliert mit einem Schlag den letzten Feind, der an Einheit und Macht mit ihm wetteifern konnte. Von nun an sieht es sich ganz allein gestellt der restlichen Welt gegenüber, das heißt einem Nichts, einem Staubhaufen uneiniger Völker, die zugleich schwach und gefährlich, turbulent und ohnmächtig sind.

Mit seinen aufeinanderfolgenden Gegnern hatte Rom, ebenso wie der liberale Westen mit dem kommunistischen Osten, eine, wie Elias Canetti es nennt, »Doppelmasse« geformt: »Die sicherste und oft die einzige Möglichkeit für die Masse, sich zu *erhalten*, ist das Vorhandensein einer zweiten Masse, auf die sie sich bezieht. Sei es, daß sie im Spiel einander gegenübertreten und sich messen, sei es, daß sie einander ernsthaft bedrohen, der Anblick oder die starke Vorstellung einer zweiten Masse erlaubt der ersten, nicht zu zerfallen.«[4] Die Zerstörung Karthagos ist ebenso wie der Fall der Berliner Mauer eine Erfahrung des Verlustes: eine der Massen verschwindet, und die andere wird in der Siegesfreude von einer unvermuteten Beklemmung erfaßt.

Als Scipio, vom Senat beauftragt, Karthago zu zerstören, seinen Soldaten befiehlt, in der verlassenen Stadt eine Feuersbrunst zu entfachen, tritt plötzlich eine sonderbare Stille ein. Die Römer, die die Szene beobachten, empfinden eine große innere Verwirrung. Scipio selbst tritt beiseite und weint. Er ruft seinen Freund, den griechischen Geschichtsschreiber Polybios, zu sich und spricht: »Es ist zwar schön, Polybios, aber ich weiß nicht, wie es kommt, ich fürchte und besorge, es möchte einmal ein anderer dasselbe für unsere Vaterstadt verhängen.«[5] Eine Zivilisation kann das Vakuum um sich herum nicht lange schauen, ohne vom Gedanken des eigenen Todes erfaßt zu werden. Polybios begreift dies angesichts des brennenden Karthago; in seinem ganzen Werk wird er sich kein anderes Ziel setzen, als auf diese Angst eine Antwort zu geben, die tragische Wahrnehmung dieses Endes in die Gewißheit eines Anfangs umzuwandeln. Um das zu erreichen, gibt es nur ein Mittel: die Perspektive der Geschichte zu verändern, ihr eine neue Richtung zu geben.

Die Römer hatten sich bis dahin nur von einem einzigen Streben leiten lassen: zu überleben, ihre Sicherheit zu gewährleisten. »Ihre Überempfindlichkeit gegenüber äußeren Bedrohungen, ihr übertriebener Argwohn und ihr verschärftes Sicherheitsbedürfnis« begründeten ihren »unbewußten Imperialismus«, wie Paul Veyne es nennt.[6] Polybios ist es, der diesen Imperialismus aus dem Dunkel hervorholt: er wird ihn offenbaren, rechtfertigen und preisen. »Mit seinen Bemerkungen und Überlegungen bringt er seine Gesprächspartner, insbesondere Scipio Aemilianus, dazu, einige Jahre nach dem Tod des großen Ahnherrn (Scipio Africanus maior), aber lange vor Cäsar und Augustus, erstmals das Römische Reich zu erfinden.«[7]

Als Polybios seine *Geschichte* schreibt, gestaltet er Roms Vergangenheit um, erschafft sie neu, gibt ihr in der Rückschau einen geradlinigen Verlauf. Er überzeugt die Römer davon, daß ihr Sieg kein Zufall ist: er ist das Prägemal eines besonderen Schicksals. Rom hat von Anfang an den Auftrag, ein Werk des Friedens, der Gerechtigkeit und der Weisheit zu vollbringen. Wenn es gesiegt hat, dann darum, weil es sich nach diesem Maßstab als allen anderen überlegen erwies. So trägt es jetzt allein die Verantwortung für die Zivilisation, für ihre Verteidigung, ihre Ausdehnung auf das ganze Universum. Sieger über seine Feinde, kann Rom dennoch seine Laufbahn nicht als vollendet ansehen und sich nicht damit bescheiden, nur in Frieden zu leben. Um aus ihrer traurigen primitiven Lage herauszukommen, kann die Welt nur noch auf Rom zählen. Polybios sieht in Rom den Erben des zweifachen griechischen Universalismus: den Erben der Macht, die ihm von Alexander her zufällt, und der Weisheit, die ihm die Philosophen vermacht haben. Die übrige Welt, alles, was außerhalb des Reiches ist, befindet sich in beklagenswerter Lage: jenen Barbaren gebricht es an Zivilisation. Rom hat die Pflicht, sie ihnen zu bringen oder aber sie zu bekämpfen, falls sie auf ihrem Archaismus beharren und es zu bedrohen suchen.

Das beklemmende Bild eines Rom, das sich ganz allein einem Vakuum gegenübersieht, ersetzt Polybios durch die begeisternde Idee einer imperialen Verantwortung, einer universellen Mission. Und damit erfindet er sich eine neue »Doppelmasse«: das Reich im Gegensatz zu den Barbaren. Wohlgemerkt, Polybios' Vision ist ein ideologisches Konstrukt, das zu der Zeit, als er es verkündet, in keiner Weise der realen Situation entspricht. Die Tugenden, die er Rom über die Jahrhunderte hinweg zuspricht, sind ebenjene, die es gerade im Kontakt mit der griechischen Welt (das Jahr der Zerstörung Karthagos ist auch das der Brandschatzung von Korinth) mühselig erwirbt. Und was die Barbaren angeht, so ist ihre Zivilisation häufig weit fortgeschritten, und ihre Wirren sind die Folge der römischen Eroberung ...

Aber das macht nichts. Das Wesentliche ist, daß das Begriffspaar Reich/Barbaren sich als außerordentlich wirkungsvoll erweisen sollte. Es ist nicht nur die Gegenüberstellung zweier selbständiger Wesenheiten: es konstituiert und erhält sich aus sich selbst. Jeder Teil des Paares wird durch seinen Gegensatz zum anderen definiert. Die heteroklite Masse der Barbaren, ihre extremen Unterschiedlichkeiten sammeln und vereinigen sich im Negativen: barbarisch ist alles, was nicht Reich ist und dem Reich gegenübertritt. Und je unsicherer das Reich seiner eigenen Werte wird, desto mehr rückt es ab von den Tugenden der Zivilisation und sucht seine Einheit und Identität im Kampf nach außen, gegen die »Barbarei«.

Dieses selbständige und ringförmig geschlossene Begriffspaar wird sechs Jahrhunderte bestehen, bis zum Untergang des Westreiches. Danach hat die Ideologie des Polybios keine Geltung mehr, ist nicht mehr von Interesse. Auf den Trümmern des Reiches bildet sich eine neue Welt heraus, beherrscht von der Frage der Kräftebalance gleichwertiger Mächte, eine Welt à la Metternich, die bis in unsere Tage fortdauern und ihren Gipfel im planetaren Ost-West-Gegensatz finden wird.

Und jetzt vollzieht sich eine neuerliche polybische Revolution. Der Nord-Süd-Gegensatz erweckt diese Ideologie der Ungleichheit, der Asymmetrie zu neuem Leben. Kein Zweifel, daß zur Bannung der vom sowjetischen Rückzug hervorgerufenen Angstgefühle dem Süden nunmehr die Rolle der neuen Barbaren zufällt, welche einem Norden gegenüberstehen, der als wiedervereinigt, als imperial, als Wahrer der universellen Werte der freiheitlichen und demokratischen Zivilisation vorausgesetzt wird.

VON HEGEL ZU POLYBIOS

Der Übergang hat sich in drei Schritten vollzogen. Erster Schritt: das mit den Begriffen »Niederlage des Kommunismus«, »Zusammenbruch des Ostens« oder »Scheitern des Marxismus« negativ bezeichnete Phänomen wurde auf einmal positiv wahrgenommen als »Sieg der Demokratie«, »Triumph des Liberalismus«, »Revanche der Menschenrechte«. Der von Berlin und Deutschland ausgehende Gedanke der Wiedervereinigung hat sich auf ganz Europa und noch allgemeiner auf den Norden ausgedehnt, im Zuge eines Prozesses der universellen Ausbreitung der westlichen Demokratie. Zu dieser Bewußtwerdung von Werten, die jetzt diesem ganzen wiedervereinigten Ensemble gemeinsam sind, haben die freien Wahlen in Osteuropa erheblich beigetragen. Die Pariser KSZE-Tagung vom 22. November 1990 hat das Ende von Jalta besiegelt, das heißt das Ende der Ost-West-Spaltung und -Konfrontation. »Der Kalte Krieg ist beendet«, erklärt Präsident Bush.[8]

Zweiter Schritt: rasch hat sich herausgestellt, daß dieser hegelianische Optimismus verfrüht war. Die Wiedervereinigung des Nordens ist noch sehr zerbrechlich, nicht frei von Gefahren und Paradoxa. Das Schicksal der UdSSR und mehrerer Länder Osteuropas ist ungewiß, ihre Festlegung auf den Weg der Demokratie zweifelhaft. Außerdem hebt der Triumph des liberalen und demokratischen Staates weder die wirtschaftliche Konkurrenz und ihre gefährlichen Ungleichheiten noch die nationalen, ethnischen, religiösen Gegensätze auf. Und schließlich sind Frieden, Wohlstand, Freiheit Tugenden, die schon bald gewisse Unannehmlichkeiten hervorrufen: erstens einen Mangel an Kohäsion, vor allem aber Langeweile. Das »sanftere und freundlichere« Amerika, das George Bush bei seinem Amtsantritt verheißt, ruft nichts als Gähnen hervor.

Kurz, es bleibt ein gefährliches und vom Zufall abhängiges Unterfangen, eine hochfliegende Definition der »gemeinsamen Werte« des wiedervereinigten Nordens geben zu wollen, ohne daß die aktuellen Ereignisse sie schon anderntags widerlegen.

Dritter Schritt: Rückkehr zum Wohlbehagen der »Doppelmasse«. Ja, ein echter Zusammenschluß des Nordens ist möglich, wenn man seine Werte durch deren Gegenteil definiert, durch das, was ihnen widerspricht oder sie bedroht. Das Auftreten des Südens in der Rolle der neuen Barbaren verwirklicht dieses Ziel. Der Begriff »Barbar« darf selbstverständlich nicht in seinem trivialen Sinn von Wildheit aufgefaßt werden. Er darf auch nicht mit der

Vorstellung der Invasion verknüpft werden. Nur ein sehr kleiner Teil der römischen Geschichte hat mit den Barbareneinfällen zu tun, während das Begriffspaar »Reich/Barbaren« die römische Ideologie über sechs Jahrhunderte beherrschte. Der Begriff »Barbaren«, wie er in Analogie auf den Süden angewendet wird, muß im Sinne von Polybios gefaßt werden: barbarisch ist, was nicht Reich ist, was ihm entgegensteht, und ihm, *a contrario*, Beruhigung verschafft und es definiert.

Die Golfkrise hat eine außergewöhnliche Woge polybischer Rhetorik ausgelöst. Daß die Amerikaner die Barbarei, die Diktatur, die Verletzung der Menschenrechte anprangerten, hat es möglich gemacht, einen Zusammenschluß des Nordens zu erzielen, wie er durch keine friedliche Definition hätte bewirkt werden können. Und was die von den Vereinigten Staaten vorgeschlagene Neue Weltordnung angeht, so definiert sie sich vor allem als Haltung gegen die Verletzungen des Völkerrechts und nicht als Bezugnahme auf den positiven Gehalt dieses Rechts.

Man muß sich jedoch davor hüten, die neuen Barbaren auf jene wenigen Persönlichkeiten einzugrenzen, die in einen offenen und gewaltsamen Konflikt mit dem Norden eingetreten sind. Diese Persönlichkeiten können im Zuge der Krisen wechseln, indem der Verbündete von gestern zum Feind von heute wird und umgekehrt. Der Nord-Süd-Gegensatz stützt sich auf tiefergehende und dauerhaftere Realitäten.

In der polybischen Ideologie bilden Barbaren und Reich nicht nur darum einen Gegensatz, weil sie sich bekriegen, was nur punktuell und selten zutrifft. Selbst dann, wenn sie nicht gegeneinander kämpfen, bleiben ihrer beider Naturen zutiefst verschieden: Die einen sind das Gegenteil der anderen.

Dieser ideologische Kontrast sollte im Laufe der römischen Geschichte unaufhörlich weiter vertieft und zugespitzt werden: für viele lateinische Autoren trennt die Grenze zwischen dem Reich und den Barbaren nicht nur

Zivilisation und Natur; sie ist auch die Scheidelinie zwischen Mensch und Tier. An den Grenzen der barbarischen Welt erblickt Pomponius Mela Volksstämme, die »ohne Dach und Fach unstet umherschweifen« und »kaum noch Menschen sind, sondern halb Tier« (*Vix jam homines, magisque semiferi*).[9]

Der Süden in seinen Mythen

Reich und Barbarei bilden auf allen Gebieten ein Gegensatzpaar. Rom versteht sich als Garant des Friedens und der Harmonie; die Barbaren führen ständig Krieg. Rom ist eine Republik, in der das Volk herrscht; jene gehorchen gewalttätigen Monarchien. Rom wird zusammengehalten durch seine Kultur und seine Sprache; jene sind zersplittert und können sich nicht miteinander verständigen. Rom ist rational, und seine Religion trägt zur Ordnung im Gemeinwesen bei; jene sind von Fanatismus ergriffen. Rom übt Gerechtigkeit und achtet das Recht; sie lassen sich nur mit Gewalt zügeln.

Der eigentliche Gegensatz zwischen dem Norden und den neuen Barbaren ist indes nicht der angesichts dieses oder jenen Konflikts geräuschvoll und in seiner Besonderheit hervorbrechende: er liegt in dem neuen Gesamtbild der Dritten Welt, das sich derzeit im demographischen, ökonomischen, politischen und kulturellen Bereich ausprägt. Nach dreißig Jahren Kaltem Krieg und Ost-West-Gegensatz in den Tropen hat in allen Bereichen die Stunde für eine aktualisierende Bestandsaufnahme geschlagen. Zum erstenmal birst der Mythos von der Entwicklung auseinander und legt eine lange Zeit verborgene Realität frei: Süden und Norden befinden sich zueinander nicht in einem Verhältnis von Zurückgebliebenheit und fortgeschrittener Entwicklung. Sie entwickeln sich in entgegengesetzter Richtung.

Der erste Teil dieses Buches versucht diesen Bruch zu umreißen. Der Süden folgt auf dem Gebiet der Bevölkerungsentwicklung, der politischen Struktur, der Produktion von Reichtümern, im kulturellen Bereich einem Weg, der dem des Nordens rigoros entgegengesetzt ist. Eine Reihe von Gegensatzpaaren ist zu bemerken. Diese Gegensätze ermöglichen es, die ideologische Linie zu ziehen, welche den Norden von den neuen Barbaren trennt.

Die Spaltung zwischen diesen beiden Welten hat gerade erst eingesetzt, sie ist noch nicht zu einer starren Gestalt geronnen. Mit der neuen Nord-Süd-Konfrontation ist eine unerschöpfliche Quelle für Peripetien, Dramen, Knalleffekte vorhanden. Wir werden von jetzt an im Rhythmus dieser Konfrontation leben, so wie wir vierzig Jahre lang im Banne der Ost-West-Konfrontation gelebt haben.

Im zweiten Teil dieses Buches wird es darum gehen, die Regeln dieser Opposition zwischen einer Welt und ihrem Gegenteil zu bestimmen. Die Römer sind uns da weit voraus: Sie haben das Gegensatzpaar sechs Jahrhunderte lang in Aktion erlebt. Sie haben die Eigenheiten jener seltsamen Grenzlinie kennengelernt, die das Reich von den Barbaren trennt und den Namen *Limes* erhalten sollte. Diese Linie ist nicht nur der Ort einer militärischen Konfrontation. Erst gegen Ende der römischen Geschichte bildet sich zwischen dem Imperium und den Barbaren eine regelrechte kontinuierliche Front heraus. Der *Limes* ist zunächst die ideologische Grenze zwischen dem, was das Reich als zu sich gehörig anerkennt, und dem, was es als fremd ablehnt. Der Mensch hat auf dieser und auf jener Seite des *Limes* nicht denselben Preis, gehorcht nicht denselben Regeln, und die Geschichte entwickelt sich nicht in derselben Richtung. Die Römer haben sich in die Logik des *Limes* hineinbegeben, ohne ihre Konsequenzen zu ermessen. Erst allmählich hat sich die Schleife um sie zusammengezogen. Am Anfang ist der *Limes* etwas Beruhigendes: indem er der Zivilisation eine Grenze setzt, sie von der Barbarei abtrennt, schützt er sie und ermöglicht ihre Entfaltung. Er ist ein Instrument des Fortschritts und des Friedens. Doch durch die Ungleichheit, die er heraufbeschwört und verschärft, bewirkt der *Limes* zugleich eine heftige wechselseitige Anziehung der beiden Welten, die er trennen sollte. Und schließlich führt er zur gewaltsamen Konfrontation.

Der heutige neue *Limes* zwischen Nord und Süd markiert den sachten Anbruch einer Moral der Ungleichheit, einer Art von weltweiter Apartheid. Im Gedanken des *Limes* ist, mehr oder weniger deutlich, die Absicht eingeschlossen, die Zivilisation des Nordens zu definieren und zu schützen. Doch dies geschieht durch die gewaltsame Preisgabe des Südens, der mit Barbarei gleichgesetzt wird. Dieses Im-Stich-Lassen ist bereits heute in zahlreichen Bereichen spürbar. Demographisch: an die Stelle des Strebens, die Weltbevölkerung in ihrer Zahl zu begrenzen, tritt eine minimale Hoffnung, die Massen des Südens zu zügeln, wobei man auf malthusianische Katastrophen baut, die sie regulieren werden. Ökonomisch: das universelle Ideal der Entwicklung wird abgelöst durch eine selektive Politik, die darin besteht, Hilfe nur noch den Pufferstaaten zu gewähren, die sich längs des *Limes* befinden und seine Stabilität gewährleisten sollen. Politisch: die universelle Stützung der Demokratie wird ersetzt durch ein neues Entgegenkommen gegenüber totalitären Staaten der Dritten Welt (China, Iran), sofern sie sich als fähig erweisen, zu regionaler Stabilität beizutragen, vor allem aber, massive Migrationsbewegungen zu verhindern. Militärisch: an die Stelle der direkten und exzessiven Verwicklung der Großmächte in die Kriege der Dritten Welt tritt eine differenzierte Behandlung je nach der Lokalisierung des Konflikts: direkt am *Limes* angesiedelte Konflikte lösen eine massive Intervention des Nordens aus. Die übrigen liefern der gleichgültigen Öffentlichkeit das kostenlose Schauspiel von Gemetzeln, bei denen nichts auf dem Spiel steht. Die Ideologie des *Limes* markiert somit ein gewaltiges Schrumpfen der geschichtlich belangvollen Gebiete.

Diese Entwicklungen bergen in sich sehr ernste Gefahren. Wenn man sich ihrer bewußt ist, muß man die Mittel finden, mögliche Handlungsweisen zu erkennen. Am

Ende dieser Analyse werden drei Szenarien vorgeführt, drei mögliche Entscheidungen angesichts der Ideologie des *Limes*. Sie sind unterschiedlich und widersprechen einander in vieler Hinsicht, haben aber den ersten Schritt gemeinsam: die Erkenntnis des tiefen und totalen Wesensunterschieds, der den Nord-Süd-Limes vom Ost-West-Gegensatz trennt, an dessen Stelle er treten soll. Wollte man zwischen beiden nur einen einzigen Kontrast festhalten, so könnte man folgendes sagen: Der Ost-West-Gegensatz war eine kriegerische Ideologie, die ein friedliches Gleichgewicht herstellte. Der Nord-Süd-Limes stellt sich als eine »neue Friedensordnung« dar: Er hält das Ungleichgewicht und die Konfrontation in Schranken. Lassen wir nicht zu, daß in diesem Kampf »unsere Augen zuerst unterliegen«.

Erster Teil
Der Bruch zwischen Nord und Süd

1

Die neuen *TERRAE INCOGNITAE*

Jenseits der eben beschriebenen wüsten Gegenden leben die stummen Völker, die sich statt der Sprache durch Gebärden verständigen, und zwar haben einige wohl Zungen, ohne aber Töne hervorbringen zu können, andere besitzen keine Zungen, bei noch anderen sind die Lippen sogar zusammengewachsen: diese haben unterhalb der Nase nur eine Röhre, durch die sie vermittels von Halmen Getränke aufnehmen und, wenn sie Lust zum Essen haben, Körner der überall wachsenden Getreidearten einzeln verschlingen können.

Pomponius Mela, Buch III (III)

Der Film *An den Quellen* des Nils konnte nicht in den Gegenden Äthiopiens gedreht werden, die die beiden Helden der Geschichte gegen Ende des vorigen Jahrhunderts erforscht hatten. Guerillabewegungen machen diese Gebiete seit mehreren Jahren zu einer instabilen und gefährlichen Zone. Die Staatsmacht kontrolliert nur eine strategisch wichtige Straße und ein paar befestigte Garnisonen. Niemand ist in der Lage, genau zu sagen, was in diesen Provinzen vor sich geht, weder Journalisten noch humanitäre Organisationen werden hineingelassen.

Wenn unsere beiden Engländer heute ihre abenteuerliche Reise wiederholen müßten, dann wäre das Geheimnis der Entdeckung abermals unberührt und die Wechselfälle der Tour wären sehr viel gefahrvoller als ihre damaligen Abenteuer. Die heutzutage in jenen Gegenden Kämpfenden sind nicht mehr mit Assagais, langen Spießen, bewaffnet, sondern mit Sturmgewehren und schwerem Gerät,

31

das sie sich durch Schmuggel beschafft haben. Kurz, der Film *An den Quellen des Nils* schildert die Erforschung eines Gebiets, das heute abermals unerforscht ist.

Wenn man durch die Dritte Welt reist, bemerkt man dieses Phänomen schon sehr bald: die betretbaren Gebiete schrumpfen zusammen. Vor Ort ist dies so alltäglich, daß es kaum anders als in Anekdoten formuliert wird. In Afrika und Asien erzählen erfahrene Leute gern, wie man »früher« an diesen oder jenen Ort gelangen konnte, der unterdes unzugänglich geworden ist. Eine meiner ersten Erinnerungen an die Sahara, wie ich sie vor fünfzehn Jahren erlebte, dreht sich um die Erzählungen der Lastwagenfahrer von Tamanrasset, die nostalgisch »die andere Route« heraufbeschworen. »Die andere Route« war die Strecke an der Küste entlang, welche Spanien mit Dakar auf dem Wege über Marokko, Rio de Oro und Mauretanien verband. Zur einen Seite die Wüste, zur andern der Atlantik; die Piste lief auf dem Grat zwischen der einen und der andern gleichermaßen kahlen, nackten Welt entlang. Sie durchquerte eine verschlafene Stadt, Villa Cisneros, welche die Erinnerung an Mermoz* bewahrt. Bisweilen zeichneten sich vor der blauen Szenerie des Meeres die Umrisse einer Karawane ab.

Der nach der Entkolonialisierung der früheren Spanisch-Sahara zwischen Mauretanien und Marokko ausgebrochene Krieg hat diese Region in ein Schlachtfeld verwandelt. Die Küstenstraße mußte geschlossen werden. Anfangs dachten die Fahrer, sie würde wieder geöffnet; jetzt wissen sie, daß sie sie niemals wieder fahren werden. Auf marokkanischer Seite versperrt ein langer Befestigungswall den Weg. Niemand kann mehr dort hinein, mit Ausnahme weniger Journalisten, die dabei streng bewacht werden. Diese über lange Zeit nicht zu unterwerfenden, geheimnisträchtigen Regionen, diese Gegenden mit ihren

---

* Jean Mermoz (1901–1936), französischer Pilot und Flugpionier; stellte 1930 die erste direkte Postflugverbindung zwischen Frankreich und Südamerika her, verscholl vor der Küste von Dakar im Atlantik. (Anm. d. Übers.).

bewaffneten Räuberscharen, von denen die Helden Pierre Benoîts oder Joseph Peyrés* so heftig träumten, haben ihr Geheimnis und ihre Gefährlichkeit zurückgewonnen. Diese Tatsachen haben nichts Zufälliges. Von den Anden bis zur Sahara, von Südafrika bis zum indischen Subkontinent, von der Arabischen Halbinsel bis zu den Gebieten am Himalaja ist es durch zahllose Zeugnisse erhärtet: Ein großer Teil der erforschten Gebiete ist zurückgefallen in seinen früheren Zustand. Diese Gegenden sind nicht zugänglich, befinden sich nicht unter der Kontrolle der regulären Behörden, stehen jedem Eindringen von Fremden feindselig gegenüber. Es handelt sich nicht nur um einen zeitweiligen Verfall, wie man ihn in allen Teilen Europas und des Nahen Ostens auch erlebt hat, nicht um den zyklischen Wechsel von Machtausübung und Rückzug. Nein, jene Gebiete des Südens, von denen ich spreche, erleben eine weitaus ernstere Entwicklung: sie entfernen sich von der Welt, ziehen sich auf sich selbst zurück. Ihr Leben ist nicht eingeschlummert: oftmals sind sie Schauplatz großer Dramen, ja Tragödien. Aber diese Dramen bleiben der übrigen Welt unbekannt, diese zeigt sich ihnen gegenüber gleichgültig, ignoriert sie. Das erste Merkmal der neuen Barbaren besteht ebendarin, in der Undurchdringlichkeit, die ihre fernen Territorien umschleiert und inmitten der südlichen Erdteile neue Abgründe des Rätsels und der Autonomie aufklaffen läßt.

Ich will einige Beispiele dafür nennen, weil es uns so schwerfällt, uns diese Preisgabe vorzustellen − und sie uns einzugestehen. Der Gedanke an ein Schrumpfen der uns bekannten Welt kollidiert in uns mit einer vertrauten Vorstellung und Selbstverständlichkeit: mit der Gewißheit, daß die Europäer auf einem langen geschichtlichen Weg bis in die entferntesten Winkel des Planeten vorgedrungen sind. Dieser langsame und hartnäckige Prozeß der Entdeckung, dann Erforschung, schließlich Befriedung

---

* Pierre Benoît (1886−1962) und Joseph Peyré (1892−1968), französische Abenteuerschriftsteller mit Vorliebe für exotische Schauplätze. (Anm. d. Übers.).

begann im 16. Jahrhundert mit den Weltumsegelungen durch die großen Seefahrer; er hat sich bis zum Zweiten Weltkrieg und darüber hinaus fortgesetzt. Die ersten Etappen kennen wir alle: die Kolonisierung der Küsten und das weitere Vordringen längs des Laufes der großen Flüsse. Wir wissen, daß das Innere der südlichen Erdteile über lange Zeit eine *terra incognita* geblieben ist. Die großen Expeditionen der Pioniere ins Innere, über die ausgedorrten Hochebenen oder durch die Urwälder am Äquator waren noch weitaus heroischer und grausamer als die Expeditionen der Seefahrer, die die Küsten entdeckten. Von den *bandeirantes* Brasiliens bis zu den Missionen durch Afrika (Marchand, Brazza, Serpa Pinto usw.) ist die Eroberung der Kontinente eine gewaltsame Geschichte voller Niederlagen und Rückschläge. Noch 1930 weisen die Atlanten weiße Flecken auf, welche die kaum oder gar nicht erforschten Gebiete anzeigen (Karte S. 35). Doch trotz dieser Verzögerungen waren wir der Überzeugung, daß sich die Geschichte in einer klaren Richtung vorwärtsbewege: Das Geheimnis hat sich gegen die Enthüllung gewehrt, aber es ist gewichen. Überall hat es nach und nach an Terrain eingebüßt. Der wissenschaftliche − und militärische − Fortschritt hat den Kampf immer ungleicher werden lassen. Vor fünfzig Jahren verkündete Valéry den Beginn der endlichen Welt. Und wir haben es geglaubt.

Die Kolonisatoren haben die eroberten Territorien systematisch in Planquadrate eingeteilt, organisiert, befriedet, unter ihre Verwaltung gestellt. Schließlich gab es in den sechziger Jahren, zur Zeit der Unabhängigkeitserklärungen, auf den geographischen Atlanten keine weißen Flecken mehr. Die Erforschung und Erschließung war sogar so vollständig, daß sie das Überleben der Naturvölker bedrohte: der Eskimos, der Indianer Amazoniens, der afrikanischen Urwaldstämme. Die Maschine der Erforschung und Zivilisierung arbeitete mit solcher Kraft, daß es eher nötig schien, sie zu bremsen: das ist die Zeit der Jean Malaurie, Robert Jaulin, Bertrand Flornoy, die uns,

Die neuen terrae incognitae in Afrika

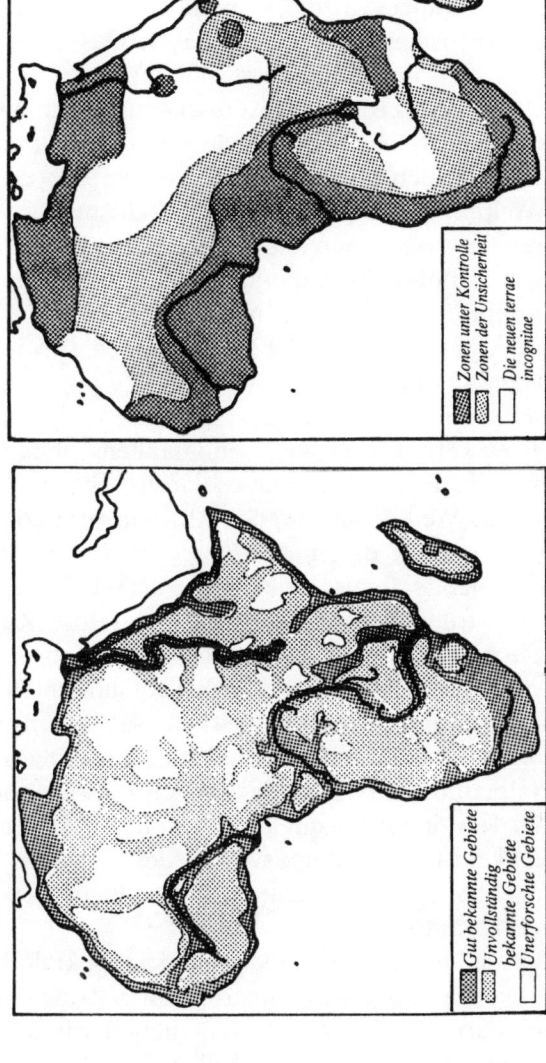

1932: Klassischer Atlas
von Schrader und Gallouedec (Hachette)

Gut bekannte Gebiete
*Unvollständig
bekannte Gebiete*
Unerforschte Gebiete

1991: (Vorläufige) Wiederherstellung
der Situation

Zonen unter Kontrolle
Zonen der Unsicherheit
*Die neuen terrae
incognitae*

indem sie die Bewahrung der indigenen Kulturen forderten, deutlich zeigten, daß diese besiegt waren. Der Pioniergeist mußte Ende der sechziger Jahre andere Betätigungsfelder entdecken: die extreme Höhe, die Tiefe der Meere, die Eroberung des Weltraums. Das Unbekannte war nicht mehr auf der Erde zu finden: nichts hatte dem ungeheuren Prozeß des Austauschs und der Öffnung widerstanden, welcher die Archaismen zerbricht und eine Beziehung zu den abgelegensten Winkeln der Erde herstellt. Welthandel, Information und Tourismus verbinden mit ihren Tentakelarmen alle Feuerstätten des planetaren Dorfes. Die politische Unabhängigkeit aller Staaten und das System der Vereinten Nationen haben schließlich einer jeden ihren Platz in der transparenten Turnhalle des Universellen Fortschritts zugewiesen.

Dieser Optimismus ist einer der in unseren Denkweisen am tiefsten verankerten positiven Glaubensvorstellungen. Er kommt ins Rutschen, wenn es darum geht, einzugestehen, daß die Welt in eine zweite Phase eintritt und daß die mit dem Gewicht dreier Jahrhunderte des Erforschens daherkommende Tendenz sich heute umkehren kann, hin zur Abschottung, zum Rückzug auf sich selbst. Zu dieser Überzeugung wird man selbstverständlich nicht im Glaspalast der UNO gelangen und auch nicht auf den Flugplätzen, in den Zentren der Hauptstädte des Südens und in den dortigen Urlauberdörfern. Wenn man hingegen mit V. S. Naipaul der »Biegung des großen Flusses« folgt, ins Herz der Kontinente, dann kann man in der Dritten Welt die Rückkehr des Geheimnisvollen, des Unzugänglichen, des Ungebändigten beobachten: die weißen Flecken tauchen wieder auf.

In den letzten Jahren haben sie sich spektakulär vermehrt. Die Karte der neuen unerforschten Zonen läßt sich nur summarisch zeichnen, so sehr haben wir uns abgewöhnt, das Unbekannte darzustellen (Karte S. 37). Aber diese weißen Flecken reichen ihrer Fläche und vor allem der Zahl der von ihnen erfaßten Menschen nach bald schon an die Größe der dreißiger Jahre heran. In unseren

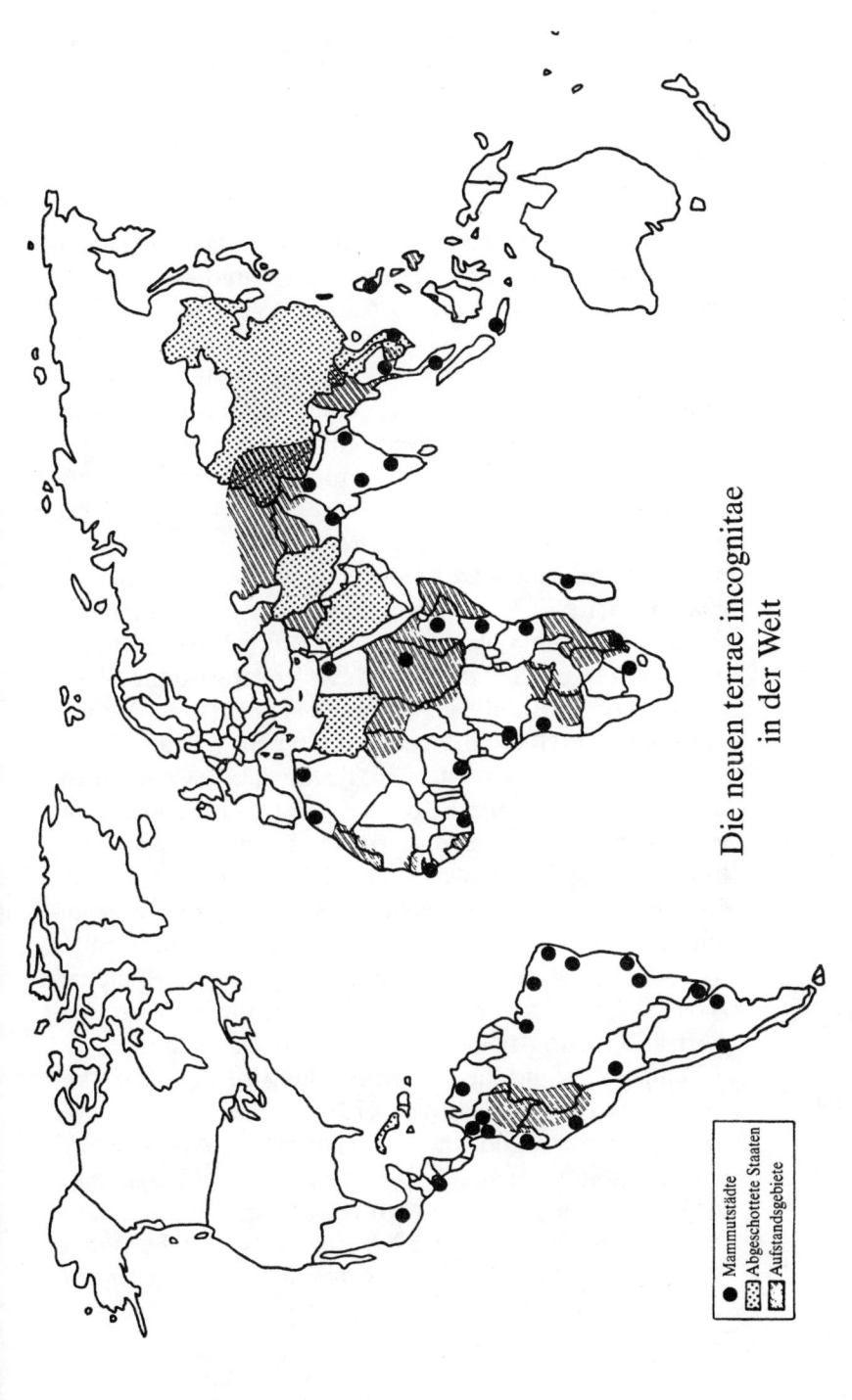

Die neuen terrae incognitae
in der Welt

Mammutstädte

Abgeschottete Staaten

Aufstandsgebiete

Atlanten wird anstelle mancher Bezeichnungen bald schon der Vermerk stehen: »*Hic sunt leones*«.

DAS ENDE DER WOHLERZOGENEN GUERILLAS

Die wiedererstehenden *terrae incognitae* gehören unterschiedlichen Typen an. Die nach Alter und Ausdehnung zuerst zu nennenden sind die Aufstandsgebiete. Das ist an sich nichts Neues. Das Unvermögen vieler Staaten in der Dritten Welt, die tatsächliche Hoheit über die Gesamtheit ihres Territoriums auszuüben, ist seit langem bekannt. Wenn die mangelhafte Präsenz eines »schwachen« Staates noch durch geographische Eigenheiten (gebirgiges Land oder eine Vielzahl von Inseln) erschwert wird, dann fallen ganze, weitab von der Zentralregierung gelegene Regionen unter die Herrschaft Gewalt ausübender Gegenautoritäten. Weite Gebiete Kolumbiens, der Philippinen und Burmas sind seit vielen Jahren der zentralen Regierungsgewalt entzogen. Seit dreißig Jahren ist der gesamte Süden übersät von Aufständen, von häufig langandauernden und mörderischen Guerillakriegen ethnischen, religiösen oder revolutionären Charakters.[1] Terror und Gegenterror wechseln sich ab, innerhalb eines Klimas grobschlächtiger und exzessiver Repression, zu der schwache Staaten in ihrer Ohnmacht immer neigen. Dennoch haben diese Gefahrenzonen bislang nicht als *terrae incognitae* gegolten. Man kann im Gegenteil behaupten, daß noch niemals so viele Leute, ich meine feine Leute – Schriftsteller, Ärzte, Journalisten, Politiker – im Dschungel herumspaziert sind wie in den siebziger und achtziger Jahren.

Damals bestand die Idealvorstellung einer Guerillabewegung darin, so mächtig zu werden, daß sie eine »befreite Zone« errichten und nach internationaler Anerkennung trachten konnte. Eritrea, Kurdistan, die UNITA-Enklave in Angola waren für einen am Anfang stehenden Guerillero das, was Bernard Tapie für einen jungen Arbeitslosen darstellt. Ihre Stabilität, ihre Sicherheit, ihre Versorgung,

38

ihre Organisation waren echter, nicht anerkannter Staaten würdig. Um das festzustellen, brauchte man nur den Rang ihrer Gäste zu beobachten. Wir müssen zugeben, diese Guerillas bereiteten ihren Besuchern einen guten Empfang. Vorausgesetzt, man war mutig genug, ein paar Dutzend Kilometer auf einem kleinen Motorrad durch den Dschungel oder zu Fuß neben einem Esel zurückzulegen, konnte man – ich sage nicht, jeder beliebige, aber doch fast jeder – in drei Monaten eine Rundreise durch die Welt der Maquis unternehmen. Und konnte sicher sein, überall zuvorkommend empfangen zu werden, von Nikaragua bis Eritrea, von Kambodscha bis Afghanistan, von Angola bis Kurdistan.

Ich habe lange genug als Führer bei diesem Katastrophentourismus mitgewirkt, um zu wissen, daß diese Guerillabewegungen durchaus keine weißen Flecken waren, vorausgesetzt, man verstand es, an der rechten Tür anzuklopfen und ein paar praktische Probleme zu lösen. Ich erinnere mich an jenen reizenden Mann, einen auf Engagement erpichten einflußreichen Großbourgeois, der mich in seine Villa eingeladen hatte und mir erklärte, daß er unbedingt afghanische Kämpfer im Untergrund besuchen wollte.

»Das müßte sich arrangieren lassen«, sagte ich.

Er sprang vom Sessel auf: »Wunderbar! Was für eine ausgezeichnete Nachricht! Doch hören Sie, ich muß Ihnen eines sagen: ich kann alles ertragen, Minengefahr, Gasangriffe, Hunger, kurz, alles, von dem man so hört. Doch vor einem muß ich mich unbedingt hüten.«

Er senkte den Blick, betrachtete liebevoll seine blauen Hauspantoffeln, in die seine Initialen eingestickt waren, und fuhr fort, als müsse er eine schändliche Krankheit eingestehen: »Ich darf keine kalten Füße bekommen...«

Diese Zeit ist vorbei. Die Guerillas von echtem Schrot und Korn, die befreiten Zonen, in denen man davon träumte, westliche Zeugen zu Gast zu laden, sie sind im Verschwinden begriffen. Der kurdische Zufluchtsort des ach so liebenswürdigen Dr. Ghassemlou ist zerstört und sein Oberhaupt getötet worden. Die kurdischen Parteien sind heute untereinander stark zerstritten, und daß sie es ernst mit der Demokratie meinen, wäre erst noch zu beweisen. Die afghanischen Untergrundkämpfer versuchen sich untereinander in islamischer und antiwestlicher Gesinnung zu übertreffen. Die UNITA verhärtet sich, während sie sich zum endgültigen Sturmangriff gegen Angola bereitmacht. Die der Unterstützung beraubten Salvadorianer sind schlimmer geworden als wilde Tiere. Nur Eritrea haben wir noch im Katalog, und auch in dieser Region sind die Befreiungsbewegungen deutlich weniger gastfreundlich als in der Vergangenheit.

Die gegenwärtige Tendenz läuft zugleich auf eine Vermehrung der Zonen bewaffneten Aufstands und auf einen Wandel ihres Wesens hinaus: Sie schließen sich ab, sie splittern sich auf, und der Terror wird zur allgemeinen Regel. Aus diesem Cocktail setzen sich die *terrae incognitae* des Aufstands zusammen.

Immer häufiger werden die Aufstandsgebiete nach außen abgeschottet. Diese Methode hat Indonesien seit langer Zeit in Timor praktiziert, um die Revolte auf der Insel zu ersticken. Kaschmir ist eine abgeriegelte Zone, ebenso Tibet und immer mehr auch das Pandschab. In Territorien, wo es zu schweren Unruhen, ja zu regelrechten Kämpfen kam, ist praktisch niemals eine Rückkehr zur Normalität zu beobachten, sondern eher eine Zwangsverwaltung der Region. Das Ogaden ist ein abgeschlossenes Gebiet geblieben, abgeriegelt durch kubanische Truppen; der Norden des Tschad ist ebenso abgeschottet wie das südliche Zaire und wie Karamoja. Diese Zonen sind schon lange aus den aktuellen Nachrichten verschwunden; sie verbleiben dennoch in einem fortgesetzten Zustand des Chaos und der Abgeschlossenheit, weder Frieden noch Krieg. Sie werden nur darum für friedlich angesehen, weil nicht bekannt ist, was sich dort abspielt, und weil niemand uns etwas darüber meldet.

Eine weitere gefährliche, in jüngster Zeit eingetretene Entwicklung ist die Aufsplitterung der Aufstandsgebiete.

Warum ließ es sich mit den großen Guerillabewegungen der achtziger Jahre auf eine so beruhigende Weise verkehren? Wegen ihrer inneren Einheit. Da mochte in Tigre eine Krankenschwester von Rebellen gefangengesetzt werden, man wußte von vornherein, wie die Sache ausgehen würde: sie würde im Sudan freigelassen werden, in den Räumen der Volksbefreiungsfront von Tigre (TPLF), die über die Publizität hocherfreut war. Im Südsudan wurden zwei Ingenieure zu Gefangenen gemacht? Es hieß nur abwarten, bis sie in Addis Abeba auftauchten, wo die Befreiungsbewegung des Sudan (SPLA) von General Garang fest etabliert war.

Wollte ein Journalist eine bestimmte Zone Kurdistans oder Kambodschas aufsuchen, dann wußte er, an welcher Tür in Paris oder London er wegen der entsprechenden Genehmigung anklopfen mußte. Ein mit mir befreundeter Pressefotograf bezahlte regelmäßig die Telefonrechnung des Repräsentanten einer eritreischen Befreiungsfront; dies war die Gewähr dafür, daß er jederzeit dahin fahren konnte. Diese Einheitlichkeit des Ansprechpartners war äußerst beruhigend. Sie setzte voraus, daß die Guerillabewegungen über eine einzige oder eine bevorzugte Stütze von außen verfügten, eine Möglichkeit, die ihnen die Ost-West-Rivalität mit Leichtigkeit bot.

Gegenwärtig holen sich die Rebellenbewegungen Unterstützung aus verschiedenen Quellen. Seit Anfang der achtziger Jahre haben die arabischen Erdölstaaten bei vielen afrikanischen Guerillabewegungen die Nachfolge der Sowjetunion und ihrer Verbündeten angetreten und damit Aufspaltungen zwischen Marxisten und Anhängern des Islam ausgelöst. Der Golfkrieg hat diese Spaltungserscheinungen noch verstärkt, indem er eine Kluft zwischen den vom Irak Finanzierten und den Empfängern des saudischen Manna aufriß. Der allgemeine Trend läuft auf eine Vermehrung der Parteiungen hinaus. Die Untergrundbewegungen, die nicht über reichliche Mittel verfügen und deren ideologische Festlegung nicht so deutlich ausgeprägt ist, vermögen den Wonnen der Spaltung und des Bruderkampfes nicht zu widerstehen – darin oftmals von der Regierung ermuntert, gegen die sie kämpfen (wie ganz offenkundig in Südafrika zu beobachten). Diese Aufsplitterung kann durch den Zusammenbruch des zentralen Staates noch verschärft werden. Der Sudan, Somalia, Liberia und Mozambique erleben eine derartige Entwicklung.

Im Sudan ist der Bankrott des Staates komplett. Angesichts der extremen ökonomischen Schwierigkeiten, denen sich die sudanesischen Führer gegenübersahen, haben sie ein wahres Bravourstück an politischer Verblendung vollbracht: finanziell von Saudi-Arabien an kurzer Leine gehalten, haben sie Partei ergriffen für ... Saddam Hussein. Gegen diese verfallende Macht indes erhebt sich keinerlei kohärente Gegenkraft. Der Südsudan bleibt gespalten. Gegen die SPLA kämpfen noch immer Banden, die keiner Kontrolle unterworfen sind, die Überreste der aufgelösten Armeen der verschiedenen Diktatoren Ugandas. Dieses Gebiet ist einer der gefahrvollsten Orte des Planeten. 1988 wurde hier ein Flugzeug der Organisation »Ärzte ohne Grenzen« in voller Kenntnis der Identität abgeschossen, was die meisten humanitären Organisationen, d. h. die letzten Zeugen, zum Rückzug veranlaßte[2]. In Mozambique sehen wir ungefähr die gleiche, nur etwas geringere Anarchie. In den Westprovinzen sind die Dörfer des Nachts vollständig voneinander abgeschnitten. Niemand ist mehr Herr über das flache Land. Von Zeit zu Zeit ist eine Explosion zu hören: dann ist ein Affe auf eine Mine gesprungen ...

In Somalia und Liberia vollzieht sich eine andere Entwicklung, die ebenfalls wehmütige Erinnerungen an die Jahre des Kalten Krieges wachruft. Damit eine Guerilla »gewinnt«, das heißt die Macht übernehmen kann, muß die besiegte Regierung bereit sein, ihren Platz zu räumen, zu weichen. Früher einmal war es selbst den antidemokratischen Machthabern klar, daß von einem bestimmten äußersten Punkt an auch ihre besten und letzten Verbündeten sie nicht länger stützen, sondern dazu anhalten würden, das Land zu verlassen. Somoza, Marcos, der Schah, sie alle sind abgetreten, nachdem die USA sie fallengelassen hatten. Als in Äthiopien die aufständischen Offiziere ins Schlafzimmer des Negus eindrangen, um ihn abzusetzen, soll der König der Könige erklärt haben: »Meine Armee hat stets im Interesse des Volkes gehandelt. Wenn sie mich zum Rücktritt auffordert, dann liegt das also im Interesse des Volkes.« Wenn man immer nur wiederholt, daß diese Machtregime Diktaturen waren, vergißt man schließlich, daß sie jene allerletzte Form des Machtwechsels respektierten, der in dem Eingeständnis liegt, das Spiel verloren zu haben.

Die neuen Diktatoren besitzen, sich selbst überlassen, diese letzte Weisheit nicht mehr. Sie bleiben. In Somalia hat sich ein Siad Barre, der keinem Menschen mehr Rechenschaft schuldig war, bis zuletzt in einem Keller verschanzt und mit Ach und Krach weiter den halben Körper befehligt, der ihm nach der halbseitigen Lähmung noch gehorchte, und das halbe Land, das ihm die Guerilla streitig machte. Der Staat ist mit seinem Machtinhaber untergegangen. An seine Stelle ist ein weißer Fleck getreten. Kein im Lande ansässiger ausländischer Vertreter konnte in Somalia verbleiben. Die Diplomaten mußten mit Hubschraubern ausgeflogen werden, und die Teams von »Ärzte ohne Grenzen« wurden mit Vorbedacht aus MGs beschossen.

Wenn diese Regime endlich stürzen, ist die Lage so weit verkommen, daß sich eine totale Anarchie entfaltet. Der Terror in diesen neuen *terrae incognitae* rührt von der anarchischen Zersetzung, von der Aufsplitterung in rivalisierende Parteiungen her. Doch an manchen Orten handelt es sich auch um absichtlichen, willentlichen Terror. Er wird bewußt eingesetzt von Bewegungen, die ihre Strategie auf der rigorosen Praxis des Mordes an Zivilpersonen, auf Fremdenfeindlichkeit, Bedrohung und Zwang aufgebaut haben. Dies gilt für den »Leuchtenden Pfad« in Peru, dem sich auf diesem Weg sein an Che Guevara orientierter Rivale Tupac-Amaru (MRTA) anschließt. In Sri Lanka gehen die Tamil-Tiger nach den gleichen Methoden vor.

In diesen Fällen wird die *terra incognita* von den Rebellen nicht gefürchtet, sondern gewollt: sie möchten die von ihnen kontrollierten Gebiete von der Welt abschneiden und Zeugen aus ihnen entfernen. Dies ist ein Vorgehen, das sich genau umgekehrt zu dem der traditionellen Guerillas verhält, die nach Respektabilität und Anerkennung gierten. Die anbrechende Ära begünstigt die isolierten, terroristischen und fremdenfeindlichen Bewegungen und markiert den Niedergang der Guerillabewegungen aus der Zeit des Kalten Krieges, die in einem der beiden Lager, Ost oder West, vor allem aber in der humanitären Hilfe das Mittel für ihre Machtentfaltung fanden.

In manchen Fällen kann man den Übergang von der einen zur anderen Strategie beobachten: das gilt zum Beispiel für El Salvador. Die Befreiungsfront Farabundo Martí ist lange Zeit vom Ausland (Kuba und Nikaragua) unterstützt und dank ihrer Verbindungen mit den Flüchtlingslagern in Honduras alimentiert worden. Seit den Wahlen in Nikaragua wahrt das neue Regime von Violeta Chamorro Neutralität in diesen Konflikten. Die der Unterstützung beraubte salvadorianische Bewegung wird zu einer isolierten Guerilla und greift verstärkt zu Mitteln des Terrors, um zu überleben und in den Friedensverhandlungen, auf die einzugehen sie gezwungen ist, in einer Position der Stärke aufzutreten. Sie nähert sich allmählich den Methoden der Plünderung und des Terrors, die der »Leuchtende Pfad« praktiziert. Ein analoges Phänomen war in Mozambique nach dem 1983 geschlossenen Abkommen von Nkomati zu beobachten, durch das die Guerillabewegung RENAMO ihre Unterstützung aus Südafrika einbüßte (die allerdings seither offenbar wieder aufgenommen wurde). Diese Bewegung hatte sich damals in verzweifelte Offensiven von unerhörter Gewalttätigkeit und Grausamkeit gestürzt, mit denen sie eine Herrschaft des Schreckens in der Region aufrichten und sich dort die Subsistenzmittel beschaffen wollte, die ihr nun nicht mehr vom Ausland her zuflossen.

Feindseliger, instabiler, zerstückelter, undurchdringlicher denn je, haben sich diese ersten, an Aufstände geknüpften *terrae incognitae* immer stärker vermehrt, denn die alten Konflikte bleiben bestehen und eitern vor sich hin, während regelmäßig neue hinzukommen. Dies war 1989 der Fall in Rwanda, mit der Offensive der Flüchtlinge vom Stamm der Tutsi aus Burundi, und in Mali, mit der Offensive der Tuaregs. Im selben Jahr beschloß die legale Opposition in Burma, in den Untergrund zu gehen, weil das politische Leben des Landes total blockiert war. J.-F. Bayart hat dazu angemerkt: »Die Liste der Provinzen südlich der Sahara, die sich aus jeglicher Zentralgewalt herauslösen, wird unerbittlich länger: Angola, Mozambique sowie — unter dem Vorbehalt einer Bestandsaufnahme — der Tschad und Uganda sind de facto in mehrere Hoheitszonen geteilt, obwohl die fromme juristische Fiktion ihrer Einheit noch immer aufrechterhalten wird; die Zentralafrikanische Republik hat ihre östlichen Bezirke sich selbst überlassen; Zaire hat es von 1964 bis 1986 nicht vermocht, die von der Partei der Volksrevolution im nördlichen Shaba und südlichen Kivu errichteten ›befreiten Zonen‹ zu vermindern; Zimbabwe stößt seit dem Ende des Befreiungskrieges auf große Schwierigkeiten im Matabeleland ... In Lagos oder Douala sind lediglich bestimmte Stadtviertel dem Zugriff der Polizei nicht verschlossen.«[3]

Eine weitere Unterart der »weißen Flecken« stellen die abgeschotteten Staaten dar. Wir haben über zu lange Zeit unwillkürlich den abgeschotteten Staat mit dem kommunistischen Staat gleichgestellt: kulturelle und politische Autarkie kann aber noch ganz anderen, älteren und dauerhaften Ursprungs sein. Ihr ist heute eine noch größere Ausweitung verheißen. Das kommunistische Äthiopien war selbstverständlich ein abgeschotteter Staat. Doch wir vergessen, daß diese Abschottung ein traditionelles Merkmal des Landes ist. Jahrhundertelang war es möglich, nach Äthiopien hinein-, schwieriger aber, wieder hinauszukommen. So ist im 16. Jahrhundert ein von Reiselust getriebener italienischer Maler bis zum Hof von Aksum gelangt.

Der Kaiser bereitete ihm einen guten Empfang, gab ihm Haus, Weib und Salär, damit er für ihn seine Kunst ausübe. Äthiopien wurde von der Malweise der Renaissance-Werkstätten sogar noch früher beeinflußt, als diese sich in Frankreich entfalten konnte. Doch der unglückliche Maler konnte das Land bis zu seinem Tode nie mehr verlassen. Das war kein Austausch, eher eine Gefangenschaft, einer Tradition entsprechend, die der Kommunismus nicht wesentlich verschärft hat. Näher an unserer Zeit geschah es, daß der französische Gelehrte Aimé Bonpland, während der langen Periode der indigenistischen und autarken Herrschaft von Gaspar Rodríguez de Francia (1814–1840) nach Paraguay gekommen, das Land erst nach zehn Jahren wieder verlassen konnte.[4] Und auch dafür war noch enormer Druck von seiten der internationalen Gemeinschaft nötig.

Die Abschottung der Staaten, ihr Verharren in einer Art Finsternis, ist eine Tradition, die im Süden jederzeit wiedererstehen kann. Der islamistische Iran, Burma, das Sultanat Brunei – sie alle sind verschiedenartige Beispiele für weiße Flecken. Neben ihnen stehen Kuba oder China geradezu als offene, aufnahmefreundliche Staaten da. Man kann einwenden, dafür gebe es nur eine begrenzte Zahl von Beispielen. Mag sein. Aber liegen jene absoluten Abschottungen wirklich schon hinter uns, die die Roten Khmer in Kambodscha oder Macías Nguema in Äquatorial-Guinea ins Werk setzten, als sie in jenen Ländern die Macht innehatten? Läßt sich nicht in der Strategie der islamisch-fundamentalistischen Bewegungen der gleiche Wille beobachten, sich jeglichem Kontakt mit dem Ausland zu widersetzen? Besteht nicht in Kambodscha, bei der möglichen Rückkehr der Roten Khmer, die Gefahr, morgen schon neue und schlimmere Abschottungen vorzufinden?[5] Und was den Golfkrieg angeht, so läßt der fremdenfeindliche Rückzug auf sich selbst, den er bereits im Jemen oder in Mauretanien bewirkt hat, eine rasche und raumgreifende Ausdehnung der *terrae incognitae* befürchten.

Die letzte Gruppe weißer Flecken, unvermuteter und komplexerer Natur, ist in den großen Ballungsgebieten der Dritten Welt zu finden. Durch das Anwachsen der Städte im Süden konzentrieren sich auf kleinen Flächen Bevölkerungsmassen von der Größe eines Staates. Mexiko-Stadt mit seinen achtzehn Millionen Einwohnern ist stärker bevölkert als die Tschechoslowakei. In sehr hohem Maße sind diese urbanen Massen ebenso undurchdringlich, unkontrolliert und gefährlich wie die Aufstandsgebiete. Wir haben uns, sehr zu Unrecht, angewöhnt, die politische Instabilität des Südens in seinen ländlichen Gebieten zu suchen. Wahrscheinlich ist dies eine von Mao und seiner Revolution in der Revolution übernommene Sicht. Die Städte werden, sehr zu Unrecht, als politisch stabile Zonen angesehen.

Eine üppige soziologische Literatur hatte uns lange Zeit glauben lassen, die Favelas, die Slumsiedlungen der großen Städte im Süden, seien keineswegs anomische, anarchische Enklaven. Im Gegenteil, hieß es, dort knüpfen sich Bande sozialer Solidarität, und das soziale Gewebe stellt sich wieder her. Es sind Sozialisierungsapparate. Eine Denkrichtung der Dritte-Welt-Theoretiker betont zu Recht die Notwendigkeit, eine positive Sicht dieser spontanen Urbanformen zu gewinnen, die Organisation ihrer Bewohner (Stadtteilvereinigungen usw.) zu fördern und ihnen die Mittel zu geben, sich zu wirklichen strukturierten Gemeinschaften zu konstituieren. Von diesem Gedanken läßt sich noch die Mehrzahl der Organisationen für Entwicklungszusammenarbeit leiten, die auf dem Gebiet der städtischen Entwicklung arbeiten.

Doch die Sachlage hat sich verändert. Die Augenzeugen, alle die Menschen, die in den Slumquartieren der Dritten Welt leben und agieren, stellen fest, daß sich die dort zu beobachtende Sozialisierung mehr und mehr im Umkreis einer organisierten Kriminalität vollzieht. Die

Organisationen zur Herstellung und zum Schmuggel der Drogen haben sich in den letzten Jahren in Symbiose mit dem städtischen Elend entwickelt. Kürzlich angestellte Untersuchungen zeigen, daß es keine Organisation des Drogenhandels, auch wenn er auf Export abzielt, gibt, ohne daß es zu einem lokalen Anwachsen des Drogenkonsums kommt.[6] Die Ausbreitung der Strukturen des Drogenhandels führt in den städtischen Zonen zu einer Kriminalisierung des sozialen Lebens, zur Errichtung regelrechter illegaler Gegengewalten einschließlich der Korruption von Politik und Polizei.

Rio de Janeiro ist eine der Städte Lateinamerikas, in denen diese Entwicklung am deutlichsten wahrzunehmen ist. Die älteren Favelas, welche die Stadtviertel Gloria, Copacabana und Flamingo umsäumen, sind urbanisiert, sozial integriert. Die Straßen sind asphaltiert, mit Bürgersteigen versehen, die einst mehr oder weniger wilde Zuleitung von Strom und Trinkwasser ist zu einer organisierten geworden, die Häuser sind massiv gebaut. Das Ganze erinnert an die Fischerdörfer, die man rings um das Mittelmeer findet, und genaugenommen haben sie sich auf die gleiche allmähliche Weise herausgebildet. Doch diese traditionellen Stätten der Kleinkriminalität werden jetzt von blutigen Operationen heimgesucht, mit denen organisierte Banden sie unter ihre Kontrolle bringen. Bisweilen werden in den Kämpfen schwere Waffen eingesetzt, und die Polizei wagt es kaum noch, diese Labyrinthe zu betreten. Wenn die Lage stabilisiert, d. h. die Terrainabgrenzung zwischen den Banden klar ist, dann werden diese alten Favelas zu verschanzten Lagern. Darin herrscht Ordnung, aber was für eine? An den wichtigsten Zufahrten stehen Wachposten und kontrollieren, wie in den mittelalterlichen Städten, den ein- und ausströmenden Verkehr. Die Obergewalt mit ihren Anweisungen und Verflechtungen bleibt absolut geheim. Wer das Gesetz des Schweigens bricht, wird hingerichtet.

Das andere Extrem sind die jungen Slums, die, an der Peripherie der Ballungszentren gelegen, die Neuankömmlinge aus den inländischen Sertãos aufnehmen. Die riesige Baixada Fluminense von Rio ist eine derartige Zone. Sie ist kein »morro« mehr, keine der von den Buchten aus an den Hügeln emporklimmenden alten Favelas, wie man sie im Zentrum findet. Die Baixada ist eine endlose Niederung, in der die hinfälligsten Behausungen nebeneinanderstehen, ein Wirrwarr von Kartons, Ästen, gesammeltem Altmaterial. Auch hier ist die Rivalität von Banden spürbar. Aber die soziale Organisation, auch die kriminelle, ist noch sehr schwach. Die Anomie ist extrem, beinahe greifbar. Nichts illustriert dies besser als die verlassenen Kinder.

Der Umfang des Phänomens ist in den Augen der Bewohner des Nordens, für die das Kind etwas so Kostbares und Seltenes ist, unwahrscheinlich. Die Kinder, die man in der Baixada auf der Straße herumvagabundieren sieht, leben auf der Straße. Allein gelassen, hinausgeworfen, wachsen sie auf sich gestellt heran, häufiger aber noch in Banden, sie stehlen, betteln, durchwühlen den Müll. Es gibt keine vollkommenere Form sozialer Auflösung als dieses totale Fehlen eines familiären Schutzes, welches diese Kinder, kaum sind sie geboren, einem Leben im Dschungel aussetzt. Ihre Gewöhnung an Rauschgift ab sechs, sieben Jahren, ihre Unterordnung unter das gnadenlose Gesetz von Bandenführern, die die anderen gerade um ein paar Zentimeter überragen, die Gewalt in den Straßenkämpfen, die sie unablässig untereinander führen − das alles sind Dinge, denen man schwer ins Auge blicken kann. Überdies bewahren sich diese Wildlinge eine Art kindlicher Munterkeit und Stärke, die ein Lächeln hervorruft und ihre Tragödie verbirgt ... Durchs Fenster des Autos mit Klimaanlage nimmt man dieses Elend wahr, und was weiter? Kinder, die barfuß im Schmutz waten. Na und? Sind sie nicht glücklicher, oder, wie die Optimisten sagen, solidarischer?

Um zu begreifen, wie nichtig diese schlechten Selbsttröstungen sind, muß man die großen Arterien der Baixada hinter sich lassen und bei Maria Concessão eintreten.

Diese gänzlich mittellose Brasilianerin hat sich aus unbekannten Gründen, vielleicht infolge einer heimlichen Verletzung in ihrer eigenen Kindheit, daran gemacht, ganz allein Straßenkinder bei sich aufzunehmen. Sie adoptiert sie ohne Formalitäten, ohne viel Umstände, so wie andere Leute in Europa sich um herrenlose Hunde oder Katzen kümmern. Es waren siebzehn, die in ihrer elenden Hütte lebten, als eine französische humanitäre Organisation (Solidarité France-Brésil[7]) sie entdeckte. Die siebzehn schliefen auf hartem Boden, aßen aus demselben Topf, zappelten und wateten in einem schlammigen, stinkenden Hof herum. Mit den für Maria Concessão gesammelten Spenden konnte ein größeres Haus gekauft werden, durchaus nicht komfortabler. Dort, so dachten die Franzosen, würde es ihnen sehr gut gehen. Aber es ergab sich, daß ein paar Wochen nach dem Umzug die Zahl der Bewohner auf fünfundvierzig gestiegen war. Weitere Kinder hatten an der Tür von Maria Concessão angeklopft, und sie hatte sie einfach hereingelassen. Für diese fünfundvierzig baute die Organisation ein kleines Wohnhaus auf einem größeren Grundstück. Aber schon während des Baus zogen fünfundzwanzig neue bei Maria Concessão ein. Als ich im vorigen Dezember die Baustelle besuchte, war so gut wie sicher, daß es nach der Einweihung des neuen Hauses sehr bald zweihundert sein würden.

Dabei macht Maria Concessão keine Reklame; die Kinder kommen alle aus der Nachbarschaft. Auf der ungeheuren Fläche der Baixada könnte man Hunderte von Waisenhäusern füllen. Der Film *Pixote*, der für einen Augenblick die Aufmerksamkeit auf das Drama dieser Kinder gelenkt hat, ist schnell wieder vergessen worden, ebenso wie sein kleiner Held, der zum erwachsenen Kriminellen wurde und im vorigen Jahr, mit achtzehn Jahren, gewaltsam ums Leben kam, inmitten von Gleichgültigkeit und Vergessen.

Was passiert in diesen immensen Favelas, Townships, Bidonvilles? Von manchen Dingen weiß man: Säuglinge von Ratten aufgefressen, Inzest, Unterernährung. Solche

Bilder sind nicht dazu bestimmt, Mildtätigkeit zu erwekken. Und wer spricht auch schon davon? Inmitten dieser Labyrinthe aus Brettern und Schlamm, in denen bei Unwetter das Wasser in den Häusern bis in Kniehöhe ansteigt, ist das sichtbare nicht das schlimmste Elend. Das Schlimmere ist das, von dem man nichts weiß: die Angst, der dumpfe Zwang, die Drohungen, das erpreßte Schweigen, der gewaltsame Tod. Darüber weiß niemand im einzelnen Bescheid. Immer weniger Leute suchen die Favelas auf, außer solchen, die dazu verdammt sind, hier geboren zu werden und zu leben. Um eine vage Vorstellung davon zu bekommen, was sich dort abspielt, genügt es, die Rettungsstationen der Krankenhäuser in den ärmeren Vierteln aufzusuchen. Sie ähneln chirurgischen Vorposten an der Front: Verletzungen durch Einschüsse, Folterungen, Verwundungen durch die fürchterliche *peixada*, das Messer zum Spalten der Kokosnüsse. Beirut hat in fünfzehn Jahren den Beweis dafür geliefert, daß jede Stadt, mag sie anfangs auch bewundert und wohlhabend sein, explodieren und in die Wildheit zurückfallen kann.

In Rio, in Mexiko-Stadt, in Manila, in Lima, in Kinshasa, in Lagos — überall ist noch der Schein von Ordnung gewahrt, aber Regression, Geheimnis, Gewalttätigkeit sind hier, mögen sie sich auch unter einem vertrauten Augenschein verbergen, unter der Oberfläche nicht weniger stark als in der libanesischen Hauptstadt. Und potentiell ist die Lage noch viel ernster. So wie man die Zerstörungskraft von Atombomben als ein Vielfaches der Hiroshima-Bombe angibt, kann man sagen, daß die neuen *terrae incognitae* in den Städten der Dritten Welt mehrere Dutzend Beiruts bergen können.

Selbstverständlich kann der Bürger Amerikas oder Europas all das vergessen und, wenn er den farbigen Katalog eines Reisebüros durchblättert, glauben, die ganze Welt sei noch offen, zugänglich. Doch wenn er genauer hinschaut, wird er feststellen, daß die unter der stolzen Überschrift »Indien« oder »Ceylon« oder »Senegal« daherkommenden Kapitel für jedes dieser Reiseländer nur den Aufenthalt in zwei oder drei Hotelkomplexen an der Küste sowie einen Besuch im Zentrum der Hauptstadt anbieten. Genaugenommen gleichen unsere Tourismuskarten mehr und mehr den Karten der frühen Seefahrer: sie bilden Handelskontore an den Pforten feindseliger Kontinente ab.

Die Öffentlichkeit im Norden beginnt dies zu bemerken. In einem Artikel unter der Überschrift »Nächster Urlaub« richtet Philippe Boggio in ironischem Ton einen offenen Brief an die Verantwortlichen in der Welt[8]: »Meine Herren, ich will offen zu Ihnen sein. Die Welt beunruhigt mich. Die Fluggesellschaften, die ›Reiseanbieter‹ mögen mir noch so nachdrücklich versichern, daß ich nichts riskiere – meine doch so natürliche Lust auf Exotik findet in dieser verworrenen Epoche keinen Raum mehr für ihre Entfaltung.« Es folgt eine lange Aufzählung von sonnenüberglänzten Lagunen, wo politische Unruhen wüten. Ein Zerrbild, zweifellos. Aber es drückt recht gut die allgemeine Meinung aus, daß man nicht überallhin fahren kann, wenn nicht gar die, daß man nirgends mehr hinfahren kann. Die Rallye Paris-Dakar 1991 hat das auf blutige Weise demonstriert.[9]

Die Presse verstärkt diese Meinung nur noch: Fast alle Bilder von Gewalttaten stammen aus dem Süden. Sie werden unter Bedingungen einer immer geringeren Sicherheit aufgenommen. Manche Länder oder Regionen sind jetzt schon für Journalisten nicht mehr betretbar: mögen auch viele Gewaltbilder aus dem Süden kommen, so werden doch gar nicht mehr alle Gewalttaten im Süden als Abbild geliefert. Von den Ereignissen in Burma 1988, von der somalischen Revolution, von der Situation im Innern Liberias haben wir keine Bilder zu sehen bekommen, und das aus guten Gründen. Ein Journalist mag noch bereit sein, in Bagdad, in einem geordneten Land, zu verbleiben, während die Stadt von einer organisierten Nation mit Bomben belegt wird; es liefe jedoch auf Selbstmord hinaus, in einer Hauptstadt wie Mogadischu bleiben zu wollen, wo die Regierungsgewalt jeden Verstand verloren hat und sich darauf versteift, einer Vielfalt von Gegnern zu widerstehen, Gegnern, die sich gegenseitig befeinden, von einem Rausch des Hasses getragen werden und nichts mehr respektieren. Diese Informationslücken, diese blinden Flecken auf dem Bild, das wir von der Welt besitzen, fallen nun endlich auf.

Die humanitären Organisationen hatten in den achtziger Jahren ihre Kampflosung populär gemacht: dahin gehen, wo die anderen nicht hinwollen. Jetzt ziehen auch sie sich von den Orten zurück, aus denen die anderen schon fort sind. Für eine Region ist der Eintritt ins totale Chaos markiert, wenn nach dem (frühzeitigen) Ausbleiben der Touristen und dem späteren Rückzug der Journalisten auch die humanitären Organisationen das Feld räumen.

Die Öffentlichkeit in unseren Ländern wird sich zweier Entwicklungen bewußt, die parallel und gleichzeitig ablaufen. Einerseits entwickeln sich die politischen und kulturellen Praktiken des Nordens weiter in Richtung auf Öffnung. Die Länder des früheren Ostblocks, gestern noch abgeschottet, sind heute zugänglich. Ich weiß nicht, wie es zu dem Zeitpunkt aussehen wird, wenn dieses Buch erscheint. Im Sommer 1990 jedenfalls boten Tourismusvereinigungen unter den neuen Reiserouten zur »Entdeckung« der UdSSR einen achttägigen Besuch der früheren sibirischen Lager an, mit Unterbringung vor Ort ...

Gleichzeitig vollzieht sich im Süden eine unaufhaltsame Rückwendung auf sich selbst, gewirkt aus Tragödien und Feindseligkeit, und reißt erneut riesige weiße Flecken auf.

Die berühmte Tendenz, vom Gewicht dreier Jahrhunderte anhaltender Entdeckung und Erforschung erhärtet, ist nicht überall außer Kraft gesetzt. Im Norden setzt sich diese Entwicklung fort: neue Orte, weltentlegen und von Dramen befleckt, kehren in den Schoß der offenen Welt zurück. Der lange Integrations- und Austauschprozeß geht weiter. Im Süden, und nur dort, kehrt sich diese Tendenz um. Die Dritte Welt schlägt die entgegengesetzte Richtung ein: Sie fällt zurück in ihre Zersplitterung und in eine noch kompaktere und gewaltsamere Form von Dunkelheit. Der Gegensatz zwischen dem Norden und den neuen Barbaren gründet auf diesem ersten Gegensatzpaar: auf der einen Seite eine offene, durchlässige Welt; auf der anderen Verschlossenheit und Undurchsichtigkeit.

Aber es gibt noch weitaus mehr Kontraste zwischen diesen beiden Universen, und hier sei zuerst der offensichtlichste, der bekannteste genannt, welcher indes nicht zwangsläufig der einfachste ist: der demographische Kontrast.

2

BEVÖLKERUNG: DRAMA DER EINEN, WAFFE DER ANDEREN

Kein Kontrast ist einfacher, konkreter, leichter zu erfassen als der demographische Gegensatz zwischen Nord und Süd. Es genügt, eine Karte mit den jährlichen Bevölkerungszuwachsraten abzubilden: man erkennt einen menschlichen Äquator (Karte S. 56). Lediglich an ein paar Stellen ist er zu korrigieren. Der Komplex Australien-Neuseeland muß herausgelöst werden: Er ist durch die Geschichte seiner Besiedlung eng verwandt mit dem Norden. China wiederum hat zwar eine niedrige Zuwachsrate, aber erst infolge eines Rückgangs in jüngster Zeit; durch sein demographisches Gewicht hängt es, selbst bei vermindertem Wachstumstempo, mit dem Süden zusammen. Das sowjetische Konglomerat wiederum ist klar gegliedert in die muslimischen Republiken mit hoher Wachstumsrate und das übrige Territorium, welches europäisches Profil besitzt.

Der Gegensatz zwischen Norden und Süden ist deutlich: Seit dreißig Jahren sind wir an den Gedanken eines quantitativen Rückgangs der Bevölkerung im Norden und an einen »Schub« derer im Süden gewöhnt. Schon auf den ersten Blick muß man bei dieser Feststellung an die antike Welt denken: Wir haben von der römischen Geschichte die Vorstellung eines quantitativen Gegensatzes zwischen dem Reich einerseits und der »Flut« der Barbaren andererseits bewahrt. Vor dieser gar zu direkten Analogie müssen wir uns jedoch hüten. Sie führt uns auf einen Holzweg. Dieses Hereinbranden der Barbaren (was historisch davon zu halten ist, werden wir später sehen) bildete lediglich den Abschluß von sechs Jahrhunderten, in denen diese beiden Welten nebeneinander bestanden.

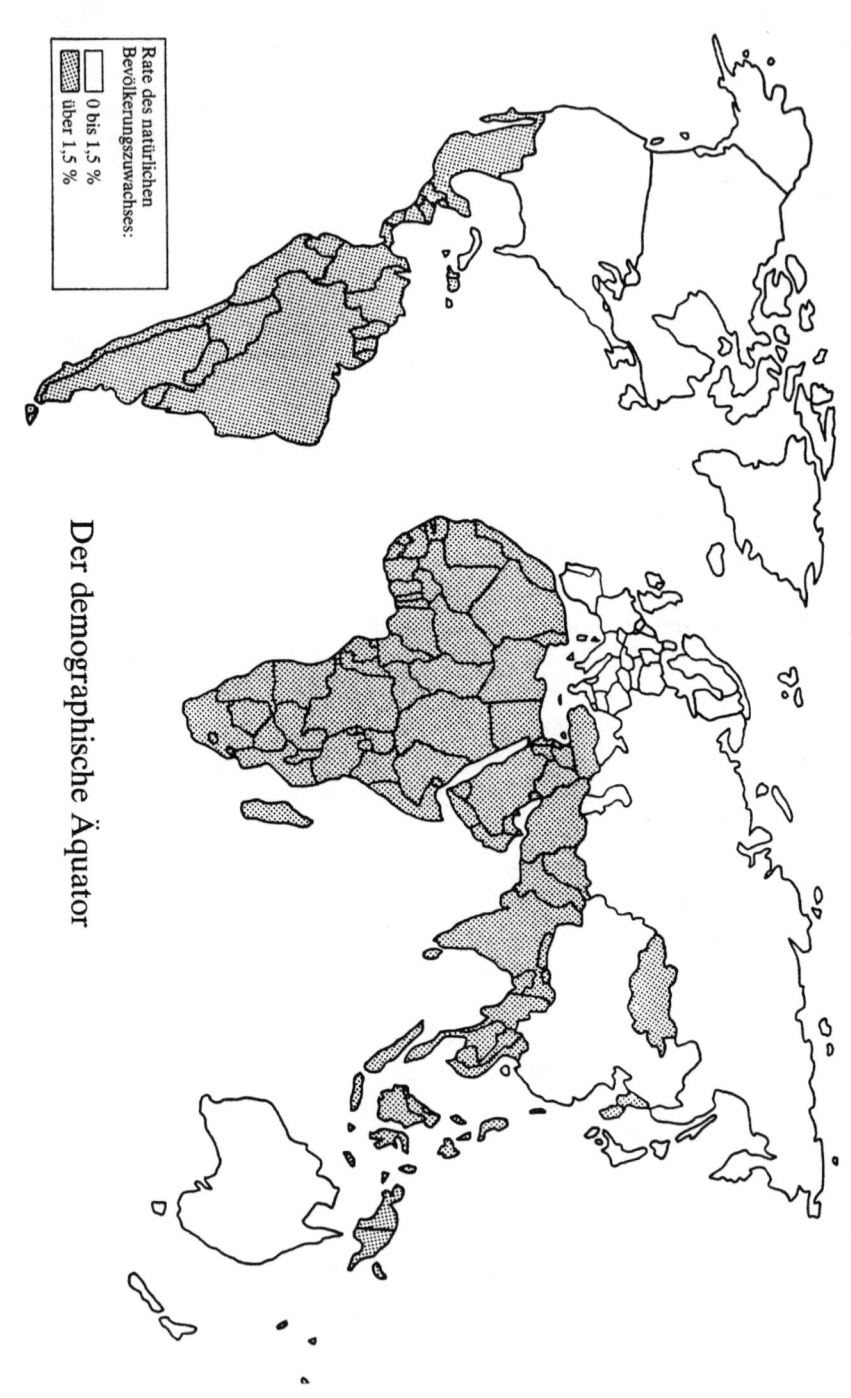

Der demographische Äquator

Rate des natürlichen
Bevölkerungszuwachses:

0 bis 1,5 %

über 1,5 %

Ehe die Barbaren – zum Zeitpunkt der Invasionen – als zahlreich erkannt wurden, galten sie zunächst einmal als unzählbar. Die Barbaren setzen der Endlichkeit der römischen Welt und der in ihr waltenden rigorosen Zählung – denn die Stadt zählt und klassifiziert ihre Bewohner seit den Anfängen – die Ungewißheit über sich selbst entgegen. Sie sind in Bewegung, sie sind fern, sie zählen sich nicht, sie verschwinden, sie kehren wieder: man weiß nicht, wie viele es sind, und sie selbst wissen es auch nicht. Für einen Römer gibt es kein offenkundigeres Merkmal ihres Wesensunterschieds; nichts verursacht ihm größeren Horror als diese Masse, die nichts von sich selbst weiß.

Wenn es möglich ist, die heutigen Völker des Südens mit den neuen Barbaren gleichzustellen, so ist es zweifellos gerade die Ungewißheit hinsichtlich ihrer Zahl, mehr als die große Zahl selbst. Diese Ungewißheit bezieht sich zunächst einmal auf die reinen Zahlenangaben. Mangels zuverlässiger Zähl- und Erfassungsmethoden sind die quantitativen Angaben über die Massen des Südens nicht präzise[1]. Allein die Größenordnungen sind klar zu erkennen.

Die hauptsächliche Ungewißheit aber betrifft die Entwicklungen. Das Hindernis ist hier weniger technischer als theoretischer Natur. Die Frage besteht nicht so sehr darin, die Parameter dieser Evolution (Fruchtbarkeit, Sterblichkeit, Zuwachsraten usw.) zu bestimmen, als sie zu interpretieren. Zwischen Pessimisten und Optimisten, Propheten der Explosion und gelassenen Verfechtern des Fortschritts und der Entwicklung ist eine heftige Debatte entbrannt, sie trägt dazu bei, den neuen Barbaren ein hohes Potential an Unberechenbarkeit zuzusprechen. Während die Länder des Nordens ein bekanntes demographisches »Profil« besitzen, die geringsten Veränderungen gemessen und sogar vorausschauend erfaßt werden, bleiben die Völker des Südens, gleich dem antiken Modell, unzählbar, sowohl im Raum, mehr aber noch in der Zeit.

Zwei Thesen liegen miteinander im Streit, um die Bevölkerungsentwicklung im Süden zu erklären. Beide sind stark ideologisch geprägt. Die mit der Waffe ihrer Zahlen kämpfenden Demographen haben auch ihren Kalten Krieg erlebt, er tobte nicht minder heftig als der der Wirtschaftswissenschaftler und der Politiker. Die Konferenz von Neu-Delhi im September 1989 markiert wahrscheinlich sein Ende[2]. Doch es ist ein sehr trauriges Ende, das eine noch beunruhigendere Ära einleitet. Niemand hat den Sieg errungen: Wir erleben vielmehr das Scheitern beider vorgeschlagenen Wege, also der beiden Methoden, durch die man hoffte, die Entwicklung des demographischen Gegensatzes zwischen der nördlichen und der südlichen Hemisphäre unter Kontrolle zu bringen.

Die erste dieser Thesen beruht auf dem von Malthus verkündeten Postulat vom Gleichgewicht des Mangels. Es ist eine einfache Verkettung: Jede Zunahme der verfügbaren Ressourcen führt zu einem Wachstum der Bevölkerung. Infolge ihres Verzehrs verringert diese überschüssige Bevölkerung die Ressourcen. Man erreicht dieserart einen Zustand des Mangels, der menschliche Schäden verursacht, die Anzahl der Individuen verringert und ein Gleichgewicht erzeugt. Für die Neomalthusianer ist eine Bevölkerung mit Verzehren beschäftigt: ihr Anwachsen kann nur dazu führen, einen Kuchen von konstanter Größe unter immer mehr Menschen bis zum Exzeß aufzuteilen. Sie sehen im Bevölkerungswachstum der Dritten Welt eine Bremse für die Entwicklung, ein Handikap und die Gefahr einer malthusianischen Sanktion, d. h. einer »Explosion«, einer Katastrophe.

Diese These überwog in den sechziger Jahren, dem Höhepunkt der »gelben Gefahr« durch die »P«-Bombe (P wie *population*), der durch den Club of Rome programmierten Apokalypse, der Darstellung des Planeten als eines überladenen und im Sinken begriffenen Bootes. Der Feind war deutlich ausgemacht: jene Flut von Fortpflanzungszellen, die sich bei der Paarung der Menschenmassen schwallartig ergießt. Den Verwünschungen der Neomal-

58

thusianer wohnt ein Zug von Dr. Knock* inne: Man spürt, wie sie, von Schrecken erfüllt, diesen zahllosen, stillen, bedrohlichen Befruchtungsakten nachlauschen, die sich Nacht für Nacht, bei jeder Umdrehung des Planeten, vollziehen. Die Abhilfe ist einfach. Es genügt, diese Flüssigkeiten in der Falle zu fangen, welche die Natur klugerweise an gewissen Verengungen auf ihrem Wege angebracht hat: Abklemmung der Eileiter, Vasektomie und, allgemeiner gesprochen, jedweder direkte und willentliche Eingriff, der eine Veränderung des Sexualverhaltens und eine Verminderung der Fruchtbarkeit ermöglicht.

Die zweite These verficht den »demographischen Übergang«. Das ist nicht eigentlich eine Theorie, mehr das formelhafte Erfassen einer Beobachtung: von der Entwicklung der Bevölkerung in Europa während der industriellen und der postindustriellen Revolution[3]. Beim Übergang von einer traditionellen Agrargesellschaft zu einer städtischen Gesellschaft des Austauschs und der modernen Wirtschaft verändert sich das demographische Profil. Der Wandel vollzieht sich in zwei Etappen: zuerst Verringerung der Sterblichkeitsrate, *danach* Rückgang der Geburtenzahl. Drei Phasen folgen aufeinander: zunächst hohe Fruchtbarkeit und hohe Sterblichkeit; dann hohe Fruchtbarkeit, niedrige Sterblichkeit; schließlich gleichermaßen geringe Fruchtbarkeit und Sterblichkeit. Die erste und die letzte Phase bewirken ein Gleichgewicht. Während der zweiten kommt es zu einem bedeutenden Bevölkerungszuwachs. Sobald der »Übergang« vollzogen ist, stabilisiert sich die Bevölkerung somit auf einem höheren Pegel (dies ist der »Übergangsmultiplikator«, der sich als Funktion der Differenz beider Raten und der Zeitdauer dieser Phase ergibt).

Bei diesem Konzept sind ökonomische und demogra-

---

* Bezogen auf das in Frankreich sehr bekannte satirische Stück von Jules Romains, *Knock ou le triomphe de la médecine* (1923): In einem Dorf läßt sich ein neuer Arzt, Dr. Knock, nieder und überzeugt alle Bewohner davon, daß sie krank sind und darum seine Klienten werden müssen: »Ein Gesunder ist jemand, der nur noch nichts von seiner Krankheit weiß.« (Anm. d. Übers.).

phische Entwicklung eng miteinander verknüpft, ohne daß jedoch die Wege ihrer Interaktion bestimmt werden. Die Verfechter dieser Theorie sehen die Bevölkerung in einem optimistischeren Licht als die Neomalthusianer: Die Menschen verzehren, gewiß, aber sie produzieren auch. Ein Bevölkerungszuwachs läßt sich nicht auf eine bloße Verringerung der Ressourcen reduzieren: er vermehrt diese Ressourcen auch. Die Transitionisten, die Verfechter des Übergangs, sind empört, daß man die Geburt eines Kalbes als eine Bereicherung der Gemeinschaft und die eines Kindes als eine Verarmung auffaßt. Vorausgesetzt, dem Kind werden günstige Bedingungen gewährt, wird es, zum Mann geworden, an der ökonomischen Entwicklung mitwirken. Kurz, die Transitionisten sind recht zuversichtliche Leute, denen die Menschenmassen keine Angst einjagen. Aber es sind erklärte Gegner des Autoritarismus und aller ökonomischen Zwangsmaßnahmen, die der menschlichen Kreativität und Arbeit Zügel anlegen. Sie stellen den demographischen Übergang gern als eine »Nicht-Theorie« dar, als eine bloße Ansammlung von Fakten, welche sich in Gestalt von langen Zahlenreihen, Tabellen, Kurven und verschiedenem Anhangmaterial darbietet. Doch all dem liegt ein eminent ideologisches Postulat zugrunde: der demographische Übergang wird zu einer weltweiten Erscheinung werden. Er wird sich früher oder später, rascher oder langsamer vollziehen, aber er wird die ganze Welt erfassen. Der demographische Übergang ist eine Ideologie, in der Nord und Süd nicht unterschiedlicher Natur sind. Sie ist der Ansicht, daß der Norden lediglich »fortgeschritten« und der Süden »im Rückstand« ist. In Indien, kann man z. B. bei Jean-Claude Chesnais lesen, »ist die Situation die gleiche wie in Brasilien vor etwa fünfzehn und wie in Spanien vor fünfzig Jahren«[4]. Die Züge des demographischen Übergangs fahren nach unterschiedlichen Fahrplänen: aber alle fahren auf denselben Gleisen und in derselben Richtung. Der demographische Übergang ist Bestandteil des allgemeinen Prozesses der ökonomischen Entwicklung, von dem er nicht abgekoppelt werden kann. Die Transitionisten sind somit Modernisierungstheoretiker.

In den siebziger und achtziger Jahren sind sie in den internationalen Institutionen in die Offensive gegangen und haben scharfe Debatten ausgelöst. Ihr Kriegsruf lautete: »Das beste Verhütungsmittel ist die Entwicklung.« Es gelingt ihnen, diese These in den internationalen Dokumenten durchzusetzen, insbesondere in dem der UNO zum Abschluß der Bukarester Konferenz von 1974 vorgelegten Weltbevölkerungsprogramm. Unter ihrem Druck sind die Schätzungen über die Entwicklung der Weltbevölkerung nach unten korrigiert worden. Sie haben das Exponentialmodell der Neomalthusianer diskreditiert, indem sie aufzeigten, daß die meisten Länder der Dritten Welt »in den Übergang eingetreten« seien. Ihre hohen Zuwachsraten würden lediglich den Beginn eines Zyklus markieren, an dessen Ende sie zum Gleichgewicht zurückfinden würden.[5]

Die Kontroverse zwischen beiden Theorien bekam einen mehr politischen als demographischen Anstrich. Ein neomalthusianischer Pol von marxistisch beeinflußten Dritte-Welt-Theoretikern stand einem transitionistischen, liberalen, antitotalitären Pol gegenüber. In Frankreich werden diese beiden Pole vom Widersacherpaar Paul Bairoch und Jean-Claude Chesnais verkörpert. Da zu jener Zeit die Kreise, die sich mit Entwicklungszusammenarbeit und dem Studium der Dritten Welt befaßten, mehrheitlich »links« waren, besaßen die Neomalthusianer sowohl an der Universität wie auch in den Medien und den internationalen Institutionen eine starke Position. Der Kampf fand gewissermaßen mit verkehrter Frontstellung statt. Mit einer Literatur, die als subversiv galt, haben die Transitionisten eine revolutionäre Offensive geführt, die ihrem Wesen nach der Verteidigung von ... konservativen Ideen gewidmet war.

Beispielsweise hatten sie ein leichtes Spiel, nachzuweisen, daß eine zahlenmäßig starke Bevölkerung kein Synonym für Verarmung ist. In jenen asiatischen Ländern, wo eine angemessene Agrarpolitik betrieben wurde, war die Selbstversorgung mit Nahrungsmitteln (und sogar die Produktion von Überschüssen) möglich.[6] Sie gingen sogar so weit, daß sie sich die Frage stellten, ob Afrika nicht in Wirklichkeit unterbevölkert sei. Um diese drollig paradoxen Thesen entspann sich in den achtziger Jahren der Streit zwischen Dritte-Welt- und Anti-Dritte-Welt-Theoretikern. Die von der Stiftung *Freiheit ohne Grenzen* inszenierte Debatte[7] hat es ermöglicht, alte Dogmen abzuschütteln: durch Neuinterpretation der Kolonialgeschichte im Sinne einer Freisprechung des Abendlandes von Schuld, durch Infragestellen der lokalen Entwicklungsökonomie und nicht nur der Rolle der »multinationalen Konzerne«, durch Verteidigung der Menschenrechte und der Demokratie gegen totalitäre kollektive Prioritäten. Den Transitionisten kommt das Verdienst zu, einige theoretische Irrtümer der Neomalthusianer aufgezeigt zu haben. Doch indem sie die Phänomene der Dritten Welt um jeden Preis auf einen identischen Nachvollzug der Geschichte des Nordens zurückzuführen trachteten, haben sie ihrerseits einen neuen Dogmatismus erzeugt. Gegen die Katastrophentheorien ihrer Widersacher haben die Transitionisten einen nicht minder systematischen Optimismus verkündet.

DIE BLOCKIERUNGEN DES ÜBERGANGS

Die aktuellen Entwicklungen beginnen, diesen Optimismus auf grausame Weise zu widerlegen. Indien, dessen wirtschaftlicher Erfolg so lautstark gepriesen wurde, wird zu einem störenden Beispiel: Die Entwicklung (bewertet nach den hauptsächlichen Wirtschaftsdaten, wie es die Transitionisten gern tun) hat nicht die Rolle eines Kontrazeptivums gespielt. Die Geburtenrate ist nicht gesunken; das jährliche Zuwachstempo der Bevölkerung liegt weiterhin um 2,1 %, was Indien verheißt, im Jahr 2000 zum volkreichsten Land der Erde zu werden (auf einem dreimal kleineren Territorium als China).

Auf der Bevölkerungskonferenz der Vereinten Nationen im September 1989 in Neu-Delhi mußten die Vorausberechnungen der Weltbevölkerung nach oben revidiert
werden. Der Übergang hat nicht im erhofften Ausmaß
Wirkungen gezeitigt. Heute nistet sich Zweifel im Herzen
des transitionistischen Dogmas selbst ein: Werden sich die
Gesellschaften des Südens nach dem gleichen demographischen Schema entwickeln wie die europäischen Nationen vor einem Jahrhundert? Wenn man Indien, und nicht
nur Indien, sondern die meisten Länder Afrikas, des Mittleren Ostens und sogar Lateinamerikas beobachtet, dann
besteht Anlaß zum Zweifel.

Sobald die Sterblichkeit in einem Lande sinkt, erklären
die Transitionisten beglückt, daß nunmehr der Übergang
eingesetzt habe. Sie warten auf die zweite Phase, also das
Sinken der Geburtenrate. Aber die beiden Phänomene
sind im Süden von äußerst verschiedener Natur. Das Sinken der Sterblichkeitsrate ist ein »Importartikel«. Sie ist
das Resultat von Hygieneprogrammen, von ärztlicher und
speziell perinataler Versorgung. Diese Programme werden, vor allem in Afrika, häufig von der internationalen
Entwicklungshilfe finanziert und organisiert. In ihnen
kommt nicht zwangsläufig eine soziologische Evolution
vor Ort zum Ausdruck.

Die Verminderung der Fruchtbarkeit, welche den Transitionisten zufolge eine spontane Begleiterscheinung der
Entwicklung sein soll, ist das Ergebnis tieferer und komplexerer Wandlungen der Mentalität. Das mindeste, was
sich sagen läßt, ist, daß sie nicht festzustellen ist, ja, daß im
Gegenteil im Süden Faktoren in Erscheinung treten, die
auf die Erhaltung, ja Steigerung dieser Fruchtbarkeit hin-
zielen.

Das Bewußtwerden des demographischen Problems
scheint die entgegengesetzte Wirkung hervorgerufen zu
haben: Je mehr der Norden erklärte, daß der Bevölkerungszuwachs ein Drama sei, um so mehr hat der Süden
begriffen, daß er eine Waffe zu sein vermag.

Dies gilt vor allem auf religiösem Gebiet. Die Transitionisten hatten die Rolle der religiösen Faktoren etwas zu eilfertig geleugnet, indem sie darauf verwiesen, daß sich in Europa der Übergang in weltlich orientierten Ländern auf gleiche Art wie in solchen Nationen vollzogen habe, in denen die Ausübung der Religion lebendig war (Spanien, zaristisches Rußland). Im Süden stellt man heute fest, daß die Religion kein vernachlässigenswerter Faktor ist. Sie greift bisweilen unmittelbar ein, um sich Programmen zur Geburtenbegrenzung entgegenzustellen. Dies gilt für den Maghreb, wo der Rückgang der Fruchtbarkeit durch das Anschwellen des islamischen Fundamentalismus unmittelbar beeinflußt wird. Auch das Wetteifern zwischen den Religionsgemeinschaften ist ein wesentlicher Faktor. Zwischen Juden und Arabern in Israel, zwischen Muslimen und koptischen Amhara in Äthiopien, zwischen Hindus und Muslimen in Indien schlägt die Rivalität der Religionsgemeinschaften in das Anstacheln zu anhaltender Fruchtbarkeit um. Das Bewußtwerden des demographischen Problems war entscheidend für die Erkenntnis − die vielen ohnehin intuitiv eigen war −, daß Masse und Macht zusammenhängen. Daß den Melanesiern Neu-Kaledoniens mangels einer Bevölkerungsmehrheit der Weg zur Unabhängigkeit versperrt blieb, ist ein ausgezeichnetes Beispiel hierfür.

Der Konkurrenzkampf findet auch zwischen Nationen statt. Befragt man die Staatschefs danach, so gibt nur selten einer diesen demographischen Ehrgeiz zu.[8] Doch es ist bekannt, daß im Süden der regionale Konkurrenzkampf zwischen Schwergewichtlern stattfindet. Äthiopien und Nigeria schummeln bei ihren Volkszählungen, um ihre Rolle als Führer in der OAU noch eindeutiger zu behaupten. Die Entwicklung von Brasilien im Vergleich mit Argentinien hat sich klar zum Nachteil für Argentinien vollzogen.

Schließlich wird − und dies ist keineswegs die geringste Gefahr − der vom Norden so gefürchtete Bevölkerungsdruck von manchen Staaten des Südens als revolutionäre Waffe eingesetzt. Wir haben noch in schlimmer Erinnerung, wie Mao innerhalb der Perspektive einer Konfrontation mit der übrigen Welt die Chinesen zur Fruchtbarkeit anstachelte.[9] Gleichzeitig mit der Atombombe hat er sich auch absichtlich mit einer schrecklichen demographischen Bombe versehen. Von einer ähnlichen Vorstellung von Provokation und demographischer Überlegenheit lassen sich die heutigen fundamentalistischen Bewegungen, insbesondere die muslimischen, leiten. Der Iran hat innerhalb von fünfzehn Jahren trotz eines mörderischen Krieges seine Einwohnerzahl von dreiunddreißig auf sechsundfünfzig Millionen gesteigert. Diese hohe Fruchtbarkeit hat ihm einen Vorteil im Kampf verschafft (da sie ihm massive Opfer gestattete), und sie bietet ihm auch einen Vorteil im Frieden, da sie das Land zu einer der demographischen Großmächte in der Region macht.

Die traditionellen Gegner der Transitionisten waren im wesentlichen Marxisten. Da sich der europäische Übergang in einer Atmosphäre des Wirtschaftsliberalismus vollzogen hatte, erblickten seine Theoretiker darin dieselbe unsichtbare Hand, welche seit Adam Smith die Märkte reguliert. Die autoritären, vergesellschaftenden, planwirtschaftlichen Regierungen wurden beschuldigt, die Aktion dieser unsichtbaren Hand zu blockieren, wodurch sie gleichzeitig die Wirtschaftsentwicklung und den demographischen Übergang verhinderten. Heute muß man erkennen, daß der Süden noch ganz andere Mittel ersonnen hat als der Marxismus, um die unsichtbare Hand zu blockieren, ja abzuhacken.

Zum Unglück der Transitionisten versteift sich der Süden darauf, sich nicht spontan so zu entwickeln, wie er sollte. Er bleibt in Ermangelung einer allgemeinen, signifikanten und regelmäßigen Senkung der Fruchtbarkeit bei einer hohen Zuwachsrate stehen. Er wird in einen raschen Vermehrungsprozeß hineingezogen. Infolgedessen gewinnen die malthusianischen Positionen ihre frühere Stärke zurück.

Doch es handelt sich nicht mehr um den wohltemperierten Neomalthusianismus der Verfechter von Familienplanung, Erziehung und selbstgewollter Verhütung. Auch sie sind ernsthaft gescheitert. Indien, das schon in den fünfziger Jahren das umfangreichste und aufwendigste Programm zur Geburtenkontrolle ins Leben rief, hat praktisch alle Hoffnung eingebüßt. Das Instrument, das zu dieser Kontrolle bereitgestellt wurde, ist versunken in Korruption, in Mutlosigkeit. Die Sterilisationszeugnisse sind Gegenstand eines einträglichen Geschäfts. Man hat erlebt, daß sich sowohl Mann wie Frau der Sterilisation unterzogen, um die Entschädigungszahlung zu verdoppeln, ebenso tat das eine große Anzahl von Frauen − nach der Menopause. Die Bürokratisierung des Systems hat seine Ineffizienz noch gesteigert. Seine Mißerfolge oder aber die mit ihm getriebenen Mißbräuche haben bei der Bevölkerung das Prinzip der Geburtenkontrolle selbst in schlechten Ruf gebracht.

Bessere Resultate wurden in Mexiko erzielt, mit direkter finanzieller und technischer Beteiligung der USA. Aber es gibt kaum Länder, in denen diese Methoden aus freiem Entschluß akzeptiert werden. Die Rivalität zwischen Staaten und zwischen Religionsgemeinschaften führt dazu, daß sie a priori das Prinzip der Geburtenregulierung selbst ablehnen. Ein solches Programm vorzuschlagen, wird von vielen Gesprächspartnern in der Dritten Welt als ein Übergriff aufgefaßt. Ich habe in Äthiopien die Ausweisung aus dem Lande riskiert, als ich während der Hungersnot die Vermessenheit besaß, als Ergänzung zur dringenden Nothilfe einen Sektor »Familienplanung« vorzuschlagen. Der Vorschlag wurde heftig zurückgewiesen. Die Regierung räumte zwar durchaus ein, daß die nördlichen Gebiete, in denen die Hungersnot wütete, bei einem stark geschädigten ökologischen Kontext die Kosten eines übermäßigen demographischen Drucks trugen. Doch die zur Abhilfe beschlossene Maßnahme war die zwangsweise Umsiedlung der Bevölkerung aus dem Norden in den geringer bevölkerten Süden. Dieses *resettlement* hat große Tragödien, Leiden und viele Tote zur Folge gehabt. Doch diese Toten wurden als »Unkosten«

hingenommen im Kontext einer intakten demographischen Überfülle, die im Geiste der Äthiopier (des Mannes
auf der Straße ebenso wie der Regierenden) mit der Vorstellung von nationaler Stärke zusammenfällt.

Der Malthusianismus, der heute in den Vordergrund
der Szene rückt, hat nicht mehr das zivilisierte Gesicht der
freiwilligen Familienplanung. Er gehört im Gegenteil der
gewaltsamsten Gattung an: es ist der totalitäre Malthusianismus, ergänzt durch den natürlichen.

Es lebe der Tod

Der totalitäre Malthusianismus wird in Perfektion von
China verkörpert. Zum großen Schaden der antimarxisti-
schen Transitionisten ist ihr Musterschüler in Asien nicht
Indien, sondern China. Die in den Städten seit den sechziger Jahren eingeleitete Senkung der Geburtenrate wird im
Jahr 1970 zur allgemeinen Regel. Für eine Eindämmungs-
operation dieses Umfangs gibt es keinen Präzedenzfall.
Die durchschnittliche Kinderzahl pro Frau sinkt innerhalb
von zehn Jahren von sechs auf weniger als drei, und innerhalb von zwanzig Jahren auf zwei Komma vier. Leider
kommt das Phänomen durchaus nicht natürlich zustande,
und die »Entwicklung« ist daran nicht sonderlich beteiligt.
Diesmal ist die Hand deutlich sichtbar. Es war keine Politik, die auf dem Gebiet der Geburtenregelung betrieben
wurde, sondern ein wahrhafter Krieg. Es ist bekannt, um
welchen Preis diese Ergebnisse erzielt wurden. Sie sind die
Auswirkungen eines erdrückenden sozialen Gegensatzes,
einer repressiven, autoritären Bevölkerungspolitik, welche die individuelle Wahlentscheidung nicht kennt. Wenn
man diesem Kraftakt Beifall spendet, dann muß man sich
bewußt sein, worüber man sich da freut: Eine solche Entwicklung trägt das Prägemal des absolutesten Totalitarismus, desjenigen, der die Menschen bis in ihre intimen Entscheidungen hinein regiert, der sich mit seinem Geist zum
Herrn über das Fleisch eines ganzen Volkes aufwirft.[10] Es

gibt keinen vollendeteren Ausdruck der Knechtschaft als diese einer Milliarde Menschen auferlegte zwangsweise Verstümmelung ihrer Nachkommenschaft. Ich behaupte nicht, daß diese Anstrengung nicht notwendig gewesen sei, und auch nicht, daß durch sie nicht Katastrophen vermieden wurden. Ich möchte lediglich betonen, daß der chinesische Erfolg weder das Produkt einer »freien« Aktion der Familienplanung und noch viel weniger die Auswirkung eines Übergangsmechanismus vom europäischen Typ ist. Aber in einer mit Flüchtlingen gesättigten Welt, in der China ein Viertel der Menschheit stellt, weiß man den Führern dieses Landes Dank dafür, daß sie seine Bevölkerungsexpansion steuern. Und niemand möchte allzu genau wissen, mit welchen Methoden sie das schaffen. Angesichts des Scheiterns der anderen Methoden haben wir hier das erste Beispiel totalitärer Tugenden vor uns, die wir im Süden aufblühen sehen. Jenen, die ihnen Vorhaltungen wegen der Menschenrechte machen, haben die Chinesen alsbald vorgeschlagen, den Käfig einen Spaltweit zu öffnen. Niemand würde dieses Risiko auf sich nehmen.

Die andere Variante, die eine neuerliche Fortune erlebt, ist der natürliche Malthusianismus. Hier handelt es sich nicht mehr darum, die Katastrophe zu vermeiden; hier geht es nur noch darum, aus ihr Profit zu schlagen. Wenn der Mensch bei der Kontrolle der Bevölkerungsvermehrung scheitert, überlassen wir dies doch den Geißeln der Natur, jenen ersten drei Reitern der Apokalypse: Krieg, Hunger und Krankheit.

Dieser natürliche Malthusianismus ist in der Dritten Welt nie gänzlich vom Erdboden verschwunden. Er nannte nur seinen Namen nicht. Ich erinnere mich noch sehr genau an den heruntergekommenen Zustand der in einem ultramodernen Krankenhaus gelegenen Entbindungsklinik von Sousse, der drittgrößten Stadt Tunesiens. Der Entbindungsabteilung fehlte es an allem: an Handschuhen, Anästhetika, Antibiotika. Die Behandlung war dem Belieben rumänischer und russischer Ärzte von jämmerlichem fachlichem Niveau überlassen. Die perinatale Sterblichkeit war beträchtlich. Ich brauchte etliche Monate, um zu begreifen, daß diese Katastrophe von den Behörden in Wirklichkeit als ein Segen erachtet wurde: diese verschwundenen Kinder waren, angesichts der übermäßigen Fruchtbarkeit des Landes, ein »Gewinn«.

Manche Staaten haben dieses Szenario der »nützlichen Katastrophe« in größerem Maßstab entfaltet. Die Regierungen der Dritten Welt wissen, daß man bis zu einem gewissen Grad des Elends von ihnen Rechenschaft fordert; nach Überschreitung dieses Punktes schickt man ihnen Hilfssendungen. Somalia, das Ende 1990 noch vom Weltwährungsfonds gemaßregelt worden war, bekommt angesichts des Ausmaßes des im Lande tobenden Bürgerkrieges sechs Monate später das Recht, Vergebung für seine Sünden zu fordern.

Mit der Rückkehr des natürlichen Malthusianismus geht das Fortschreiten der klassischen Geißeln, ihre, wenn man so sagen darf, Modernisierung einher. Vor fünf Jahren sind in Afrika die großen Hungersnöte wieder in Erscheinung getreten. Heute gesellen sich schmutzige, zahlreiche Menschenleben kostende Kriege und der Rückschritt ganzer Regionen (Liberia, Kambodscha) in bezug auf Gesundheit und Ernährung hinzu. Schließlich die letzte malthusianische Waffe: Seuchen. Die Cholera in Peru ist eine klassische Pandemie, die Rückkehr einer vertrauten Geißel, die über lange Zeit gewohntermaßen in Europa umging. Origineller, aber nicht weniger mörderisch: AIDS. Es ist derzeit drauf und dran, in Afrika zum Hauptkorrektiv des Bevölkerungszuwachses zu werden. Seine verheerende Wirkung erstreckt sich auf junge Generationen, von deren Fruchtbarkeit es parasitär zehrt. Die Haltung gegenüber dieser Plage ist zwiespältig. Entsprechend dem unterdes klassischen Mechanismus der nützlichen Katastrophe haben die afrikanischen Führer schnell begriffen, daß sie aus dieser Sache großen Vorteil ziehen konnten. Tragen jedoch die ihnen zufließenden Mittel dazu bei, die Krankheit zu bekämpfen?

Auf der Ebene der internationalen Organisationen herrscht ebensolche Unklarheit. Der Grund für den spektakulären Rücktritt Jonathan Manns im Jahr 1989 lag in der Weigerung der WHO, dieser Epidemie Priorität in ihrem Wirken zuzuordnen.[11] Jedermann läßt bei Äußerungen zu diesem Thema größte Vorsicht walten. Ich habe jedoch bei Leitern des Gesundheitswesens mehrerer afrikanischer Länder (insbesondere Kameruns und der Elfenbeinküste) eine Resignation vorgefunden, die dem Malthusianismus nahekommt. Im Norden wagen es nur einige ungeschickte Leute, die unterbewußte Meinung einer schweigenden Mehrheit zu artikulieren. Eine sehr große Dame, deren Name die Geschichte Frankreichs ziert, sagte mir in der ganzen Unschuld ihrer Dummheit: »Aber dieses AIDS, das ist doch eine Chance für Afrika. Sie waren viel zu viele.«

Diese rassistische Sicht im Norden findet ihre Antwort in der paranoiden Meinung des Südens, besonders Afrikas, welche in AIDS ein weißes Komplott zur Dezimierung des Kontinents erblickt. Man erinnert sich an das bei den ersten Warnungen in Zaire verbreitete Gerücht: demnach wäre dieser Virus das Produkt eines französisch-amerikanischen Forschungszentrums, »erprobt« an Schwarzen.[12] Derselbe Gedanke durchzieht all diese Legenden. AIDS ist ein Instrument des Malthusianismus. Daß seine Ausbreitung, ja seine Erzeugung aus freiem Willen geschieht, ist eine ganz sekundäre Frage.

Doch ob man es nun fürchtet oder sich zynisch darüber freut, die Tatsache bleibt bestehen: mangels einer Steuerung der demographischen Variablen mit sanften Methoden (Entwicklung und Familienplanung) treten nun brutale Mittel in Erscheinung (totalitäre Kontrolle der Fruchtbarkeit sowie Menschheitsgeißeln, die die Sterblichkeit erhöhen). Es sind spezifische Mittel des Südens, sie würden nirgendwo in den entwickelten Ländern toleriert werden.

Der demographische Äquator ist also nicht nur ein quantitativer. Lange Zeit glaubte man, diesen Kontrast für nichtig erklären zu können, indem man in der Überzahl von Menschen im Süden lediglich einen Rückstand, eine zeitlich verschobene Entwicklung nach Art der europäischen sah. Die transitionistische These hat den Höhepunkt dieses Konzepts markiert. Für sie war der numerische Kontrast zwischen Nord und Süd lediglich eine verzögerte Ähnlichkeit, der zeitliche Abstand zwischen zwei Kurven, die sich treffen mußten.

Heute ist klar, daß Norden und Süden Entwicklungen durchmachen, die tiefgreifend und dauerhaft unterschiedlich sind. Die Ungleichheit des demographischen Gewichts liegt auf der Hand, ganz gleich, welcher Schule man anhängt. Die Folgen dieser Ungleichheit sind so schlimm, daß wir dem Süden die Berechtigung von Methoden zugestehen, die wir anderswo ablehnen. Zur gleichen Zeit, da im Norden die Demokratie sich ausdehnt, die Diktatur diskreditiert wird, die Menschenrechte als Fundament aller modernen politischen Systeme anerkannt werden, überlassen wir es totalitärem Zwang und der Massenvernichtung durch natürliche Katastrophen, dafür zu sorgen, daß die Bevölkerungsexplosion des Südens zum Stillstand gebracht wird.

Es gibt nur eine einzige malthusianische Lösung, gegen die wir mit aller Macht anzukämpfen bereit sind: die Migration. Das Wohlverhalten des Nordens gegenüber totalitären Methoden oder malthusianischen Geißeln hat seinesgleichen nur in dem immensen Entsetzen vor der Invasion. Niemals war die Ungleichheit des Bevölkerungsdrucks so groß wie z. B. heute zwischen den beiden Ufern des Mittelmeers.[13] Doch in diesem Punkt sind sich Malthusianer und Liberale durchaus einig: Es erscheint als ein konstantes Gesetz, daß diese Unterschiede, sofern sie bedeutend und dauerhaft waren, allezeit durch Wanderungsbewegungen ausgeglichen wurden.

Der Süden gewinnt in unserer Vorstellungswelt hier wieder jenen Grundzug, der die Barbaren in der Antike auszeichnete: die Fähigkeit zum Hereinbranden, zur Migration, zum Überfluten. Bei den Römern ist nichts so alt, so tief, so dauerhaft wie diese Befürchtung, sie erscheint geradezu naturgegeben.

Sie kommt von weither, aus einer Zeit lange vor den Invasionen, als die Barbaren mit ihrer Zahl noch keinen Schrecken verbreiteten. Vielleicht muß man ihren Ursprung in den ersten schweren Prüfungen Roms suchen, etwa in der Brandschatzung der Stadt durch die Gallier (390 v. Chr.), als die Republik gerade erst zu einem Gleichgewicht gefunden hatte. Die gallischen Horden drangen in die Stadt ein, plünderten sie und zogen wieder ab. Diese Barbaren waren weder sonderlich zahlreich noch sonderlich arm und gierig nach Schätzen, doch von ihnen haben die Römer eine Eigenheit vermerkt: Sie waren Nomaden. Wir würden heute sagen − Entwurzelte. Die Römer sprechen diese Eigenheit den sie umgebenden Barbaren auch in der Folgezeit immer zu. Die Fähigkeit zum Hereinbranden resultiert nicht nur aus der Zahl, sondern aus einer gewissen Fähigkeit zur Bewegung. Mit dieser Eigenschaft stehen die Barbaren in einen Gegensatz zu den seßhaften, stabilen und wohlhabenden Völkern des Imperiums.

In der Fähigkeit zum Hereinfluten, welche der Norden heute dem Süden zuspricht, verbinden sich beide Vorstellungen. Zum Gegensatz zahlreich/wenig zahlreich, den uns die Demographie einbleut, kommt das weitere Gegensatzpaar stabil/entwurzelt. Wir werden sehen, welche ideologische Macht es ausübt.

3

Die Archipele des Elends

> *Der erste eurer Meister hat Tod in das*
> *Dschungel gebracht, der zweite Schande.*
> *Es ist Zeit, daß ein Gesetz gemacht wird,*
> *ein Gesetz, das ihr nicht brechen könnt.*
> *Nun sollt ihr Furcht kennenlernen, und*
> *Furcht soll euer Meister sein – und das*
> *andere wird folgen.*
>
> Kipling, *Das Neue Dschungelbuch*

Am Country Club von Recife zieht sich eine enge Gasse entlang, die zwei Welten voneinander scheidet. Auf der einen Straßenseite sind die Vollblutpferde des Reitklubs aufgereiht; ihre hellblau getünchten, sauberen Ställe sind reichlich mit Futter versorgt, mit fließendem Wasser und elektrischen Ventilatoren ausgestattet. Gegenüber quellen ihnen die aus schwarzen, stinkenden Kistenbrettern erbauten Hütten einer Favela entgegen; zahllose Kinder laufen barfuß herum und trinken Wasser aus geteerten Fässern. Wie können diese beiden Welten Seite an Seite bestehen? Wie können sie, angesichts der Berührung mit einem so schroffen Gegensatz, sich beide damit abfinden, in ihrer Entbehrung bzw. ihrem Luxus zu leben? Einfach darum, weil alle denken, das Elend sei etwas Ewiges.

Die Dritte Welt gilt als der Ort, in dem die Armut seit Jahrhunderten immer die gleiche geblieben ist; sie lastet allgegenwärtig, unwandelbar an der Oberfläche der Länder, die sie zu allen Zeiten als schicksalhaft anerkannt haben. Die Fernsehzuschauer des Nordens, die weiter ihr Mahl einnehmen, während sie im Fernsehen die Ausgehungerten erblicken, immunisieren sich auf die gleiche Weise. Sie sagen sich, so sei nun mal die Ordnung der Dinge. Der Gedanke von der Ewigkeit des Elends besitzt

3

trostspendende Kraft: auf dieses bequeme Heilmittel wird Wert gelegt.

Dennoch ist dieser beruhigende Gedanke unwahr: Nichts hat sich in den letzten dreißig Jahren rascher und radikaler gewandelt als das Elend des Südens.

Wenn man sich trotzdem darüber täuschen kann und zu glauben vermag, nichts habe sich geändert, dann darum, weil die Armut nicht zu Wohlstand geworden ist — was zu sehen wäre —, sondern weil sie sich in eine andere Armut umgewandelt hat. All das gleicht einer absurden Rettungs-aktion, bei der ein in Not geratener Bergsteiger auf dem einen Gipfel aufgelesen und auf einem anderen, ebenso unwirtlichen, entfernten und kalten wieder abgesetzt wird. Die Tatsache wirkt seltsam, doch man muß zugeben, daß es so ist: Die Verarmung des Südens ist neu, jüngeren Datums, und sie wurde durch geduldige Anstrengungen herbeigeführt. Das gegenwärtige Elend ist das Produkt von dreißig Jahren Entwicklung. Es bietet sich, wie der Gulag, als ein Archipel dar. Die entwurzelten, abhängigen Massen, die durch diese dreißig ruhmreichen Jahre* von ihrem angestammten Ort vertrieben wurden, gliedern sich in Ballungsgebiete, in kleine Inseln auf, die man in der Regel getrennt abhandelt: den Archipel der Flüchtlinge und den Archipel der Slumsiedlungen. Ich möchte sie nebeneinanderstellen, um ihre enge Verwandtschaft auf-zuzeigen.

Eine erste Feststellung gilt für beide Phänomene: Im Süden ist Bewegung nicht a priori ein Synonym für Ent-wurzelung. Es gibt, zumal in Afrika, eine lange Tradition der Mobilität, des »Eskapismus«[1], durch den man sich einer tyrannischen Gewalt, einer ökonomischen Zwangs-lage oder schlechten landwirtschaftlichen Bedingungen entziehen kann. Das Bild von Bauern, die an ihren Boden, an ihr Dorf gekettet sind, ist in dieser Hinsicht ein Zerr-bild. Selbst in den traditionellen ländlichen Gesellschaften

---

* Abgewandelt von dem in Frankreich üblichen Ausdruck »die drei ruhm-reichen Tage« (*les trois Glorieuses*) für die Tage der Pariser Julirevolution von 1830 (27., 28. und 29. Juli). (Anm. d. Übers.).

wird durch die Bewegung ein Gleichgewicht hergestellt. Man muß sich abgewöhnen, die innere Migration als etwas Schädliches anzusehen. Wenn sie dazu führt, neue Ländereien zu finden, in denen bessere Bedingungen herrschen, kann sie durchaus positiv wirken. Bei politischen Wirren oder Naturkatastrophen sind oft spontane Wanderbewegungen gewaltiger Bevölkerungsmassen zu beobachten, die vor einer zeitweiligen Bedrohung flüchten. Danach, wenn die Dinge wieder ihre Ordnung haben, kehren sie in ihren Landstrich zurück. So waren während der Hungersnot in Äthiopien die Nomaden vom Stamm der Afar von ihren verdorrten Weidegebieten geflüchtet und hatten sich in der Region Kombolcha gesammelt. Eine humanitäre Organisation hatte die Hilfeleistung für sie übernommen. Um den Bedarf zu ermitteln, die Hilfsgüter aus Frankreich herbeizuschaffen und Hilfsmannschaften zusammenzustellen, brauchte es ein paar Tage. Als der Hilfskonvoi endlich beim Lager der Afar eintraf, war niemand mehr zu finden. Drei auf der Erde sitzende Hirten erklärten dem Missionschef gelassen, es habe vorige Woche geregnet. Das Weideland war frisch ergrünt, und die Afar waren in ihre Heimat zurückgekehrt. Die zweihundert Tonnen Mehl und Öl wurden darum den drei Hirten übergeben. Der enttäuschte Missionschef legte ihnen bloß noch ans Herz, sie sollten es nicht alles auf einmal aufessen...

Diese Fähigkeit zur freien Mobilität spielt die Rolle eines Schutzes und Gleichgewichts. Das heutige Drama, das für die Entstehung neuer Archipele des Elends verantwortlich ist, rührt nicht von der Bewegung her, sondern von der Blockade der Bewegung. Die Entwurzelung entsteht nicht durch den Ortswechsel, sondern dadurch, daß dieser Ortswechsel auf Ziele gelenkt ist, von denen es keine Rückkehr gibt, wo keine Zukunft und keine Freiheit vorhanden ist. In der Dritten Welt sind auf dem freien Weg der Migration zwei große Hindernisse errichtet worden, zwei Hindernisse, die im Laufe der letzten dreißig Jahre unablässig perfektioniert worden sind: die Grenze und die Stadt.

Es ist die Grenze, die den Flüchtling macht. Der Migrant überquert sie oftmals, ohne es zu wissen. Doch wer diese unsichtbare Linie überschreitet, verändert sich. Er war in der Heimat, er wird zum Fremdling. Er konnte umkehren, jetzt aber wird es schwer, ja unmöglich für ihn, nach Hause zurückzufinden. Er war ein Wandernder, er wird zum Flüchtling.

Den ersten Typus der blockierten Migration stellen die Flüchtlingslager dar: Der Migrant fällt in ein Netz, aus dem er vielleicht, je nach den politischen Umständen, niemals wieder herausfindet. Es sind unterdes über vierzig Jahre, seit die vor dem ersten israelisch-arabischen Krieg geflüchteten Palästinenser in Lagern blockiert sind, deren Verschwinden niemand wünscht. Die UNRWA* stellt noch immer Lebensmittel für sie bereit. Diese Lager werden mit voller Absicht erhalten, um, nach den Worten von Annie Laurent, ein Ersatz-Palästina zu bilden. »Daß die PLO die Flüchtlinge weitgehend absichtlich abseits des Lebens der Gesellschaft und unterhalb einer bestimmten Armutsschwelle hält, entsprach vielleicht einem wohlverstandenen Kalkül. Da materieller Komfort und berufliche Sicherheit häufig ideologische Demotivation erzeugen, hatte die PLO kein Interesse, gar zu vielen der unter ihrer Verwaltung stehenden Menschen zu einer Eingliederung zu verhelfen. Hätte sie das getan, wäre ihr zweifellos ein Reservoir an Milizionären, ja Terroristen verlorengegangen, das sich infolge einer sorgsam am Leben erhaltenen revolutionären Atmosphäre unaufhörlich erneuert.«[2]

Mag das Beispiel der PLO auch das älteste sein, so bildet es doch keine Ausnahme. Es muß unverblümt gesagt werden: so wie der internationale Flüchtlingsstatus auf die Dritte Welt angewandt wird, begünstigt er diese Entwicklungen ohne Ende, diese Blockierung der Migration in der Sackgasse der Lager. Die Genfer Flüchtlingskonventio-

---

* Organ der Vereinten Nationen für die Unterstützung und den Schutz der palästinensischen Flüchtlinge.

nen galten ursprünglich für Europa. Mit dem Algerienkrieg und später der Hongkong-Affäre wurde der Flüchtlingsstatus auf die Konflikte im Süden ausgedehnt. Doch diese tropische Version ist ein Zerrbild. Der europäische und der tropische Status sind nicht nur verschieden: sie sind in jeder Beziehung das Gegenteil des anderen.

In Europa gilt der Flüchtlingsstatus für Individuen. Er setzt eine rigorose Untersuchung voraus. Er verleiht das Recht, ein Aufnahmeland zu betreten und sich dort endgültig niederzulassen. Das UN-Hochkommissariat für Flüchtlinge ist verantwortlich für den wirksamen Schutz und Beistand für die ihm anvertrauten Personen. Der Status des Flüchtlings ist nach diesem europäischen Konzept ein Übergangszustand, eine Migrationsetappe, die es erlaubt, einer Gefahr zu entkommen und einen anderen dauerhaften Ort zum Existieren zu finden.

Beim »tropischen« Status ist von alledem nichts mehr gewährleistet. Zunächst wird der Begriff »Flüchtling« im Süden nicht mehr auf Individuen, sondern auf ganze Völkerschaften angewandt. Es steht also nicht mehr die Frage nach einer Prüfung des persönlichen Falles. Das Kriterium für die Erlangung des Flüchtlingsstatus ist im wesentlichen die Überschreitung einer Grenze. Wir haben erlebt, zu was für absurden Situationen das führen kann. Wenn je eine Bevölkerung den Titel von Flüchtlingen verdiente, dann doch wohl die Khmer, die vor den in ihrem Land verübten Greueln geflüchtet waren. Da aber Thailand ihnen das Überqueren seiner Landesgrenzen verwehrte, blieben sie diesseits dieser Grenzen stecken, in dem beide Länder trennenden Niemandsland: Es sind also keine Flüchtlinge. Diese Heuchelei dauert seit zehn Jahren an.

Umgekehrt wurden die äthiopischen Bauern, die vor der Hungersnot gen Westen flüchteten, beim Passieren der sudanesischen Grenze zu Flüchtlingen erklärt. Vor ihrer Flucht waren sie nicht politisch engagiert, und die Flucht war nicht durch eine solche Einstellung motiviert: erst nachdem sie in den Lagern an der Grenze eintrafen, wurden sie von der Befreiungsfront erfaßt und zu Kämpfern formiert. Diejenigen, die nach Osten oder Süden aufgebrochen waren, sind in ihre Heimat zurückgekehrt. Die im Westen konnten dies, da sie zu Flüchtlingen geworden waren, nicht in freier Weise tun.[3]

Dem tropischen Flüchtlingsstatus wohnt eine zweite Eigenheit inne: er hat dem Betroffenen kein endgültiges Aufnahmeland zu bieten. Die Staaten des Nordens sind heute verschlossen. Das »Drittland«, das dem Herumirren des Flüchtlings ein Ende setzen und ihm normale Lebensbedingungen gewähren soll, dieses Drittland existiert nicht mehr. Die Migration des tropischen Flüchtlings ist nicht mehr ein Durchgangsstadium zwischen der einen und der anderen vollständigen Staatsangehörigkeit: es ist ein auf unbestimmte Zeit verlängerter Zustand, ein Wartestatus ohne Hoffnung und ohne Heimkehr. Der tropische Schutz für den Flüchtling, das ist die Einschließung in ein Lager. Als ein Provisorium, absichtlich abseits von dem eigentlichen Land, in dem es sich befindet, unterhalten, ist das Flüchtlingslager ein Ort starker Entwurzelung.[4] Doch in vielen Fällen reicht der den Flüchtlingen gebotene internationale Schutz nicht einmal bis zu diesem materiellen Beistand. Angesichts der Massenwanderungen haben die Vereinten Nationen das schreckliche Konzept der »Nichtabweisung« entwickelt. Es ist die Nullstufe des Asyls: Der Migrant wird nicht abgewiesen, aber auch nicht als Flüchtling anerkannt. Er hat die allererste Etappe hinter sich, welche ihm die Wurzeln abschneidet: Er ist von jenseits einer Grenze gekommen. Hier nun wird er in einem Nichtstatus, einer Art juristischer Falle festgehalten. Er ist nicht mehr in seinem ersten Land, hat aber auch kein zweites erreicht. Die indonesischen oder malaysischen Inseln, die afrikanischen Savannen und die Gebirge Asiens beherbergen Millionen von Menschen, für die der Schutz sich auf ein zeitweiliges Asyl reduziert, welches ihre Entwurzelung verewigt. Viele bleiben über Monate, ja Jahre in diesem Zustand, und nur einige wenige kommen in den Genuß des Flüchtlingsstatus oder der in der Regel den gesetzlich anerkannten Einwohnern vorbehaltenen Rechte. Diese Flüchtlinge werden als eine besondere Kategorie betrachtet und leben häufig unter rudimentären Bedingungen, selbst dann, wenn sie vom UN-Flüchtlingshilfswerk Unterstützung erhalten, sie existieren am Rande der Gesellschaft, sofern sie nicht überhaupt in Lager oder auf kleine Inseln verbannt werden.[5]

Eine 1985 erarbeitete Studie hat gezeigt, daß unter den im südlichen Sudan untergekommenen Flüchtlingen aus Uganda nur ein Viertel der Familien über ein Minimum an Kleidung verfügt und lediglich einer von fünfen auf einem Strohsack oder einer Decke schläft.[6]

Die Menschen im Westen haben während der sechziger Jahre ehrlich geglaubt, sie könnten ihre Fürsorge auf die ganze Welt ausdehnen. In jener Periode waren die Konflikte im Süden noch nicht so zahlreich. Es waren häufig Entkolonialisierungskriege, deren rascher Abschluß die Heimkehr der Flüchtlinge erlaubte (wie in Guinea-Bissau). Die Länder des Nordens riefen Arbeitskräfte zu sich und vermochten endgültige Aufnahmeländer darzustellen. Der Flüchtlingsstatus hatte, selbst in den Tropen, noch einen Sinn.

Seit dem Ende der siebziger Jahre wurde klar, daß dieser Status nicht mehr zu halten war. Die Vermehrung der instabilen Zonen, der Umfang der Migrationen, die Abschottung der Länder des Nordens zeigten, daß der internationale Schutz zu einer Illusion geworden war. Dennoch haben wir zehn Jahre lang weiter geglaubt oder zumindest den Glauben geschürt, dieses System sei wirksam. Einige ließen sich von humanitären Motiven leiten: ein paar Menschenleben zu retten, so meinten sie, rechtfertigt alles, selbst die mittelbare Unterhaltung der Kriege, von denen der Süden zerrissen wird. Viele andere, gestehen wir es ruhig ein, hatten ein politisches Interesse daran. Da die Sowjetunion in den Jahren 1975–1979 weite Gebiete für sich gewonnen hatte, kamen die größten Flüchtlingsmassen aus kommunistischen Ländern. Es lag im Interesse des Westens, die Flüchtlingslager zu benutzen, um den antisowjetischen Bewegungen Hilfe zu leisten bei ihrer Versorgung, bei der Truppenrekrutierung und der Behauptung ihrer Repräsentativität. Die jeweils längs der Grenzen gelegenen riesigen Lager afghanischer, äthiopischer, kambodschanischer, nikaraguanischer Flüchtlinge waren allesamt Kriegsmaschinen, Drehscheiben für die Logistik der Guerillas. Ich habe in einem anderen Buch diese humanitären Zufluchtsstätten, eine strategische Grundfigur der Jahre des Kalten Krieges, geschildert.[7]

Das UN-Flüchtlingshilfswerk hat niemals versucht, in diesen Lagern eine wirkliche Administration auszuüben: es hat sich dabei mehr oder weniger offiziell auf die »einheimischen Vertreter«, d. h. auf die Guerillabewegungen, verlassen. Diese Bewegungen haben jene Migrantenmassen organisiert, sie zu Schattenstaaten umgebildet. Ohne Rücksicht auf ihren Schutz haben sie sie in Grenznähe, also im Kontakt mit den Kriegsgebieten, angelegt, um den Verkehr mit dem Inland zu erleichtern. Sie haben die Vermischung der Flüchtlinge mit der lokalen Bevölkerung verhindert und in den Lagern Untätigkeit (durch Verbot von bezahlter Arbeit) und Abhängigkeit gefördert.

Heute haben die Konflikte in der Dritten Welt ihr Wesen verändert, und die Sowjetunion und ihre Verbündeten ziehen sich allerorts zurück. Wir sehen uns einem Archipel von Lagern gegenüber, der in der ganzen Welt über dreizehn Millionen Menschen umfaßt.[8] Die internationale Gemeinschaft kann nicht mehr erkennen, welches Interesse daran bestehen sollte, für diese nutzlose Masse zu zahlen: das UN-Flüchtlingshilfswerk hat gewaltige finanzielle Schwierigkeiten. Es möchte die Rückkehr der Flüchtlinge organisieren, die Migrationsblockierung beseitigen. Aber eine solche Masse läßt sich nicht auf einen Schlag resorbieren. Die Herkunftsländer haben nach dem Abzug der Sowjets nicht zur Demokratie zurückgefunden, und die Flüchtlinge fürchten die Heimkehr dorthin. Und das unselbständige Leben in den Lagern, wo eine ganze Generation zur Welt kam, hat auch sein Eigengewicht: es reizt nicht dazu an, sich für eine aktive Existenz zu entscheiden. Das Exil ist zu einer Heimat geworden.

Unsere früheren Freunde zumal, all diese Befreiungskräfte, die wir gegen die Sowjets benutzt haben, denken nicht daran, die Massen, über die sie Autorität ausüben, so leicht preiszugeben. Für sie geht es dabei ums Überleben. Die Eritreer, Afghanen, Roten Khmer, geschätzte Oppositionskräfte, als sie gegen marxistische Regime kämpften, werden zu lästigen Machtprätendenten. Ihre Feinde stellen größtenteils keine Bedrohung mehr dar: Sie haben häufig (wider Willen) das Bündnis mit den Sowjets gelöst und sind dabei, sich dem westlichen Lager anzuschließen. Angesichts einer heutzutage offen proamerikanischen Regierung in Äthiopien, einer weltlichen Staatsgewalt in Afghanistan, die ihre Legitimität Jahr um Jahr, mal besser, mal schlechter, verstärkt, angesichts von kambodschanischen Behörden, die mehr und mehr die Öffnung zum Westen betreiben, haben die marxistischen Guerilleros von Eritrea, die muslimischen von Afghanistan und die Roten Khmer von Kambodscha ihren Reiz verloren ... Sie spüren deutlich, daß sie für den Westen nutzlos, ja belastend geworden sind. Dennoch wollen sie sich nicht darauf einstellen, daß man sie fallenläßt, und klammern sich mehr denn je an die von ihnen kontrollierte Bevölkerung. Die seit zehn Jahren unterhaltene Kriegsmaschine lebt ihr Eigenleben. Diejenigen, die keine freiwillig geleistete Hilfe mehr erhalten, sind fest entschlossen, diese notfalls mit Gewalt abzufordern. Wir erleben die Generalisierung des palästinensischen Modells. Und die Ausbreitung neuer Konflikte füllt das Boot immer mehr (in jüngster Zeit die Flüchtlinge aus Somalia und Liberia). (Siehe die Karte S. 82.) Das UN-Hochkommissariat für Flüchtlinge steht kurz vor dem Kollaps.

Der Archipel der Flüchtlinge ist ein dauerhafter Instabilitätsfaktor im Süden. Dreißig Jahre Kalter Krieg in der Dritten Welt haben dieses neuartige Elend produziert, bestehend aus Millionen von entwurzelten Menschen, Opfer zunächst ihrer Wanderung, dann des Umstands,

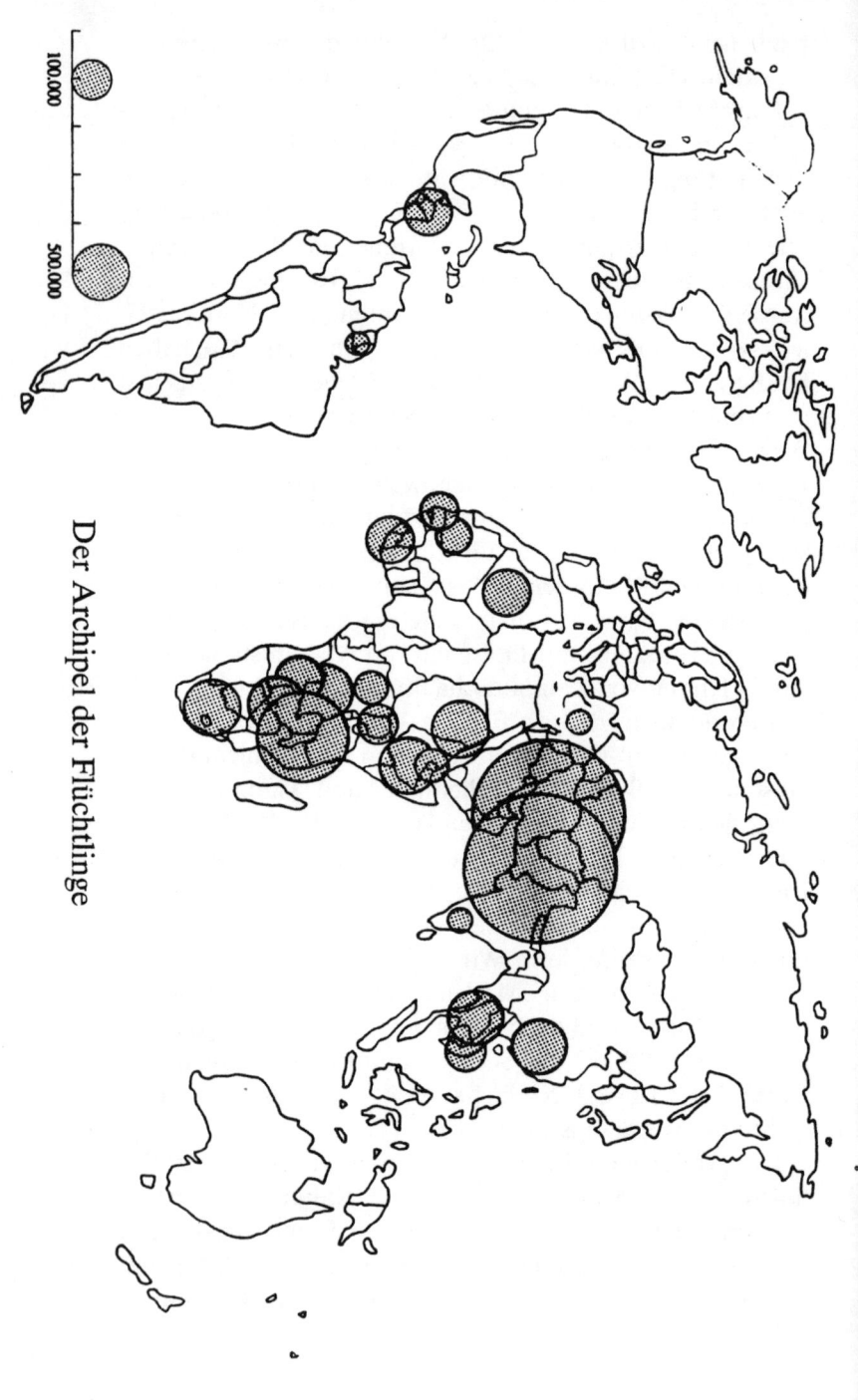

Der Archipel der Flüchtlinge

nicht mehr wandern zu können, denen alles verwehrt bleibt, ausgenommen illegale Geschäfte und Krieg.

In die Nähe des Elends dieser Opfer von Grenzen möchte ich, in aller Kürze, auch das Los stellen, das an vielen Orten der Welt, besonders aber in Afrika, den Nomaden zuteil wird. Nichts ist einem Bürokraten so unbehaglich wie die Freiheit dieser Umherwandernden. Für einen Militär, der an der Grenze seines Landes postiert ist, gibt es keine schrecklichere Kränkung als die Souveränität des Nomaden: Er trägt die Souveränität in sich selbst und verbreitet sie auf der Erde, die er durchzieht. Die Saharastämme, bei denen sich eine brüderliche Freiheit mit einem unerbittlichen Feudalismus der Sitten verbindet (die Schwarzen der Sahelzone sind in ihren Augen noch immer Sklavensöhne) lassen sich nicht auf eine wissenschaftliche Geschichtskategorie zurückführen. Die dogmatischen Dialektiker Malis oder der algerischen FLN konnten sich nicht mit ihrer Existenz abfinden. Das Mittel, sie kleinzukriegen, war die Seßhaftmachung, auch um den Preis der Ermordung. Die sowjetische Politik der dreißiger Jahre gegenüber den kasachischen Nomaden (die über eine Million Menschen das Leben kostete) lieferte das herausragende Modell ... Die Tuaregs sind heute zur bewaffneten Revolte übergegangen. Vergessen wir nicht, daß sie seit zwanzig Jahren Drangsalierungen und Aggressionen über sich ergehen lassen mußten, die das Ziel hatten, sie mit Gewalt anzusiedeln. Das alles geschah unter allgemeiner Teilnahmslosigkeit. Sie haben regelrechte Deportationen erlebt, die Einsperrung in Lagern, Zwangsansiedlung in Betongebäuden, vor denen sie starrsinnig weiter ihre Zelte aufbauten, um darin zu nächtigen. Diese eingesperrten Nomaden sind keine Flüchtlinge. Aber sie gehören zum selben Archipel: zur Welt der festgehaltenen Migranten, sind Opfer von unsichtbaren Haßempfindungen und fehlgeleiteten Fürsorgeregungen.

Der andere Archipel, der von diesen dreißig Jahren »Entwicklung« hervorgebracht wurde, ist der der Slumsiedlungen. Abidjan 1955: 125000 Einwohner. 1985: 2,5 Millionen. Zur selben Zeit erreicht Mexiko-Stadt die Zahl von achtzehn Millionen (Verdoppelung innerhalb von zwanzig Jahren).[9] In Büchern, Artikeln, auf internationalen Konferenzen stellt man gemeinhin dieses Anwachsen der Städte global dar und erwähnt danach, als eine Erscheinung unter anderen, »die Ausbreitung unfester Behausungen«. Dies ist eine offensichtliche Entstellung der Realität. Es muß immer und immer wieder gesagt werden, daß das Wachstum der Städte in der Dritten Welt zuallererst und in überwiegendem Maße das Wachstum der Slumsiedlungen ist. Der Kern der Städte ist stabil, die Geburtenraten der Mittelschichten sind niedrig. Der Gigantismus der Stadt erwächst aus ihrem ärmlichen Teil. Ob man sie nun *bidonville* nennt, *slum* (in Indien), *favela* (in Lateinamerika) oder *chiffonville* (in der Sahelzone) – es ist diese Seite der Stadt, die sich regelmäßig aufbläht. Zwischen dreißig und vierzig Prozent der Bewohner von Bombay, Kalkutta, Delhi hausen in Slumsiedlungen. Diese Bevölkerung nimmt rascher zu als die städtische Gesamtbevölkerung. Die Landflucht hat nach wie vor durchschnittlich etwa zur Hälfte Anteil am Anwachsen der Städte. Nach Delhi kommen Jahr für Jahr 144000 Zuwanderer. In Kalkutta sollen es täglich zweitausend sein. In diesen Städten, wo, ebenso wie in Abidjan, einer von zwei Erwachsenen keine Arbeit hat, sickern diese frisch vom Lande angekommenen Massen ausschließlich in die Elendsgebiete ein. Bisweilen finden sie sogar keinerlei Obdach und bleiben auf der Straße: In Kalkutta tun dies ungefähr 200000 Menschen, die unter Pappkartons auf der Erde schlafen.[10]

Die Wanderung in die Städte hat verschiedenartige Ursachen, die von einer riesigen Literatur analysiert worden sind: unangepaßte Agrarstrukturen, katastrophale

Landwirtschaftspolitik, Verschlechterung des Biotops, vorrangige Industrialisierung, der den Mammutstädten eigene Anziehungseffekt usw.

Der Entschluß zum Abwandern ist seinem Ursprung nach eine Anpassungsreaktion. Angesichts von Armut, Gefahr, schlechten wirtschaftlichen oder politischen Verhältnissen ist die Flucht »ein gefährlicher, aber vernünftiger Ausweg«.[11] Doch auf seinem Fluchtweg stößt der Bauer unweigerlich auf die Stadt, so wie der Flüchtling auf die Grenze stieß. Die Wanderung wird damit umgelenkt, denaturiert und blockiert.

Die Stadt, insbesondere die gigantischen Megapolen, bringen in die Migrationsbewegung einen grundlegenden Störungseffekt ein. Man wandert nicht mehr von einem ländlichen Gebiet in ein anderes: Jegliche Bewegung endet zwangsläufig in der Stadt. Im Sertão von Bahia hatte der französische Entwicklungsdienst gemeinsam mit brasilianischen Behörden eine Aktion zur Verbesserung der Agrartechniken in die Wege geleitet. Eine Serie großer Plakate kam in Umlauf, welche die Bauern unterrichteten, wie sie eine Herde besser nutzen, den Ertrag ihrer Obstgärten steigern, ein Bewässerungssystem anlegen könnten. Die Bilder waren mit Pfeilen und verschiedenartigen Illustrationen versehen. Alle zeigten in der rechten unteren Ecke ein Feld, das den »Mißerfolg« anzeigte. Wenn der Bauer die erteilten Ratschläge nicht befolgte, dann würde er unweigerlich dorthin gelangen. In diesem kleinen Feld stand lediglich: São Paulo.

Denn es handelt sich in der Tat um eine binäre Entscheidung: bleiben, oder, wenn man das nicht vermag, in der Mammutstadt landen, die ihre anziehende und ansaugende Wirkung auf einen Umkreis von etwa tausend Kilometern ausübt. Es ist wohlbekannt, daß die Landflucht im Süden nicht den kleineren oder mittleren Ballungszentren gilt. Sie betrifft ausschließlich die großen Zentren, im Zuge eines Prozesses in Richtung auf Makrozephalismus, der als circulus vitiosus verläuft: Je mehr die Stadt anwächst, desto stärker ist ihre Anziehung, zum Nachteil der mittelgroßen Städte, wodurch die relative Bedeutung und die Anziehungskraft der Riesenstädte sich noch mehr steigert usw.

Die Slumsiedlung ist eine Falle, eine Situation des Provisoriums auf Ewigkeit. Genauso wie der Flüchtling träumt der in die Stadt Zugewanderte von einem »Drittland«, in der Regel ist es Amerika, in das er aber niemals gelangen wird. Die Länder des Nordens sind schon alarmiert über die »Springflut«, welche ein paar hunderttausend illegale Zuwanderer jährlich darstellen. Doch allein der städtische Sektor der Dritten Welt wächst in demselben Zeitraum um vierzig Millionen Menschen. Erfüllt von ihren Wohlstandsträumen, wird die immense Masse der Migranten in der Dritten Welt vom Archipel der Slums aufgesogen.

Die Slumbewohner sitzen aber auch in der Falle, was den Rückweg angeht: die Rückkehr aufs Land ist undenkbar. Bald schon werden Generationen in der Stadt geboren und büßen jegliche ländliche Kultur ein – falls die Eltern zufällig eine solche besessen haben sollten (die Qualifikation der ersten Zuwanderergeneration ist oft niedrig: es sind Zukkerrohrschneider, Landarbeiter). Die Geburtenrate bleibt in den Slumsiedlungen hoch: Die Entwurzelung reproduziert sich selbst. Der Archipel hat seine eigene Vermehrungspotenz. Und dies um so mehr, als zwar die Verhaltensmuster hinsichtlich der eigenen Reproduktion die gleichen bleiben wie auf dem Lande (was hauptsächlich fehlt, ist nach wie vor die Erziehung), die Kindersterblichkeit jedoch in der Regel sinkt. Dies ist eines der Anzeichen eines relativen Komforts, welcher bewirkt, daß das Leben im Slum trotz allem dem auf dem Lande vorgezogen wird. Es bildet sich eine Art Gleichgewichtszustand der Armut heraus. Galbraith hat dieses Phänomen als die »Anpassung« an das Elend bezeichnet und beschrieben. Doch die von ihm dafür gegebene Erklärung vernachlässigt einen wesentlichen Faktor, der ihre ganze Singularität ausmacht: Der Slum ist eine Gesellschaft der Schau, des Spektakels. Der Favelado, der Slumbewohner, ja selbst der umherziehende Bettler sieht all die Glanzlichter des Wohlstands. Er besitzt keinen Reichtum, aber er weidet sich an dessen Betrachtung. In Brasilien stellen die Fernsehshows des Kanals »Globo«, eines der besten der Welt, ihren unglaublichen Luxus vor den Augen der Slumbewohner zur Schau. In der Favela ist eine der vordringlichen Anschaffungen ein Fernsehapparat. In den schmutzigsten Unterschlüpfen aus Pappe, auf Fußböden aus getrocknetem Schlamm sieht man das Gerät thronen, und es läuft stundenlang.

Alle Helden der *novelas* (TV-Serien) sind reich, schön, bei strotzender Gesundheit. Sie verzweifeln beim Verlust von einigen tausend Dollars und schenken sich bei jeder Gelegenheit kostbares Geschmeide. Und die barfüßig in ihrer Hütte Hockenden betrachten sie voller Rührung.

Wenn der Slumbewohner in der Stadt unterwegs ist, dann sieht er die Reichen, er kommt an ihren Autos vorbei, an den Hotels, wo die Ausländer absteigen. Es liegt ein für uns unbegreiflicher Genuß darin, in den Ritzen des Reichtums zu leben, von dem man zwar nicht profitiert, dessen Sklave man ist, dessentwegen man aber doch das Landleben, seine Dunkelheit, seine Stille, seine einfachen Sitten verachtet.

Die Großstadt bietet also ein Schauspiel, dazu aber auch Gelegenheiten: Gelegenheit zur Arbeit im informellen Sektor, dieser Schattenwirtschaft des Weiterverkaufs, des Schwarzhandels, der Dienstleistung; Gelegenheit zu Begegnungen und, vielleicht, zum Ausstieg (ein reicher Ausländer kann ein Mädchen erblicken, es begehren, es mitnehmen); Gelegenheit zum Diebstahl, sei es durch Raub oder Taschendieberei. Der Slumbewohner lebt in einer Art von wachsamem Müßiggang. Er tut nichts, ist aber ständig in Bereitschaft, bereit zu nichts, bereit zu allem, als ob die Migration, durch die er hierhergekommen ist, diese niemals abgeschlossene Entwurzelung, lediglich unterbrochen wäre; als ob er auf seiner Wanderung nur eine Pause eingelegt hätte, in dieser Falle der Stadt, und diese Bewegung sich jederzeit in einen neuen Aufbruch verwandeln könnte.

Die dreißig ruhmreichen Jahre der Entwicklung haben

gleichzeitig eine enorme Beschleunigung der Migrationsphänomene innerhalb des Südens und eine Fesselung, eine Blockierung der von ihnen in Bewegung versetzten Bevölkerungsmassen bewirkt. Die beiden Archipele des Elends, der Archipel der Flüchtlinge und der Archipel der Slums, umfassen Massen, die weniger durch ihre Herkunft als durch den Zustand der Abhängigkeit definiert sind, in den sie stürzten. Diesem neuen Elend haftet nicht mehr die Eigenart des Ländlichen, Vereinzelung, Sparsamkeit an, die die bäuerlichen Massen besessen hatten. Es stellt das geballte, zusammengeklumpte Elend einer auf Brot wartenden Plebejerschicht dar, die nur von Spendenfreudigkeit, von Gaben lebt. In Rom lebte sie von Getreide, das zu niedrigem Preis feilgeboten oder verschenkt wurde. Wie tief die Abhängigkeit dieser Massen ist, läßt sich nicht besser herausstellen: sie sind angewiesen auf Nahrungsmittel, und auf das elementarste Nahrungsmittel überhaupt. Sie erlangen die Nahrungsmittel durch Spenden, da sie nicht imstande sind, sie sich auf andere Weise zu verschaffen. Es geht nicht um Komfort, sondern ums Überleben.

Die Flüchtlinge stellen eine Masse von offiziellen Brotplebejern dar. Dem UN-Flüchtlingskommissariat und den karitativen Organisationen fällt die Mission zu, die Verantwortung für sie zu übernehmen, sie unmittelbar zu ernähren. In den meisten Lagern haben die Flüchtlinge nicht das Recht, zu arbeiten, sie bauen nichts an, verfügen über keine Geldmittel. Die politischen Bewegungen, von denen sie organisiert werden, halten sie absichtlich in einer Abhängigkeit, welche die internationale Hilfeleistung wachruft, also für sie einen möglichen Gewinn bringt.

Auch die städtischen Massen sind nicht wesentlich selbständiger. Sie werden nicht landwirtschaftlich tätig, auch wenn man in den großen Slumsiedlungen hier und da Ferkel oder Hühner herumlaufen sieht. In der Stadt verändern sich die Ernährungsgewohnheiten: Getreide gewinnt größere Bedeutung.[12] Die Städte essen Brot. Was immer ihre ursprünglichen Ernährungsgewohnheiten sein moch ten, die Migranten verfallen in ein stereotypes, farbloses, ausgelaugtes Konsumverhalten: sie essen Getreide. Die Regierungen im Süden müssen es subventionieren: sein niedriger Preis ist eine Bedingung für die Stabilität der Slumsiedlungen. Die unbedachtesten Staatsführer verlangen von den Landgebieten, Preise beizubehalten, die die Erzeugung nicht abdecken, und somit für die Städte zu zahlen. Dann bauen die Bauern lieber Khat, Koka und Mohn an. Wird ihnen das nicht gestattet, wandern sie in die Stadt ab, wodurch die Dinge noch schlimmer werden. Das Werkzeug der Landwirtschaft entspricht den städtischen Erfordernissen zumeist nur unzulänglich: Es besteht eine klare Wechselbeziehung zwischen der Urbanisierungsrate eines Landes und der Höhe seiner Nahrungsmitteleinfuhren, insbesondere von Getreide.[13]

DIE GRÖSSTE UNIVERSELLE KULTUR

Die Plebejer der Archipele des Elends besitzen ihre eigene Kultur. Als Oscar Lewis seine Studien über die armen Familien in Mexiko-Stadt anfertigte, erfaßte er intuitiv, daß diese »Kultur der Armut« eine universelle ist und sich über regionale, ländliche oder städtische, ja sogar nationale Unterscheidungen hinwegsetzt.[14] Sie gilt für Rio wie für Glasgow, sie gilt heute wie im 16. Jahrhundert, als die spanische Konquista die mexikanischen Bauern in Massen von ihren Orten vertrieb.

Die Kultur der Armut, wie Lewis sie definiert, betrifft nicht die primitiven Völker, die »eine verhältnismäßig einheitliche und sich selbst genügende Kultur«[15] besitzen. Es ist auch nicht mehr die Kultur der Arbeiterklasse, des Proletariats oder der Bauernschaft, »deren wirtschaftliche Stellung überall in der Welt beträchtliche Unterschiede zeigt«. Die Kultur der Armut ist die der vertriebenen, destabilisierten, aus ihren traditionellen Beziehungen herausgerissenen Massen, die in einer Situation der Bedürftigkeit und der Abhängigkeit leben. Lewis nahm mit großer Intuition wahr, daß dieser Zustand der Not, dieses Leben im Elendsloch keine transitorische oder zeitweilige Phase darstellt. »Die Kultur der Armut ist häufig — selbst in stabilen Gesellschaftssystemen — eine Dauerform.«[16]

Fünf Familien, das Meisterwerk von Oscar Lewis, datiert von 1959.[17] Zu dieser Zeit existiert im Süden bereits die Kultur der Armut. Für die meisten Wirtschaftstheoretiker ist sie das Brandmal eines Rückstands, der durch die Entwicklung aufgeholt werden muß. Mexiko-Stadt im Jahr 1960, das entspricht London oder Paris im 19. Jahrhundert. Diese Schlacken des Elends sind durch den Fortschritt zum Verschwinden verurteilt. Das Genie von Lewis zeigt sich darin, daß er die Autonomie des Elends, seine Konstituierung zu einer undurchdringlichen, dauerhaften und geschlossenen Welt voraussah. Die dreißig nachfolgenden Jahre haben diese Ahnung glänzend bestätigt. Diese drei Jahrzehnte der Wirtschaftsentwicklung haben die Armut nicht verringert, sie haben sie vervielfacht. Die Archipele der Flüchtlinge und der Slums bilden die größte abhängige Masse der Menschheitsgeschichte. Etwa eine Milliarde Menschen leben heute diese Armutskultur.

Die ökonomischen, psychologischen und sozialen Merkmale dieser Kultur lassen sich am besten mit Lewis' eigenen Worten fassen:

»Besonders charakteristisch sind die wirtschaftlichen Grundzüge der Kultur der Armut; dazu gehören: der ständige Kampf ums Dasein; Arbeitslosigkeit und Kurzarbeit; niedrige Löhne, eine Fülle ungelernter Berufe und Kinderarbeit; das Fehlen von Ersparnissen; dauernde Geldknappheit und das Fehlen von Lebensmittelvorräten — daher die Gewohnheit, täglich mehrmals kleine Mengen Lebensmittel einzukaufen, gerade so viel, wie man im Augenblick braucht; Verpfändung persönlicher Gegenstände; Anleihen zu Wucherzinsen bei irgendwelchen Geldverleihern und gegenseitiges Borgen von allem Möglichen unter Nachbarn; Verwendung von altem Hausrat und getragenen Sachen.

Mit diesen wirtschaftlichen Verhältnissen sind bestimmte soziale und psychologische Bedingungen verknüpft: Die Armen sind gezwungen, in überfüllten Elendsquartieren zu leben; auf jede Möglichkeit des Alleinseins zu verzichten; ein Herdendasein zu fristen; immer wieder beim Alkohol Zuflucht zu suchen und nicht nur beim Schlichten ihrer Streitigkeiten, sondern auch in der Erziehung ihrer Kinder häufig rohe Gewalt anzuwenden.

Kennzeichnend für die Lebensweise dieser Volksschichten ist ferner, daß die Frauen oft von ihren Männern geschlagen werden. Das Sexualleben beginnt früh; man heiratet aufgrund mündlicher Übereinkunft und lebt in freien Verbindungen; viele Männer verlassen Frau und Kind, daher gibt es unzählige Familien, deren Mittelpunkt die Mutter mit ihren Verwandten bildet; es besteht eine auffällige Neigung, sich um jeden Preis durchzusetzen, aber auch dem Stärkeren zu weichen; sehr betont wird die Solidarität der Familie – ein Ideal, das allerdings nur selten erreicht wird.

Außerdem sind mit der Kultur der Armut folgende psychologische Erscheinungen verbunden: eine starke, auf die unmittelbare Gegenwart gerichtete Orientierung mit nur geringer Bereitschaft, sich einen augenblicklichen Wunsch zu versagen und für die Zukunft zu planen; ein Gefühl der Resignation und des Fatalismus, das in der eigenen schweren Lebenslage seine Begründung hat; der Glaube an die männliche Überlegenheit, der sich bis zum Maskulinitätskult (*machismo*) steigert; ein diesem Glauben entsprechender Märtyrer-Komplex unter den Frauen und ein hoher Grad von Toleranz gegenüber allen Arten psychologischer Pathologie.«[18]

Diese Zivilisation der Archipele, wie wir sie soeben resümiert haben, hat sich stärker ausgeweitet als jede andere Zivilisation. Sie verdient, zumindest im gleichen Maße wie die rationelle, technologische und konsumistische Zivilisation, als die wichtigste Hervorbringung dieses Jahrhunderts betrachtet zu werden.

In dieser Kultur der Armut ist Gewalt die natürliche Weise des Austauschs, sowohl innerhalb der Familie als auch in den von Ungleichheit geprägten sozialen Beziehungen.

Jesús Sánchez erzählt Lewis: »Kennen Sie die Geschichte von den beiden Burschen, die Karten spielten? Der eine hatte zwei Asse, und der andere fragte ihn: ›Was hast du?‹ – ›Zwei Asse. Und du?‹ – ›Zwei Pistolen.‹ – ›Gut, dann gewinnst du.‹«[19]

In den Archipelen kommt es darauf an, zwei Pistolen zu haben.

In den Flüchtlingslagern wird der Zwang von den politischen Bewegungen ausgeübt. Die unter ihrer Verwaltung befindlichen abhängigen Massen bekommen alles durch ihre Vermittlung, strikte Unterordnung vorausgesetzt. Diese Unterwerfung der Flüchtlingslager unter eine politische Kontrolle muß nicht mehr nachgewiesen werden. Zeugnisse darüber gibt es in Hülle und Fülle, und die Methoden sind in manchen Fällen bis zum Horror getrieben worden. Dies ist insbesondere in den von den Roten Khmer kontrollierten Lagern der Fall. Die ihnen unterstehende Bevölkerung ist versklavt. Die westliche Gemeinschaft hat nichts dagegen eingewendet, weil sie nur zu glücklich darüber war, über eine militärische Kraft zu verfügen, die sich den Vietnamesen entgegenstellen konnte. Heute hat niemand Lust, die Roten Khmer wieder in Phnom Penh einziehen zu sehen. Man fängt an, sich wegen ihrer Methoden Sorgen zu machen: diese Methoden werden aber seit mehr als zehn Jahren praktiziert.[20] In anderen Regionen sind die Beziehungen zwischen Flüchtlingen und politischer Verwaltung weniger gewaltsam. Dennoch sind auch hier Indoktrination, Zwangsaushebung, ein komplexes Geflecht von Spitzelei und Überwachung, kurz, von Gewalt, an der Tagesordnung.

Im Archipel der Slums kommt die Gewalt in zwei elementaren Formen zum Ausdruck: in Kriminalität und Korruption, für welch letztere man besser den weitergefaßten Terminus *Klientelismus* verwenden sollte. Jean-

François Bayart hat mit Blick auf die heutigen afrikanischen Gesellschaften überzeugend dargelegt, in welchem Maße Kriminalität und Korruption Bestandteil der politischen Strukturierung der Staaten sind. Treffend erfaßt werden diese gewaltsamen Beziehungen, in denen alles auf den Erwerb und nicht auf die Produktion von Reichtümern abzielt, vom Konzept der »Politik des Bauches«. Die Politik des Bauches ist »eine Sache von Leben oder Tod. Von Leben, wenn es einem gelingt, seinen Teil vom ›nationalen Kuchen‹ abzuschneiden, ohne dabei ertappt zu werden. Von Tod, wenn jemand sich mit einem hypothetischen Lohn bescheiden muß, der die Familie nur an den ersten drei Tagen des Monats ernährt«[21].

In diesen nichtproduzierenden Gesellschaften, welche die Archipele sind, umfaßt der Kampf um die Kontrolle des Reichtums alles übrige. »Entgegen dem Bild, das eine naive Vorstellung davon erweckt, sind Korruption und Räuberei nicht das Vorrecht der Mächtigen.«[22] Es besteht eine enge Verwandtschaft zwischen der Kriminalität, der reinen Manifestation von Gewalt zum Zwecke des Gütererwerbs (durch Diebstahl, Mord) und dem Klientenwesen, welches eine organisierte Gewalt der Großen gegen die Kleinen darstellt, mit der die Kontrolle der Macht und somit der Reichtümer gesichert wird. Der politische Klientelismus nimmt je nach Zeitraum unterschiedliche Aspekte an. Während der Wahlkampagnen gewinnt er in der Dritten Welt einen geradezu karikaturhaften Anstrich. In Brasilien führt bei den Kampagnen jeder Stadtrat eines Bezirks seine eigene Kampagne. Zu bescheidenen Gagen wird eine jämmerliche Musik- und Tanztruppe engagiert und bringt mit Sambarhythmen Schwung in die Umzüge. Die von den Kandidaten verteilten T-Shirts werden noch lange nach der Wahl getragen: die Empfänger besitzen oftmals kein anderes. Die Armut der Menschen ist so groß, daß die während der Kampagne ausgegebenen Summen den regelrechten Wählerkauf möglich machen. Wenn die Wahl gewonnen ist, setzt sich das Klientenwesen in diskreteren Formen fort, das reicht von der finanziellen Unterstützung bis zur physischen Elimination der Widerspenstigen oder Störenfriede.

Kriminalität und Klientenwirtschaft können zersplittert, anarchisch bleiben oder aber zusammengefaßt, organisiert, internationalisiert auftreten. Eine solche Integration von Beuteraub und Gewalt verlangt erhebliche Mittel. Sie sind allein durch Drogenhandel zu beschaffen. In manchen Teilen des Archipels ist die kriminelle Organisation auf der Grundlage des Rauschgifts bereits Wirklichkeit. Das gilt zum Beispiel für Kolumbien. Wenn die Kriminalisierung des sozialen Lebens bis zum Ende betrieben ist, schlägt sie um in politische Kontrolle: Verfilzung von Politikern und Drogenhändlern, Verbindungen zu einer revolutionären Bewegung.

An diesem Punkt berührt sich der Archipel der Slums mit dem der Flüchtlinge. In beiden Fällen ist über die Vielzahl der klientelaren Beziehungen die Glocke einer gewalttätigen politischen Bewegung gestülpt. Bereits Oscar Lewis merkte an: »Eine kritische Haltung gegenüber Werten und Institutionen der herrschenden Klasse, Haß auf die Polizei, Mißtrauen gegen die Regierung und alle, die in hoher Stellung sind, und ein Zynismus, der sich auch auf die Kirche erstreckt, führen zu einer Art Anti-Einstellung, die aus der Kultur der Armut ein Potential für alle gegen die bestehenden Gesellschaftsordnungen gerichteten Bewegungen macht.«[23]

Diese zugleich entwurzelten und eingesperrten, in Bewegung versetzten und an weiterer Bewegung gehinderten Bevölkerungsmassen haben im Archipel nichts zu verlieren, nichts zu befürchten. Die Gewalttätigkeit, von der sie erfaßt sind, erhält ein sehr zerbrechliches Gleichgewicht am Leben. Dabei besteht ein zweifaches Risiko. Entweder erschlaffen die inneren Zwangsverhältnisse, und die Angst, die auf Abhängigkeit und Unterordnung beruhenden Bindungen weichen, dann kann man eine explosive, massive Freisetzung von kollektiver Gewalt erleben. Es sind die sogenannten »Hunger«-Aufstände im Nordosten Brasiliens, bei denen genaugenommen die

Resignation unerwartet aussetzt: Die Menge überquert die Gasse, um die Pferde in ihren Luxusställen abzuschlachten.

Oder aber die Zwangsverhältnisse sind aufs äußerste durchorganisiert und in Gestalt mächtiger krimineller Organisationen und/oder revolutionärer politischer Bewegungen integriert. In diesem Fall kann sich die potentielle Gewalt des Archipels in koordinierter Weise entäußern. Bestenfalls wird diese Koordinierung die Aktion auf klassische Formen orientieren: Attentate, bewaffneter Kampf. Schlimmstenfalls setzt sie die gesamte Masse in Bewegung: der Steinekrieg in den besetzten Gebieten Palästinas gibt einen Vorgeschmack davon, wie diese kollektive *und* organisierte Mobilisierung aussehen kann.

Die Kultur der Armut ist eine nomadische in dem Sinne, wie die Römer die Barbaren sahen: Sie macht die Menschen bereit zum Hereinbranden. Sie hält sie in einem gefährdeten Gleichgewicht, bei dem die Gewalt sie jederzeit in Bewegung versetzen kann.

Wir sehen, wie sich Baustein um Baustein ein neuartiges Bild der Dritten Welt zusammenfügt, in dem der Süden die Rolle der neuen Barbaren innehat. Mit den *terrae incognitae* ist der erste Gegensatz hervorgetreten: der des Bekannten zum Unbekannten, wobei das Bekannte sich im Norden ausweitet und das Unbekannte im Geheimnis der verbotenen Zonen zum Erbteil des Südens wird. Indem die Demographie den Kontrast zwischen endlichen Völkern (im Norden) und unzählbaren (im Süden) aufzeigt, hat sie die Grenze abgesteckt, jenseits deren die übelsten Mittel zur Bevölkerungskontrolle als legitim erscheinen. Schließlich haben die Archipele des Elends das Gegensatzpaar Seßhafter/Nomade illustriert, durch das sich Nord und Süd unterscheiden, wobei dem Süden ein starkes Potential zum Hereinfluten zuerkannt wird.

An dieser Stelle der Bilanz erscheinen uns die neuen Barbaren vorerst noch als eine unbewegte, passive Masse, die sich durch negative Merkmale bestimmt: Man weiß wenig über sie, man kann sie nicht zählen, sie wird durch nichts zurückgehalten und hat ihre traditionelle Organisation eingebüßt. Das heißt, dieser Teig bietet sich dem an, der ihn kneten will.

Als Pomponius Mela die Grenzen der Welt der Barbaren schildert, erkennt er deren Passivität und gesteht, daß sie ihm Schrecken einflößt. Unter den von ihm erwähnten Völkern lösen jene das größte Entsetzen aus, die aus Menschen bestehen, »welche die Gestalt besitzen, die man ihnen zuweist«. Unter all den Ungeheuerlichkeiten, die er schildert, ist dies die beängstigendste: Diese Menschen besitzen keine eigene Gestalt, sie sind bereit, jene anzunehmen, die man ihnen gibt. Dies ist zweifellos der Zug, in dem sich die neue Barbarei — soweit wir mit ihrer Beschreibung bisher gekommen sind — am besten fassen läßt: geheimnisvoll, anomisch, unzählbar, entwurzelt, sind die Massen des Südens aus ihrem früheren Gleichgewicht herausgerissen. In den ungeheuren Reservoirs des Archipels machen sie sich bereit, die Gestalt anzunehmen, die man ihnen zuweist. Sie sind bereit zur Metamorphose, verändern ihre Gestalt nach der Idee, die man ihnen einbläst.

Es gilt nunmehr, von Ideologie zu reden, jene Kräfte zu ergründen, die die barbarische Welt in ihrer Tiefe durchwirken. Die politischen Ideen des Südens mögen verschiedenartig, widersprüchlich, ja ubuesk* sein, ihnen haftet dennoch nichts Folkloristisches oder Lächerliches an. Sie berieseln in entstellter Form gewaltige Massen, bereit, deren Gewalt zu entfesseln; sie müssen nach ihrer machtvollen Wirkung, nicht nach ihrer theoretischen Stimmigkeit beurteilt werden. Wir werden nunmehr sehen, wie sich die politischen Ideen des heutigen Südens unabhängig von ihrer Vielgestaltigkeit auf einen einzigen Kern zurückführen lassen: auf einen Willen zum Bruch mit dem westlichen und rationalen Denken, auch dem marxistischen.

---

* Abgeleitet von König Ubu, Titelgestalt der grotesk-satirischen Komödie *Ubu roi* (1896) von Alfred Jarry (1873–1907). (Anm. d. Übers.).

4

KRITIK DER DIALEKTISCHEN MACHETE

> *Unter denen, die todesbereit und kampf-*
> *begierig nach Oberschlesien gezogen, war*
> *nicht einer, der es um der Heiligkeit der*
> *Verträge willen tat. Nicht einer marschier-*
> *te in den Reihen, um an die Mächte der*
> *Sitte, der Vernunft und des Gewissens zu*
> *appellieren. Und wenn unter ihnen einer*
> *je am Himmel droben ein ewiges Recht*
> *unveräußerlich hangen sah, dann war es*
> *das Recht der Jugend, in der Rache die*
> *Gerechtigkeit zu suchen.*
>
> Ernst von Salomon, *Die Geächteten*

Während des Zweiten Weltkrieges ist Georges Bernanos in Brasilien. Er träumt von seiner Heimat und erblickt um sich voller Schrecken jenen brasilianischen Sertão, den »ein unermeßlicher Strom durchzieht, der von irgendwo herkommt und wahrscheinlich nirgendwo hinströmt, der fließt, um zu fließen, sich wälzt, um sich zu wälzen, über Tausende von Meilen, über zahllose Quadratmeilen eines Landes, von dem man nicht weiß, ob es reich oder arm ist, wo je nach Stunde und Jahreszeit der Pfahl sich in einen Baum verwandelt und der Baum sich in einen Pfahl«[1].

Damit ist die seltsame Mischung aus Unfruchtbarkeit und Fruchtbarkeit treffend geschildert, die der Erde, aber auch den Denkweisen des Südens eigen ist. Unfruchtbarkeit: Bäume, so sagt Bernanos, verwandeln sich hier in Pfähle. Diesem raschen und tödlichen Verdorren fallen, wie die Pflanzen, auch manche Menschen und manche Ideen zum Opfer. Um sich davon zu überzeugen, braucht man nur zu verfolgen, was mit den jungen, diplomgeschmückten Absolventen aus Europa geschieht, wenn sie, den Verstand vollgepfropft mit frischen, nützlichen Kenntnissen, zu ihrer Dienstzeit als Entwicklungshelfer in Afrika landen. Sie sind noch gutrasiert, stehen, von Energie geschwellt, frühzeitig auf, tapfere Soldaten des planetenweiten Kampfes für den Technologietransfer. In der Regel reichen sechs Monate hin, und Feuchtigkeit, Schlaffheit sowie eine dumpfe Feindseligkeit haben ihre anfängliche Begeisterung besiegt. Wenn sie das Land wieder verlassen, tun sie es mit gebräunter Haut, mit durch Meeressport breiter gewordenen Schultern, bewegt von der Erinnerung an Fleischeslüste, die ihr gesamtes nachfolgendes Sexualleben mit Glut erfüllen werden. Das aber, was sie gelernt hatten und was dem Norden so prächtige Bäume beschert (Unternehmertum, Produktivität, wissenschaftliche Strenge, finanzielle Analyse usw.), all das ist unter der giftigen Sonne des Südens verdorrt.

Für diese in Pfähle verwandelten Bäume gibt es zahlreiche Beispiele: von der Solartechnik, die sich ungenutzt über die Sahelzone verstreut findet, bis zu den Prinzipien der strengen Haushaltspolitik, der Gewaltenteilung, gar nicht zu reden von so etwas Schlichtem wie dem Gebrauch des Präservativs. Den prachtvollsten dürren Pfahl hat mir in Tunesien ein Taxifahrer vorgeführt, der alle Kreuzungen ohne zu bremsen mit lautem Hupen überfuhr: »Wissen Sie«, so sprach er mit feierlichem Ernst, »die roten Ampeln, die haben sich bei uns nicht durchgesetzt.«

Doch Bernanos merkt zu Recht an: umgekehrt kann auch der Pfahl zum Baum ergrünen. Alte Ideen, die man für ausgedorrt, verknöchert hielt, können dort wieder neue Lebenskraft gewinnen. Der Süden hat stets Proselyten angelockt, die nach einer ursprünglichen, zur Bekehrung geeigneten Menschheit suchten. In Lateinamerika folgen die großen Denkströmungen gleichsam einem Schiffahrtskalender: Im 16. Jahrhundert bringen die spanischen und portugiesischen Schiffe die Gegenreformation; 1793 tanzt am Bug eines Schiffes der Französischen Republik die Guillotine über die Sargassosee. Die Aufklärung, die Gedanken über die Abschaffung der Sklaverei und der jakobinische Terror schlagen auf dem Kontinent gleichzeitig Wurzeln.

1807: Portugals Flotte legt vor Rio an, sie führt den vor Napoleon flüchtenden König und seinen Hofstaat mit sich. Sie bringt Gedanken der Souveränität und des Nationalismus, welche die Ära der Unabhängigkeit einleiten. 1922 markiert die Woche der Modernen Kunst in São Paulo den kraftvollen Einzug der Ideen des Surrealismus und Modernismus. 1959 setzt die *Granma* an der kubanischen Küste Fidel Castro und achtundneunzig seiner Kampfgefährten an Land...

Doch ist eine Ideologie, eine Religion dem Süden erst einmal eingespritzt, dann lebt sie ihr eigenes, rätselhaftes, unerwartetes Leben. Während sie in Europa dahinsiecht, wächst ihr bisweilen im Süden ganz zur Unzeit Lebenskraft zu. So ist beispielsweise die Kunst des Barocks zu einer Zeit nach Lateinamerika gelangt, als sie in Europa bereits den Scheitelpunkt überschritten hatte. Sie hat dort einen langandauernden Erfolg erlebt: der letzte große barocke Bildhauer Brasiliens, Aleijadinho, ist ein Zeitgenosse Napoleons.

Wir haben den Eindruck, daß derzeit in der Sphäre der Ideen eine ähnliche Phasenverschiebung zu beobachten ist. Während im Norden die Ideologien nach und nach verdorrt und zu abstoßenden Pfählen geworden sind, blühen sie im Süden auf, entwickeln neue Triebe, schießen zu nie erlebten Fanatismen auf, und diese kraftvollen Radikalismen wirken ihrerseits nach Europa zurück, wo auf einmal die Fundamentalismen an Stärke zunehmen.

Das ideologische Tableau des Südens ähnelt einer Karawanserei voller abgetaner Rezepte. Bleiben wir in Lateinamerika: Peru erzittert unter den Stößen einer maoistischen Bewegung (des »Leuchtenden Pfades«) und einer zweiten, die sich als Anhängerin von Che Guevara bekennt. Im benachbarten Dschungel Kolumbiens beruft sich die Bewegung Ayllu Rojo auf einen Indigenismus, der den paraguayischen Experimenten des 19. Jahrhunderts nahesteht. Und dabei hatte man geglaubt, diese Ideen wären von der Geschichte endgültig verworfen. In Argentinien hat der unverwüstliche lokale Poujadismus*, der Peronismus, die Wahl eines Unbekannten ermöglicht, der im übrigen eine Politik betreibt, die konträr zu seinem Programm steht. In Brasilien schließlich hat genau zu dem Zeitpunkt, da die UdSSR offiziell zur Marktwirtschaft zurückkehrte, der Führer einer radikalen marxistischen Bewegung, der Partei der Werktätigen (PT), Ignacio Lulla da Silva, nur um ein paar Prozentpunkte die Wahl zum Staatspräsidenten verfehlt. Die PT-Führer, denen ich bei dieser Kampagne begegnete, waren entbrannt von einem bemerkenswerten dialektischen Feuer: »Wenn der Kommunismus in Osteuropa sich reformiert«, so erklärten sie, »so heißt das doch, daß er ein demokratisches Regime ist.« Es hat sehr wenig daran gefehlt, daß genau zum selben Zeitpunkt, da ein Land von 280 Millionen Einwohnern aus dem Kommunismus auszusteigen trachtete, ein anderes von 180 Millionen in ihn eintrat.

All das aber ist gar nichts im Vergleich zu der Verblüffung, mit der der Norden das Wiederaufleben des religiösen Fundamentalismus und die Peripetien des Nationalismus in den postkolonialen Staaten beobachtet. Die Öffentlichkeit der entwickelten Länder sieht in diesen aus dem Süden kommenden Bildern die Wiederkehr eines früheren Zeitalters: der Krieg Iran—Irak wirkt wie eine traurige Reprise des Krieges 1914—18, und der religiöse Fundamentalismus scheint »zum Mittelalter« zurückzuführen. Sind solche Phänomene indes nicht allzu bedrohlich, dann reizen sie zu Gelächter. Marx hatte erklärt, daß »alle großen weltgeschichtlichen Tatsachen und Personen sich sozusagen zweimal ereignen ... das eine Mal als Tragödie, das andere Mal als Farce«[2]. Die Art und Weise, wie ein

---

* Gegen Ende der 4. Republik in Frankreich von dem Politiker Pierre Poujade (geb. 1920) gegründete kleinbürgerlich-populistische Bewegung (Union de défense des commerçants et artisans de France), die angesichts vor sich gehender ökonomischer Strukturveränderungen gegen Steuerbelastungen und Wirtschaftskontrolle durch den Staat sowie für ein französisches Algerien eintrat. Ging nach einem großen Wahlerfolg 1956 mit der 4. Republik unter. (Anm. d. Übers.).

Bokassa sich nach dem Vorbild Napoleons zum Kaiser krönen ließ oder ein Idi Amin die Gestalt eines afrikanischen Hitler annahm, wirkten clownesk.

Zum Archaismus dieser Denkweisen scheint sich Inkohärenz, Widersprüchlichkeit zu gesellen. Die Schwarzen Südafrikas fordern die Verantwortung für einen gemischtrassigen Staat und zerfleischen sich zugleich in Stammeskämpfen; die arabischen Führer berufen sich auf die Gemeinschaft des Islam und verteidigen gleichzeitig die Souveränität eines jeden Einzelstaates, in die diese Gemeinschaft zerfällt; Lulla, der gegen eine liberale Macht ankämpfende brasilianische Marxist, vergleicht sich mit Wałesa, dem polnischen Nationalisten, der gegen ein marxistisches Regime opponierte.[3] Saddam Hussein, der weltliche Baath-Führer, ruft zum Heiligen Krieg auf.

Der Süden erscheint dem Norden heute als eine Art riesige Müllhalde überlebter Ideen. Sie sprießen dort in größter Inkohärenz empor, gleich monströsen oder närrischen Kopien der Originale.

DIE IDEOLOGIEN DES BRUCHS

Dieser Meinung aber muß man energisch entgegentreten. Diese Sicht ist falsch, oberflächlich, und sie verhindert ein tieferes Begreifen der wirklichen ideologischen Entwicklungen im Süden. Sie reduziert diesen auf eine passive Rolle und sieht in ihm nicht mehr als eine kopistische Zivilisation, sei es eine hochgestochene Kopie (gleich den technologischen Raubkopien, die Taiwan, Südkorea oder Brasilien fertigen) oder eine primitive und abschätzig betrachtete, der unerschöpfliche Gegenstand niederträchtiger kolonialer oder postkolonialer Witze über die Fähigkeit, zumal des Afrikaners, »den Weißen nachzuäffen«.

Der Süden begnügt sich durchaus nicht mit dem Nachahmen, auch wenn er Einflüsse aus Europa oder den USA aufnimmt: er verwandelt und kreiert. Er benutzt die aus dem Norden gekommenen ideologischen Instrumente, um seine eigenen Strategien zu verfolgen. Es ist diese Kreativität, die Oswald de Andrade bereits 1928 in seinem *Menschenfresserischen Manifest*[4], beanspruchte. Der Süden verschlingt, Ideen wie Menschen, er verleibt sie sich ein, wandelt sie um.

Auf kulturellem Gebiet ist dies unterdes ein vollkommen anerkannter Vorgang: die kreative und anthropophagische Energie der Musik aus der Karibik, aus Brasilien und Afrika hat es bewiesen. Auf politischem Gebiet ist ein gleicher Prozeß im Gange. Die importierten Elemente werden in einem Geist verarbeitet, der dem Süden eigen ist.

Wenn wir dies so lange Zeit zu verkennen vermochten, dann liegt das an dem außerordentlichen Monopol, das der Marxismus dreißig Jahre lang in den Dritte-Welt-Ideologien besaß. Die »internationalistische, antiimperialistische« Thematik hat etwas gar zu eilfertig die Überzeugung erweckt, die Kämpfe der Dritten Welt seien nichts als farbige Abwandlungen des Sozialismus. Heute ist ganz klar, daß dieser Satz in sein Gegenteil verkehrt werden muß: Infolge besonderer (und kurzlebiger) historischer Umstände hat die politische Auseinandersetzung in der Dritten Welt die Form revolutionärer Bewegungen bolschewikischen Typs angenommen. Um die provisorische Verschmelzung dieser beiden Grundbestandteile (der Bedingungen für den Aufstand in der Dritten Welt und der marxistischen Ideologie) zu beobachten, muß man bis auf die fundamentalen großen Texte zurückgehen.

Ich habe Frantz Fanon wieder gelesen. Nach ungeheurem, schwefeldampfendem Ruhm ist sein Name in die Gleichgültigkeit, wenn nicht gar ins Vergessen gesunken. *Die Verdammten dieser Erde* erneut zur Hand zu nehmen, ist ergreifend wie eine Pilgerwanderung.[5] Das Objekt selbst ist eine Reliquie. Ich habe ein Exemplar dieses Büchleins mit dem berühmten Vorwort von Jean-Paul Sartre aus der Bibliothek des Instituts für Politische Wissenschaften in Paris ausgeliehen. Als ich es aufschlug, fand ich es über und über bedeckt mit handgeschriebenen

Randnotizen, Anstreichungen, Eselsohren, Einrahmungen, Schraffuren. Dieser kleine Text war für Generationen von Studenten aus der Dritten Welt, die in den Gefilden der französischen Marxisten verweilten, ein Meßbuch, die Wegzehrung auf ihrer politischen Laufbahn. Und man kann nicht umhin, sich vorzustellen, daß diese Striche, dieses leidenschaftliche Gekritzel vielleicht von der Hand eines Hissen Habré oder des jungen Pol Pot stammen.

Diese Bibel gilt es nicht nur zu betrachten, es gilt sie zu lesen. Man entdeckt alsdann einen offenkundigen, blendenden Widerspruch, das Amalgam zweier grundverschiedener und entgegengesetzter Gedanken, dessen verzögerte Explosion heute stattfindet.

In Fanons Denken vermischen sich zwei deutlich unterschiedene Vorgänge. Den ersten könnte man den spontanen Ausbruch des Kolonisierten nennen. Die Vorstellung läuft darauf hinaus, »die koloniale Welt in die Luft zu jagen, in die verbotenen Städte einzutauchen«; »die Gewalt, welche bei der Gestaltung der Kolonialwelt vorherrschte, zu übernehmen und zu beanspruchen«. Das Verhältnis Herrschender/Beherrschter muß brutal ins Gegenteil verkehrt werden. Der Kolonisierte, »dieser Verfolgte, der ständig davon träumt, Verfolger zu sein«, beschließt plötzlich, zu handeln, Geschichte in Aktion zu sein. Dieser »spontane« Teil nimmt in dem Buch nur wenig Raum ein. Dennoch ist er dessen einziger Antrieb. Der gesamte Rest des Werkes befaßt sich mit der zweiten Phase. Er gilt der Steuerung dieser Energie, dieses Ausbruchs, mit Hilfe einer revolutionären Methode, die ihm eine Richtung verleihen soll: den Aufbau des Sozialismus. Diese zweite Phase wird gerechtfertigt mit den Gefahren der bürgerlichen und nationalistischen Abweichung der Bewegung, sofern sie eine spontane bleibt. Dreißig Jahre lang ist die Orthodoxie respektiert worden: der marxistische, positive und organisierte Anteil hat den spontanen überwogen. Der tiefe Wesensunterschied zwischen diesen beiden Phasen ist im dunkel geblieben. Heute platzt die Legierung. Warum?

Zunächst einmal wegen der Enttäuschungen, welche die Experimente mit dem realen Sozialismus in der Dritten Welt hervorgerufen haben: partielle Experimente, wie das der progressiven peruanischen Militärs in den Jahren 1968–75 und das der Übernahme lokaler Verantwortung durch die KP (Barrantes, Bürgermeister von Lima) oder totaler, wie die Sowjetisierung Äthiopiens ab 1977. Bei diesen Umsetzungen in die Tat stellte sich heraus, daß der Marxismus eine Ideologie der Ordnung, der Rationalität, der Anstrengung und der Frustration ist. Mit anderen Worten, der Marxismus ist eine weitere Maske der Weißen. Er befreit vom Großgrundbesitzer, nicht aber von der Ausbeutung. Er verkündet den Internationalismus, sichert dem Kolonisierten aber nicht die Rückgewinnung seiner entfremdeten Kultur. Und schließlich wird durch die im Gang befindliche Ost-West-Aussöhnung bewiesen, daß er in seiner bolschewikischen Version nichts anderes als eine weitere Form der westlichen *ratio* und des kulturellen Kolonialismus war.

Hier ist die Bruchstelle zwischen diesem marxistischen, positiven Denken, das auf die Errichtung einer organisierten und harmonischen Welt orientiert ist (welchen Schwierigkeiten man sich auf diesem Wege auch gegenübersehen mag), und der ursprünglichen Bewegung des Kolonisierten. »In ihrem Ausbrechen ist die Entkolonisierung der Bruch mit dem aufmerksamen Wachposten, der (im Hirn des Kolonisierten) den Auftrag hat, das griechisch-lateinische Fundament zu verteidigen. Während des Befreiungskampfes wird dieser trügerische Wachposten in dem Augenblick zertrümmert, in dem der Kolonisierte wieder in Berührung mit seinem Volk kommt. All die mediterranen Werte, der Triumph der menschlichen Person, der Klarheit und des Schönen, sie werden zu leblosen und farblosen Nippsachen.«[6]

Gegenüber dieser ursprünglichen Bewegung ist das marxistische Projekt nichts als eine Abweichung. Heute läßt sich die Rückkehr zu einer Aktionsform beobachten, die sich strikt auf die reine Befreiungsphase eingrenzt. Der

Marxismus ist nicht mehr von Interesse, da er eine aufgezwungene Rationalität darstellt. Die ideologische Bewegung des heutigen Südens hat sich nicht »auf etwas zu«, sondern »gegen etwas« entwickelt. Das Fehlen von Rationalität, das eine scheinbare Inkohärenz ergibt, ist in Wirklichkeit ein Wille zum Bruch mit der Rationalität. Fanons Aufschrei, der Sartre so sehr gefiel, ist die neue und letzte Parole:

»Wenn ein Kolonisierter einen Diskurs über die westliche Kultur hört, dann zieht er seine Machete.«[7]

Der wissenschaftliche Marxismus ist als historischer Materialismus heute ganz offenkundig ein Teil der westlichen Kultur. Und als solcher verdient er die Machete.

Die revolutionäre Aktivität der heutigen Dritten Welt kehrt zur Fanons ursprünglicher Phase, zur Phase des Ausbruchs zurück. Sie hat sich freigemacht von der nutzlosen Literatur über die Abweichungen, Risiken, Zwänge des Revolutionärs. Zurückgeführt auf ihren ersten, den reinsten Impuls, fürchtet sie weder Abweichungen noch Risiken und erträgt keinen Zwang. Sie ist durch ein paar einfache Prinzipien gekennzeichnet:

— Preisgabe der abstrakten Unterscheidungen Proletarier/Ausbeuter, ja sogar Kolonisator/Kolonisierter, um sich auf die Hervorhebung eines konkreten Gegensatzes Herrschender/Beherrschter zu beschränken. Es kommt darauf an, einen einfachen und nahen Feind zu benennen: Großgrundbesitzer, Drogenhändler, Polizist, benachbarter Stamm, rivalisierende Religion, amtierende Regierung. Angesichts dieser ganz alltäglichen, sichtbaren und bekannten Macht wird sich der Beherrschte seines Hasses bewußt.

— Die Zukunft verschwommen lassen. Wenn man die Zukunft betrachtet, läuft man Gefahr, sich selbst als das Opfer eines zum System erhobenen Terrors zu sehen. Um dem zu entgehen, gilt es, alles Augenmerk auf die revolutionäre Tat zu konzentrieren, es von ihren Folgen abzulenken. Das Ziel ist konkret. Es ist politisch: die Revolution zentriert auf die angeprangerte Gestalt des Herrschenden.

– Die Gewalt und selbst den Terror rechtfertigen, die man als wesentlichen Antrieb des Verfolgten, der zum Verfolger werden will, erkannt hat. Dieser Terror wird sich in der Beseitigung des Unterdrückers vollständig entäußern und danach Befriedung bringen.

– Die Negation der griechisch-lateinischen Werte autorisieren: wissenschaftliche Bildung, technischer Fortschritt, Menschenrechte, politische Demokratie, Freizügigkeit der Sitten und vor allem ökonomische Rationalität, das Halseisen, das der wissenschaftliche Malthusianismus ebenso verhängt wie der Weltwährungsfonds.

– Den jakobinisch-leninistischen Anteil der revolutionären Aktion nicht als Avantgarde der künftigen Gesellschaft, sondern als Dirigenten der revolutionären Aktion einsetzen, als ein bloßes Instrumentarium des Hasses.

– Auf das lokale kulturelle Reservoir zurückgreifen: Mythen, Religionen, Aberglauben. Das ist wahrscheinlich das Wesentliche. Es gilt, an die Stelle des marxistischen Jargons Bilder treten zu lassen, die zum Geiste der zu Mobilisierenden sprechen – oder diese mit jenem Jargon zu vermengen. In den lokalen Traditionen müssen die mentalen Auslöser gesucht werden, die Aufstand, Haß sowie Gehorsam gegenüber dem Anführer produzieren. Denn es gibt sie in allen Kulturen, und der große Fehler der vernünftelnden Dritte-Welt-Bewegung bestand darin, daß sie sie nicht zu entdecken vermochte.

Das erste – triumphale – Exempel dieses neuen Typus von Bewegung ist der revolutionäre schiitische Islam Chomeinis. Man findet eine deutliche Spur dieses Bruchs in der Geschichte der Opposition gegen den Schah. Die Islamisten waren ebenso wie die Marxisten lange Zeit in Fanons vollständiger Ideologie befangen, das heißt, sie integrierten den Ausbruch des Kolonisierten in einen Diskurs über den Sinn seiner Aktion und die Offenbarung seiner Ziele. Bei den Marxisten nahm diese Einstellung die Form langatmiger Analysen zur Rolle des Schahs in den Strategien des Imperialismus im Mittleren Osten an. Chomeini wurde durch sie inspiriert zu seinen Predigten über die Verteidigung des Islam und seiner Werte. Ohne Erfolg. Der Bruch kam zustande, als der Imam während seines Exils in Bagdad, vom Alter verbittert und allmählich von Demagogie inspiriert, sich auf eine sehr konkrete Predigt des Hasses orientierte: Haß auf den Schah, Haß auf die Juden, Haß auf den gesellschaftlichen Wandel, Haß auf die Demokratie.[8] In der gesamten Revolution – und danach – wird er sich niemals näher darüber auslassen, welche Form er der künftigen Gesellschaft zu geben gedenkt.[9] Die Perspektive ist gänzlich zentriert auf die Umkehrung des Verhältnisses Herrschender/Beherrschter, Verfolgter/Verfolger. Der Feind ist benannt, und die Kassetten mit Chomeinis Reden hämmern es in die Köpfe: »Der Schah muß weg!« Gewalt ist legitim, sie besitzt die allerhöchste Legitimation, da von Gott befohlen.

In der iranischen Revolution wird vorrangig die lokale Kultur (der Schiismus) benutzt. Aber es sollte nicht vergessen werden, daß diese Revolution auch das Werk der Marxisten gewesen ist: die Mudschaheddin haben mit ihrem leninistischen Apparat dazu beigetragen und die Artikulation der Aufstandsaktionen möglich gemacht. Bei der Einsetzung der ersten Regierungsinstanzen haben die Marxisten eine wichtige Rolle gespielt. Eine der Schlüsselfiguren dieser Revolution, Ali Shariati, war ein leidenschaftlicher Bewunderer von Fanon. In der Folgezeit sollten alle diese Männer zugunsten reiner Islamisten beiseite gedrängt werden.

Die synkretischen Marxismen

In der iranischen Revolution steht das lokale (islamische) Element im Vordergrund und verdeckt die Beteiligung marxistischer Bewegungen.[10] Andernorts ist das Verhältnis umgekehrt, und die Marxisten haben weiterhin die Fäden in der Hand. Die Disqualifikation des wissenschaftlichen Materialismus bei dem Versuch, die Aktion zu kanalisieren und unter die Kontrolle dieser oder jener fremden Macht (Sowjetunion, China, Albanien) zu stellen, kurz, das Ende der bolschewikischen Filialen, bedeutet nicht das Versiegen des Marxismus in der Dritten Welt. Im Gegenteil, in den neuen Bewegungen behauptet er eine erstrangige Rolle. Dies jedoch um den Preis einer beträchtlichen Mutation: die heutigen revolutionären Marxismen sind mit lokalen Denkformen (Religion, Aberglaube, Tradition der Revolte) verschmolzen. Sie haben sich zu synkretischen Marxismen umgebildet.

Der »Leuchtende Pfad« ist das beste, vor allem das bekannteste Beispiel für diese Umkehrung der Perspektive. Abimaël Guzmán und ein paar andere, Professoren und Studenten, kündigen auf einer öffentlichen Veranstaltung an der Universität Ayacucho an, daß sie zum bewaffneten Kampf übergehen. Dieser Entschluß folgt auf die Serie von Niederlagen, die die marxistische revolutionäre Oppositionsbewegung in ihrer entwickelten und klassischen Form zum Ende der sechziger Jahre zu verzeichnen hatte. Der Schritt in die Illegalität, zunächst in der Andenregion Ayacucho, dann in den Slums von Lima, ist begleitet von einem zweifachen radikalen Wandel.

Der »Leuchtende Pfad« wird in der Illegalität die Züge der neuen ideologischen Bewegungen der Dritten Welt annehmen, die aus den Trümmern des revolutionären Rationalismus hervorgegangen sind. Der Marxismus ist bei ihnen zum Werkzeug reduziert. Er ist nichts weiter als die Rechtfertigung und Organisation der direkten und gewaltsamen Aktion zur Beseitigung des konkreten Feindes: Drogenbosse, Sinchis*, Grundeigentümer.[11] Die Verachtung der Menschenrechte, der Lobpreis des Mordens gehen einher mit dem Haß auf den Fortschritt, auf die westliche Wissenschaft (Überfälle auf Forschungszentren). Dieser instrumentalisierte Marxismus ist vermengt mit der chiliastischen Thematik der Indios. In ihren Legenden ist das Pachacuti oder der Umsturz der Welt ein äußerst lebendiger Mythos. Ebenso die Legende vom Inca Rey, dem Inkakönig: der letzte Inka wurde 1572 von den

* Hilfspolizisten.

108

Spaniern geköpft. Sein Kopf und sein Körper sollen nicht am selben Ort begraben sein. Sie bewegen sich unter der Erde aufeinander zu. Wenn sie sich gefunden haben, dann wird der Inkakönig wiederkehren, um die Indios zu rächen. Diese Mythen werden vom »Leuchtenden Pfad« benutzt, welcher die Gleichsetzung des Vorsitzenden Gonzalo (Abimaël Guzmán) mit dem Inca Rey förderte (ebenso wie Chomeini, ohne es selbst zu behaupten, bei manchen Schiiten den Glauben erweckt hat, er könnte der »verborgene Imam« sein). Ebenso hat der »Pfad« diese Mythen bei der Inszenierung seiner Terrorakte benutzt (Lima in Dunkelheit versetzend, die Rundfunksender durch Sabotage lahmlegend, die Finsternis und das gestirnhafte Schweigen des Pachacuti verkündend).[12] »Diese Erhebung des ›Vorsitzenden Gonzalo‹ (Abimaël Guzmán) in einen ›übernatürlichen‹ Status ist so ernster Natur, daß der Präsident von Peru höchstselbst im Fernsehen eine beim ›Pfad‹ beschlagnahmte Videokassette präsentierte, die Guzmán beim Essen und Trinken zeigte. Der Sinn der Operation bestand darin, das Volk zu überzeugen, daß der revolutionäre Führer gewissermaßen ein Mensch wie alle andern ist.«[13]

Dennoch ist der »Leuchtende Pfad« keine indigenistische Bewegung. Seine Ideologie greift nicht bei der indianischen Bevölkerung auf dem Lande, die tief in die traditionelle Kultur eingesenkt lebt, für die die Mythen ein geordnetes, zusammenhängendes System bilden. Sie ist vor allem bei den städtischen Massen bäuerlicher Herkunft lebendig, den Bewohnern der Slums von Lima. Für sie sind »die traditionellen Glaubensvorstellungen zu Aberglauben geworden, und sie deuten sich die mythischen Erzählungen sehr viel schneller mit Bezug auf die Realität um«[14].

Die synkretischen Marxismen der Dritten Welt variieren je nach der Bevölkerung, mit der sie verschmelzen wollen und je nach der Verbindung Herrschender/Beherrschter, die sie als Drehzapfen der gewaltsamen revolutionären Aktion benutzen. Für die Roten Khmer

z. B. wird der Gegensatz sich zwischen Stadt und Land
entfalten und der Synkretismus sich auf die Mythen der
Angkor-Kultur[15] beziehen. Im Falle der marxistischen
Regierungen Äthiopiens, Vietnams, Kubas hat das Ende
der sowjetischen Unterstützung eine nationalistische
Metamorphose eingeleitet: So war zu beobachten, wie der
äthiopische Marxismus einen Synkretismus mit der anti-
muslimischen, biblischen Tradition der Kopten einging.
Diese nationalistische Wendung erinnert unwillkürlich an
das erste Beispiel eines marxistischen Synkretismus, nämlich die sich nach Stalingrad vollziehende Verschmelzung
der sowjetischen Perspektive mit dem großrussischen Nationalismus.[16]

Hinter der scheinbaren Inkohärenz der Ideologien des
Südens ist zu erkennen, wie sich eine Ordnung herstellt,
gekennzeichnet durch einen Niedergang und das Auftauchen eines neuen Elements. Der Niedergang betrifft die
marxistischen Bewegungen klassischen Typs: der wissen-
schaftlich-proletarischen, internationalistischen. Sie
bestehen weiter in Ländern wie Brasilien oder Chile, wo
eine relativ differenzierte Klassenstruktur vorhanden ist
und das Fehlen einer früheren sozialistischen Erfahrung
(oder deren Martyrium) den Kredit für eine derartige
Lösung nicht beeinträchtigt hat.

Das neu auftauchende Element sind jene Ideologien des
Bruchs, die dem ersten Stadium der Revolte des Koloni-
sierten entsprechen, wie Fanon sie analysiert hatte. Sie
sind besonders wirksam unter den Massen im Archipel des
Elends, wo das Verhältnis Herrschender/Beherrschter
konkret und tagtäglich gelebt wird. Diese Ideologien des
Bruchs bauen auf den beiden Pfeilern der Kultur der
Armut auf, nämlich der Lobpreisung der Gewalt und der
Anstrengung dieser abhängigen Individuen, zu »versuchen, die den verschiedensten Quellen entstammenden
Reste an Glauben und Konvention zu verwerten und
irgendwie in eine brauchbare Lebensform einzuglie-
dern«.[17] Die revolutionäre Umgestaltung der traditionellen Glaubensvorstellungen vollzieht sich bei den Massen

des Archipels sehr viel leichter. Wenn man das neuerliche Aufblühen fundamentalistischer Phänomene beobachtet, so sieht man deutlich, daß es nicht von den Menschen auf dem Lande getragen wird, bei denen die Glaubensvorstellungen fest strukturiert sind. In den Städten hingegen sind die traditionellen Kulturen nur im fetzen- und bruchstückhaften Zustand präsent. Die Anthropophagie, die sie miteinander vermischt, ist seit langem bekannt: auf diese Weise haben die abhängigen Massen Bahias, die zum Teil aus Afrika, zum Teil aus dem Landesinneren (Indios) kamen, ihre Traditionen, ihre Glaubensvorstellungen und ihre Gesänge vermengt. Die Anomie des Archipels erleichtert diesen Synkretismus, diese Verschmelzung von Trümmern der traditionellen Kultur mit Brocken der revolutionär-marxistischen Vulgata erheblich. Die Entstrukturierung dieser abhängigen Gesellschaften erlaubt des weiteren die Schaffung neuer gemeinschaftlicher Organisationen: die Islamisierung von unten, von der G. Kepel[18] spricht, ist nichts anderes als dieser Prozeß der Organisation und geistigen Neuschöpfung eines Islam, der in den entwurzelten Massen nur im Zustand einer Reliquie überlebt hatte.

Diese Ideologien des Bruchs sind in ihren Äußerungsformen extrem unterschiedlich, dabei kann eine religiöse, mythische, ethnische oder nationalistische Ausdrucksform vorherrschen. Was sie jedoch vereint, das ist ein gemeinsamer Bruch mit den »griechisch-lateinischen Idealen«. Der Golfkrieg hat mit Sicherheit nicht dazu beigetragen, diese Ideale im Süden populärer zu machen. Indem er Rationalität und Technik in ihrer militärischen Gestalt vorführte, und dazu noch gegen ein schwach entwickeltes Land gerichtet, läuft er Gefahr, Haß und Ablehnung gegenüber jenem Produktivismus, jener Rationalität zu steigern, die ohnehin bereits die bevorzugte Zielscheibe der meisten Ideologien des Bruchs darstellen.

Man sollte sich nicht darüber wundern, daß im Süden Ideologien in Blüte stehen, die von der Geschichte seit langem verworfen worden sind; sie stehen eben darum in

Blüte, *weil* sie von der Geschichte verworfen wurden. Wenn der Norden sie abgelehnt hat, wenn sie ihre Unvereinbarkeit mit den »griechisch-lateinischen Werten« unter Beweis gestellt haben, dann sind sie also von Wirkung, um jene Werte zu bekämpfen...

Welche Relation Herrschender/Beherrschter lokal auch immer die Oberhand haben mag, überall im Archipel kommt ein gleicher Prozeß in Gang: die Entkolonisierung, jawohl, die erste radikale Entkolonisierung. Sie setzt an die Stelle der kolonialen Pädagogik nicht mehr ein rationales Denken (den Marxismus). Diesmal will die Entkolonisierung des Südens eine vollständige sein: Sie stellt den Süden *in Konterposition* zum Norden, das heißt zum Osten und zum Westen, welche jetzt beide demaskiert und austauschbar geworden sind.

5

DAS RECHT AUF KRIEG FÜR JEDERMANN

In allen Fleischerläden Frankreichs hing früher ein großes Schaubild mit dem Titel »Das Rind«. Es fesselte die
Aufmerksamkeit so eindrücklich, daß sich bestimmt
noch viele daran erinnern: Das Tier war stehend abgebil-
det, den Kopf der Kundschaft zugewandt. Der ganze
Körper bestand aus den verschiedenen Fleischstücken,
die man aus ihm gewinnen kann, diese waren geschickt zu
einem Ganzen zusammengesetzt. Eine raffinierte
Ansammlung von Oberschalen-, Hüft- und Beinstücken
stellte die Keulen dar; der Rücken war eine Komposition
aus Lende, Filet und hoher Rippe ... Jedes Teil ließ sich
gleichzeitig beziehen auf das tote Tier (die Stücke) und
auf das lebende (den Gesamtumriß). Unter diesem täu-
schenden Bild führte ein Verzeichnis, das ebenfalls unter
der Überschrift »Das Rind« stand, in zwei Spalten die
Stücke auf, die »zum Braten« beziehungsweise zum
»Schmoren und Kochen« geeignet waren. Von der ganzen komplexen Struktur des lebenden Tiers, vom delika-
ten Aufbau seiner Anatomie, von den Feinheiten seiner
Physiologie und den chemischen Vorgängen in seinem
Fleisch blieben nur die beiden Kategorien übrig: »zum
Braten« und »zum Schmoren«.

Unsere Vorstellung von den Konflikten in der Dritten
Welt läßt sich seit dreißig Jahren von einer solchen metz-
gerhaften Sicht leiten. Die geopolitischen Atlanten teilen
mit ähnlichem Eifer die Kontinente Asien, Afrika und
Lateinamerika auf in »prosowjetische« und »prowestliche« Zonen. Der große lebende Körper, die Masse von in
Bewegung befindlichen Menschen, welche der Süden bildet, sie werden reduziert auf zwei nebeneinander aufge-
reihte Arten von Fleischstücken: die guten und die bösen;

unsere Freunde, deren Treue es in gebratenem Zustand zu genießen gilt, während man die anderen, die Gefährlichen, im roten Saft ihres Verrats langsam schmoren lassen muß.

Die – zumindest von André Glucksmann – zum Endzweck der Philosophie erhobene Fähigkeit, das Gute vom Bösen zu scheiden, hat diese Zerlegung zu einem legitimen, sogar zu einem klugen Akt gemacht. Für die ehemaligen Marxisten kann es keine andere Gefahr, ja keine andere Wirklichkeit geben als den noch immer angebeteten Gegenstand der eigenen Reue. Das Böse ist ein Ganzes. So zu denken, legen sie uns zumindest nachdrücklich nahe. Der sowjetische Kommunismus ist die negative Kraft, die es jederzeit hinter all ihren Verkleidungen zu erkennen gilt. In den siebziger Jahren war unseren antitotalitären Spürhunden großes Glück beschieden. Der Kommunismus erschien in neuen Flitter gehüllt auf der Szene: der Afghane, der Äthiopier, der Angolaner traten auf den Plan, um die Kubaner, Vietnamesen und Chinesen beim schaurigen Walzer abzulösen. Jedesmal vermochten unsere heiligen Antoniusse diesen Erscheinungen zu trotzen und hinter ihnen den seiner Natur nach immer gleichen Teufel zu entdecken. Tschad-Krise, Anti-Apartheid-Bewegungen, Hungersnot in Äthiopien? Man brauchte sich gar nicht die Mühe einer Reise zu machen, um zu begreifen, worum es sich handelte: Es genügte, nach dem Bösen zu suchen und seine Strategie zu erkennen. Alles ist schon in *Was tun?* enthalten.

Diese Denkweise haben die Schlagetots des Bösen aus derselben Brust gesogen wie jene, die sie anprangern. Die auf der »Dependenz«-Theorie basierende marxistische Literatur spricht den lokalen politischen Faktoren jegliche Bedeutung ab und versucht hinter ihnen das Böse (aus entgegengesetzter Perspektive) auszumachen, also den Imperialismus und seine Strategien. Einer dieser Theoretiker der Geringschätzung behauptet zum Beispiel: »Der neokoloniale Staat ist, zumal im Fall der afrikanischen Kolonien Frankreichs, kein politisches Subjekt und kann es niemals sein: er ist lediglich ein Element zur Strukturierung des afrikanischen Raums durch den französischen Imperialismus. Als ein solches kann er beim Neumischen der Karten, wie es die Imperialismen untereinander von Zeit zu Zeit vornehmen, unter den Schlägen eines anderen Imperialismus ins Wanken geraten.«[1]

Die historische Gebundenheit der Gesellschaften der Dritten Welt ist niemals stärker geleugnet worden als in den letzten fünfzehn Jahren. Die Verlagerung der Ost-West-Auseinandersetzung auf den Süden hat die Rolle der lokalen Akteure, die man zur Zeit der Unabhängigkeitskriege zu erkennen vermeinte, verdunkelt. Im antiimperialistischen Denken sind ebenso wie bei seinem Rivalen, dem antitotalitären, die Tropen nichts weiter als ein Schachbrett, auf dem sich die beiden Verkörperungen manichäischen Denkens gegenüberstehen. Auf einer Stufe unterhalb der der Ideologen, aber doch deren Schemata gehorchend, haben die Geopolitiker, bescheidene Kartographen dieser Auseinandersetzung, die gleich Feriendörfern des Club Méditerranée über den Süden verstreuten Basen des Ostens und des Westens detailliert verzeichnet. Im Extremfall wurden die Konflikte der Dritten Welt allein mit einer Art Marinelogik »erklärt«: Zugang zu den warmen Meeren, Kontrolle der Meerengen, Inseln, die als Flugzeugträger fungieren. Im Kräftespiel der beiden Supermächte wurden von der südlichen Hemisphäre nur die Umrisse ihrer Küsten wahrgenommen. Der Süden, ob »zum Braten« oder »zum Schmoren«, war bereit zum Verzehr.

Diese allgemein verbreitete Auffassung ist durch die jüngsten Entwicklungen übel zugerichtet worden. Ost und West stehen sich, zumindest in der Dritten Welt, nicht länger feindlich gegenüber. Die Sowjetunion und ihre Verbündeten ziehen ihre Truppen ab und reduzieren die militärische und wirtschaftliche Hilfe für ihre einstigen Schützlinge auf Null. Und trotzdem hören die Konflikte nicht auf. In Angola, Äthiopien, Mozambique, El Salvador herrscht nach wie vor Krieg. In manchen Fällen stellen die Supermächte nicht nur ihr Engagement ein, sondern gehen so weit, sich aktiv an der Suche nach einer friedlichen Lösung zu beteiligen: diese erlangen sie nur unter größten Schwierigkeiten. Im Falle von Kambodscha gelingt es der sich endlos hinziehenden Pariser Konferenz nicht, mit einem Friedensplan niederzukommen; das postsandinistische Nikaragua, dem von seiten der Amerikaner jegliche Aufmerksamkeit zuteil wird, ist noch gefährlich gespalten; aus Afghanistan haben sich die Sowjets zurückgezogen, ohne daß sie eine wirkliche politische Lösung herbeizuführen vermochten.

Weshalb haben die Konflikte der Dritten Welt die Ost-West-Rivalitäten überlebt?

Die Optimisten werden sagen, daß die Dinge nicht so schnell wieder in Ordnung kommen können. Nach Jahren des Krieges oder der Spannung reicht es nicht hin, Truppen abzuziehen, um das Trauma auszulöschen und geteilte Länder wiederzuvereinen. Demnach würden wir zur Zeit gewissermaßen Konfliktschweife erleben – so wie man von Kometenschweifen spricht. Wenn die Salvadorianer sich so kampfwütig gebärden, dann darum, weil sie alsbald am Verhandlungstisch sitzen werden und dabei in guter Position sein wollen. Wenn sich die Pariser Kambodscha-Konferenz so lange hinzieht, dann spricht das dafür, daß bei ihr eine ausgewogene und dauerhafte Lösung herauskommen wird, und so weiter. Ich hoffe ehrlich, daß diese Hypothesen zutreffen. Dennoch erscheinen sie mir noch gar zu sehr von der heimlichen Geringschätzung genährt, die den lokalen Akteuren jeglichen Eigenwillen abspricht: sie werden nicht mehr gegeneinander kämpfen, weil wir nicht mehr dort sind...

Mit dem Rückzug der Großmächte ist uns eine Chance aufgetan, endlich den Süden zu sehen, seine Geschichtlichkeit zu erkennen. Diese Chance gilt es zu ergreifen. Versuchen wir beispielsweise einmal, die Sichtweise umzukehren: die Ost-West-Rivalität war, so wurde behauptet, eine Konstante, und die lokalen Konflikte waren veränderliche Masken, hinter denen sie sich versteckte? Nehmen wir doch das Gegenteil an: wäre die Stabilität nicht gerade in den lokalen Konflikten zu suchen und die Veränderlichkeit eine Eigenschaft ihrer ideologischen Maske? Alsdann wäre die Ost-West-Auseinandersetzung alles in allem nichts weiter gewesen als eine dieser zeitweiligen Masken.

DIE GNADENLOSE UMLAUFBAHN DER HASSPARTIKEL

Als Beispiel und fast als Laboratorium für diese Hypothese vermag einmal mehr Äthiopien zu dienen, und das, weil die wichtigste Guerillabewegung dort schon seit so langer Zeit operiert. Vereinfachen wir die Situation (aber um die Bewegung richtig zu erfassen, müssen wir ziemlich weit zurückgreifen). Erste Phase: Gegen Ende des 19. Jahrhunderts wird in Äthiopien auf Betreiben von Menelik das Bewußtsein einer imperialen Identität wiedergeboren, die an die tausendjährigen ruhmreichen Wurzeln des Landes anknüpft. Indem Menelik die inneren Kämpfe beendet und das Land durch weiträumige Eroberungen vergrößert, belebt er das Nationalgefühl, es gründet sich auf die Begriffe der Unabhängigkeit, die politische Vorherrschaft des Volkes der Amhara und die koptische Religion. Zur selben Zeit wird in Eritrea durch die italienische Kolonisierung eine andere Identität erzeugt und gestärkt: unter den verschiedenen ethnischen Gruppen dieser Region entsteht ein eritreisches Bewußtsein, das sich auf den Westen und auf die benachbarte arabisch-muslimische Welt orientiert. Diese beiden nationalen Identitäten, die eritreische und die äthiopische, können nicht zum Einklang kommen, als bei Ende der britischen Mandatsherrschaft über Eritrea die Provinz föderativ an Äthiopien angeschlossen wird.

Zweite Phase: Ab 1961 kommt es zum bewaffneten Konflikt, er erwächst aus dem Widerstand der Eritreer gegen die Politik des Negus, der ihnen schlicht und einfach die Assimilation an das äthiopische Kaiserreich aufzwingen will. Die (militärisch noch sehr schwache) Guerillabewegung erhält Unterstützung zuerst von arabischer Seite: von Anrainerstaaten des Roten Meeres, die mit Vergnügen diesen Dorn in den Fuß eines christlichen Negus pflanzen, der den Muslimen gegenüber mißtrauisch und ein Verbündeter Israels ist. Der Konflikt ist also zunächst ein regionaler und ethnisch-religiöser.

Dritte Phase: Gegen Ende der sechziger Jahre erhalten die eritreischen Bewegungen beträchtliche Hilfe von der Sowjetunion, während der Kaiser seine Treue zum Bündnis mit den USA bekräftigt. Die Angelegenheit bleibt regional, bekommt jedoch einen stärkeren ideologischen Beiklang. Nach der Revolution, die den Negus absetzt, scheint die schwankende Haltung der neuen Macht zunächst auf eine Übereinkunft hinzudeuten, später, so glaubt man, kündigt sich eine Niederlage an.

Vierte Phase: 1977 kommt es zu einem brutalen Wechsel der Bündnisse. Die Sowjets lassen Somalia fallen und ziehen in Äthiopien ein. Es ist die Zeit der großen Rückschläge für den Westen. Eritrea erscheint als Bastion des Widerstands gegen den Totalitarismus. Die Sache wird zu einer weltweiten Angelegenheit und bekommt einen dominierenden Ost-West-Anstrich; die Schlagetots des Bösen konnten im Eritrea-Konflikt den Widerstand der Demokraten gegen den marschierenden Kommunismus feiern. Das einzige störende Detail: die eritreischen Befreiungsfronten waren nach wie vor unverhohlen marxistisch. Es war noch nicht einmal klar, ob sie ihrer Freundschaft mit den Sowjets abgeschworen hatten. Lange Zeit wurde, ohne daß ein Beweis dafür vorlag, behauptet, die Russen würden weiterhin beide Seiten finanziell aushalten, um die Äthiopier zu nötigen, ihre belastende »Freundschaft« zu dulden. Ihren Höhepunkt erreichte diese scheinbare Ost-West-Konfrontation zum Zeitpunkt der großen Hungersnot 1985/86.

Fünfte und letzte Phase: Seit zwei Jahren haben die Sowjets den massiven Abzug ihrer »Berater« eingeleitet. Trotzdem ist dadurch der Konflikt nicht beendet worden.

Oberst Mengistu, den man als den Strohmann der Russen darzustellen beliebte, hat diese überlebt. Mit großem Geschick hat er neue Geldgeber (und Waffenlieferanten) gefunden: die Israelis sind massiv nach Addis Abeba zurückgekehrt. Als Gegenleistung für die Ausreise von immer mehr »Falascha«* stellen sie nun Äthiopien Waffen und Militärexperten bereit. Die Eritreer wiederum haben sich erneut ihren arabischen Bundesgenossen zugewandt, wobei ihre wichtigste Stütze der Irak ist. Und nun macht der Golfkrieg sie verwundbar, da er ihren Verbündeten in eine schlechte Verfassung versetzt. Sie, die 1989 schon den Sieg gesichert glaubten, treten jetzt auf der Stelle. Die Äthiopier erheben neuerlich das Haupt. Die Partie fängt wieder bei Null an. Nach dieser letzten Metamorphose erscheint der Konflikt als ein Krieg des Widerstandes gegen den muslimischen Vorwärtsdrang in Afrika. Die Äthiopier, die ehemalige Speerspitze des sowjetischen Imperialismus, befinden sich abermals in defensiver Position (was seit dreizehn Jahrhunderten der arabischen Welt gegenüber ihre »natürliche« Position ist).[2]

Um diesen Konflikt sind die Bündnisse gekreiselt wie die Armillarsphären der älteren Astronomen. Die Rotationsachse, das Zentrum des Konflikts, ist der tiefe lokale Gegensatz zweier Identitäten, der äthiopischen und der eritreischen, der aus der ersten Phase herstammt. Die Ost-West-Konfrontation in der Dritten Welt hat sehr viel ältere, für uns auch rätselhaftere Rivalitäten überdeckt.

Indochina und das südliche Afrika liefern gegenwärtig den Beweis, daß die Interpretation ihrer jeweiligen politischen Situation im Sinne des Ost-West-Konflikts von den Umständen diktiert war. Selbst bei Konflikten, die ein direktes Engagement einer der beiden Großmächte nach sich zogen, traf die Ost-West-Auslegung nicht immer zu. Welch besseres Beispiel gäbe es dafür als Afghanistan? Gemäß den Bedürfnissen der »westlichen« Sache haben -

* Dunkelhäutige Juden, seit Jahrtausenden in Äthiopien ansässig. 1983–1985 wurde die Mehrzahl nach Israel umgesiedelt. (Anm. d. Übers.).

wir die Mudscheddin lange als die Verteidiger einer Freiheit betrachtet, welche nur die universelle Freiheit sein konnte. Gemäß den Erfordernissen der Symmetrie war jedermann, der dem Bösen trotzte, ein Kämpfer für das Gute, das heißt für die Menschenrechte. Die als laizistisch, liberal und republikanisch geltenden Guerilleros von Peshawar bewiesen jedoch sehr rasch, daß sie ebendas durchaus nicht alle waren. Es mußten erst Bomben in den Ambulatorien der humanitären Organisationen plaziert werden, damit wir uns allmählich bewußt wurden, daß der religiöse Fanatismus im Anschwellen war. Um prowestlich zu sein, reicht es nicht aus, gegen die Sowjets zu sein. Die Erfahrung verstört, ich weiß das wohl, aber man stelle einen Amerikaner und einen Sowjet nebeneinander: der Afghane wird sie miteinander verwechseln. Wir werden wirklich die allerletzten sein, die begreifen, was der Norden ist.

Die Fortdauer der Konflikte im Süden nach dem Abzug der Sowjets muß es uns möglich machen, endlich auseinanderzuhalten, was wir uns »der Sache wegen« so lange zu vermengen bemüht haben: Ja, die Großmächte waren in der Dritten Welt miteinander konfrontiert und haben komplexe weltweite Strategien verfolgt. Nein, die lokalen Konflikte waren nicht ihre passiven Werkzeuge. Im Gegenteil, die Akteure des Südens haben es verstanden, Vorteil aus dem Engagement der Großmächte zu ziehen und diese für ihre eigenen Zwecke zu benutzen, indem sie ihre Phraseologie übernahmen. In Afrika zum Beispiel bezweifelt niemand, daß die rivalisierenden Kräfte ihre angebliche Abhängigkeit ganz prachtvoll auszunutzen wissen.[3] Oft ziehen die Marionetten selbst die Fäden, um den Großen Hanswurst zu lenken.

Lokale Konflikte und Ost-West-Rivalitäten dürfen nicht miteinander verwechselt werden: Die aktuellen Ereignisse liefern die nachträgliche Bestätigung für diese Tatsache. Doch dabei darf man nicht stehenbleiben. Die Aktualität zeigt noch etwas anderes, wesentlich Wichtigeres. Seit dem Ende des Kalten Krieges dauern im Süden die Konflikte nicht nur fort, sondern neue treten auf: Liberia, Somalia, Rwanda, Tschad, Mauretanien, Panama. Noch niemals hat eine weltweite Aussöhnung eine solche Explosion von Krisen gezeitigt. So gibt es noch ein weiteres Credo, dem abgeschworen werden muß: Die Konfrontation der Großmächte wurde als Ursache von Unordnung dargestellt; sie ließ die lokalen Streitigkeiten zu bewaffneten Konflikten entarten und zog diese endlos in die Länge. Angesichts der jüngsten Explosion kann man sich fragen, ob nicht im Gegenteil die Ost-West-Rivalität dreißig Jahre lang ein Faktor der Regulierung und Befriedung gewesen ist. Wurden nicht die lokalen Konflikte durch den Umstand, daß beide Supermächte sich den Einfluß teilten, einer Selektion unterworfen, begrenzt und kontrolliert? Diese Behauptung mag schockieren: Der Vietnam- und der Afghanistankrieg, die Zerrissenheit Mittelamerikas, all das stellte sich wahrhaftig nicht als friedfertige Unternehmung dar, dazu bestimmt, Menschenleben zu retten. Ich sage nicht, diese Rivalität sei ein Faktor des Friedens gewesen; doch ich behaupte, daß sie den Krieg organisiert, ihn begrenzt und Regeln unterworfen hat.

Vor ein paar Wochen waren rivalisierende Banden aus zwei Neubauquartieren des Pariser Vorstadtgürtels drauf und dran, sich gegenseitig abzuschlachten. Ständige Schlägereien, Überfälle aus dem Hinterhalt und tätliche Angriffe ließen einen regelrechten Schlachtplan befürchten. In diesem Klima hatten Polizeioffiziere den Einfall, ein Fußballturnier zu veranstalten. Das Ergebnis war spektakulär: die potentiellen Kriegsteilnehmer erschienen, um ihre jeweilige Mannschaft anzufeuern. Die Konfrontation hat, wenn man so will, stattgefunden. Doch der Rahmen und die Regeln waren fixiert. Alles außerhalb des Fußballplatzes hatte dabei keine Bedeutung; wozu sich in einem Treppenhaus versteckt halten, wenn die eigene Mannschaft auf dem Rasen einen braucht? Solange das Turnier dauert, ist in den Neubauvierteln nichts mehr zu befürchten.

Die Ost-West-Rivalität hat die Welt dreißig Jahre lang mit ihrem Match in Atem gehalten. Sie legte die Einsätze und vor allem die Regeln fest, es waren Regeln der Abschreckung: zu vermeiden waren *direkte* Auseinandersetzungen zwischen den Großmächten sowie Eskalationen, die das nukleare Gleichgewicht hätten zerbrechen können. Weil sie die kriegführenden Parteien direkt oder indirekt unterstützten, konnten die USA und die UdSSR auf sie einwirken, Einfluß ausüben auf ihre Entscheidungen, sie zu Rückziehern veranlassen. Indem die lokalen Konflikte sich die Ost-West-Maske überstülpten, wurden sie sowohl zu polarisierten als auch zu unselbständigen Konflikten. Heute wächst ihre Zersplitterung, vor allem aber ihre Autonomie. Reden wir vorerst einmal nicht von den Konflikten zwischen Staaten, die nach wie vor verhältnismäßig selten auftreten und einer anderen Logik gehorchen. Die Zersplitterung und Autonomie, die uns interessieren, treffen zu für die Aufstandsbewegungen: sie sind es, die den Süden in der Tiefe zerreißen, ihn zersplittern lassen wie eine Granate.

Die Revolte zum Schleuderpreis

Von der ideologischen Autonomie sprachen wir bereits, auf sie brauchen wir nicht zurückzukommen. Heutzutage gibt es keine Komintern, keinen proletarischen Internationalismus mehr. Nach Marx hat uns auch Shdanow verlassen. Die Ideologien des Bruchs passen die revolutionäre Technologie den lokalen Bedingungen des Verhältnisses Herrschender/Beherrschter an. Jedermann kann sich zum Siegelbewahrer irgendeiner Orthodoxie ausrufen (neuer Marx, neuer Mao, Verborgener Imam, Inca Rey).

Doch die Autonomie der Konflikte zeigt sich in noch konkreteren Formen: sie ergibt sich insbesondere aus den neuen Verbreitungswegen des Waffenhandels. In der guten alten Zeit der Ost-West-Konfrontation in der Dritten Welt leistete jede der beiden Supermächte ihren Schützlingen im Süden Unterstützung in Form von Spenden und von Militärhilfe. »(Jene) Epoche scheint vorüber, als die USA mit Hilfe des MAP (Military Aid Program) Südostasien mit großen Mengen von Kriegsmaterial überschütteten; als Volkschina den Nordvietnamesen und den revolutionären Bewegungen in der ganzen Welt Waffen, und das zumeist unentgeltlich, überließ; als die Sowjetunion ihre Verbündeten in der Dritten Welt zu Vorzugsbedingungen massiv mit Ausrüstungen belieferte. Von jetzt an werden Waffen nicht mehr verschenkt, oder zumindest immer seltener. Sie werden verkauft, ohne daß dabei notwendigerweise politische Bedingungen entscheidend sind.«[4] In den wichtigsten waffenproduzierenden Ländern treten an die Stelle zwischenstaatlicher Abkommen kommerzielle Verträge. In diesem Prozeß sind die USA, Frankreich, China, Indien verwickelt, und seit neuestem auch die Sowjetunion. Rüstungsgüter werden zu einem Exportartikel »unter anderen«. Es waltet die Logik des Außenhandels, nicht die der Außenpolitik. »Diese kommerzielle Entwicklung gibt den Staaten der Dritten Welt eine größere Freiheit bei der Wahl ihrer Zulieferer. Sie sind weniger abhängig von den Schutzmächten, an die sie politisch gebunden waren.«[5]

Zum Transfer von Nord nach Süd kommt immer häufiger die Produktion und Vermarktung von Waffen von Süd nach Süd. China, Brasilien, Indien sind große Rüstungsexporteure. Zur Zeit ist dieser Süd-Süd-Handel begrenzt (immerhin aber machte er 1984 14,1 Prozent des Weltrüstungsexports aus), die Experten erwarten jedoch eine Expansion dieses Handels »gemäß der Logik eines Industrialisierungsprozesses, innerhalb dessen die Rüstung nur einen Aspekt bildet«. Man muß betonen, daß diese aus dem Süden stammenden Erzeugnisse auf einem technisch niedrigen Stand sind. Doch für die Guerillas ist diese schlichte, leicht handhabbare, plumpe Bewaffnung ausreichend.

Der Markt für diese leichten Waffen ist heute weitgehend geöffnet. Die verschiedenartige Herkunft der Ausrüstungen, die dominierende kommerzielle Logik machen jede Organisierung und erst recht jedes Ausüben von

Zwang unmöglich. Guerilla, Bürgerkrieg, Aufstand, das sind Aktivitäten, die von jetzt an jedermann offenstehen. Man wundert sich fast, daß es Leute gibt, die darauf noch immer verzichten ...

Und schließlich schreitet auch die ökonomische Autonomie der Rebellenbewegungen voran. In den achtziger Jahren hatten die weitgehend auf internationale humanitäre Hilfe angewiesenen Guerillabewegungen ihre Kriegswirtschaft auf der Basis der Flüchtlingslager errichtet. Isolierte Guerillas, die gezwungen waren, auf Kosten einer repressiv niedergehaltenen Bevölkerung zu leben, wurden alsbald denunziert und enthauptet. Das Mißgeschick Che Guevaras und seiner Nachfolger bewies es.

Heute hat sich die Lage ins Gegenteil verkehrt. Die großen, um einen humanitären Fluchtpunkt zusammengeschlossenen Guerillabewegungen werden immer seltener, und die internationale Gemeinschaft zeigt immer weniger Eifer, sie zu unterstützen. Im Gegensatz dazu haben die isolierten Guerillabewegungen zugleich ihre politische und ihre ökonomische Autonomie gewonnen. Da diese Bewegungen niemandem Rechenschaft schulden, brauchen sie sich keine Skrupel aufzuerlegen: sie können Massaker verüben, offenen Terror einsetzen, ohne irgend jemandem in seinem Ruf zu schaden. Diese Methoden erlauben ihnen, eine Wirtschaft des Beuteraubs zu errichten, gegründet auf Erpressung, Diebstahl, Überfälle auf zivile Konvois. Auch in dieser Hinsicht bildet der »Leuchtende Pfad« die Vorhut. Auch die Verbindung mit rein kriminellen Gruppen, besonders Rauschgifthändlern, wird nicht länger verschmäht. Angesichts dieser Entwicklungen fängt man an, den stolzen Internationalisten von einst nachzutrauern, die zwar auch vor Untaten nicht zurückschreckten, jedoch immer unter der Voraussetzung der Diskretion. Niemals hätten sie es riskiert, die internationale revolutionäre Bewegung durch offene Anwendung krimineller Methoden zu beschmutzen.

Mit einer maßgeschneiderten Ideologie, mit Waffen nach Belieben, mit einer Wirtschaft des Beuteraubs kann sich heute fast jeder die bewaffnete Rebellion leisten. Die gegenwärtige Zunahme von Gewalt und von Konflikten hängt nicht mit der Vermehrung der Streitursachen oder Rivalitäten zusammen: an denen hat es niemals gefehlt. Die Kämpfe um die Macht, ob sie nun eine ethnische, religiöse, nationale, revolutionäre Ausdrucksform annehmen, ob es sich um Sezessionskriege oder zivile Aufstände handelt, rühren allesamt von älteren Antagonismen her. Nur eine Sache hat sich verändert: Die beiden Allerhöchsten, der sowjetische und der amerikanische, zertrampeln diese Samenkörner lokalen Konflikts nicht länger. Auf dem verödeten Gelände schießt das Unkraut ungehemmt in die Höhe.

Auch in dieser Beziehung folgen Nord und Süd radikal auseinanderstrebenden Wegen. Der Norden schreitet zu Wiedervereinigungen, zu neuen ökonomischen und politischen Integrationen, kurz, er tut das, was Toynbee als den revolutionären Übergang von der Vielzahl zur Einheit bezeichnet. Der Süden hingegen wird von unzähligen Rissen durchzogen; immer kleinere Gemeinwesen, die als tribal, religiös, revolutionär oder alles mögliche andere zu identifizieren sind, treten in den bewaffneten Konflikt mit Zentralgewalten ein. Die Raub- und Beutewirtschaft, die auf individueller Stufe bei den im Elend lebenden Massen des Archipels vorherrscht, gewinnt dann die Wucht einer organisierten und kollektiven Gewalt.

Selbstverständlich hängt die Zunahme von Beuteraub und Elend eng miteinander zusammen. Tacitus sagt in seiner Schilderung der Germanen: »Mit Schweiß verdienen, was man durch Blut erwerben kann, gilt bei ihnen als Feigheit und Faulheit.«[6] Die Alternative besitzt Geltung in beiden Richtungen: Wir werden sehen, daß viele Menschen im Süden das, was sie heute durch Blut zu erwerben beschließen, niemals mit Schweiß hätten erlangen können.

6

Das Heil durch den Hamster

*Eine Stadt, eine Landschaft, das ist von
fern eine Stadt, eine Landschaft; doch
wenn man sich ihr nähert, dann sind es
Häuser, Bäume, Dachziegel, Gräser,
Ameisen, Ameisenbeine, und endlos so
fort. All das wird von dem Substantiv
Landschaft umhüllt.*

Pascal, *Gedanken*

Keine Wissenschaft »umhüllt« im Pascalschen Sinne die
Dinge mehr als die Ökonomie. Wenn man schreibt: USA,
Bruttoinlandprodukt pro Einwohner: 18 300 US-Dollar;
Malawi, Bruttoinlandprodukt pro Einwohner: 160 US-
Dollar – dann will man scheinbar aussagen, daß die USA
und Malawi verschieden sind, weil sich ihr Bruttoinlandprodukt pro Einwohner unterscheidet. Doch zugleich
trifft man die Aussage, daß sie ähnlich, weil vergleichbar
sind. Die Ökonomie drückt die Unterschiede in Form
quantitativer Differenzen aus, aber sie bescheinigt impli-
zit, daß das Sein in zwei verglichenen Gemeinwesen das
gleiche ist. Auf diese Weise umhüllt, sind Malawi und die
USA zwei Objekte ungleicher Dimension, aber gleicher
Natur. Man wird sagen, das eine sei weiter fortgeschritten
als das andere, wobei vorausgesetzt wird, daß sie sich
beide auf ein und derselben Geraden befinden, daß also
das eine mit der Zeit das andere »einholen«, seinen Rückstand schließen kann. Ist man der Ansicht, das Bruttoinlandprodukt pro Einwohner sei ein Index der Entwicklung, kann man das relative Verhältnis beider Länder in
der Aussage zusammenfassen, daß das eine entwickelt und
das andere unterentwickelt ist. Doch anstelle dieser stati-
schen Formulierung wird in der Regel lieber die Bewegung

betont, welche deutlicher den zeitweiligen Charakter des Abstands bezeugt: man spricht dann von einem in Entwicklung befindlichen Land oder, noch optimistischer, von einem Entwicklungsland.

Seit dem Zweiten Weltkrieg kennen wir ohne Frage kein anderes Götzenbild von so universeller Geltung: Die quantitative Betrachtung der Ökonomie ist die höchste Umhüllung der Realitäten in der Welt. Die Organisation der Vereinten Nationen ist gänzlich seinem Kult geweiht. Vermittels eines unermeßlichen vielsprachigen Schrifttums produzieren die UNO und ihre Spezialinstitutionen unablässig Bewertungen der relativen Wirtschaftsleistungen der verschiedenen Staaten. Innerhalb dieses planetaren Entwicklungswettlaufes ist es jederzeit möglich, die Position der Malediven in Relation zu England, die des Jemen im Vergleich mit den Niederlanden festzustellen.

Dieser Umhüllung wohnt nicht allein die Kraft inne, ungleiche Länder zu vereinen: sie ist auch der einzige Punkt, in dem die gegnerischen Ideologien sich begegnen. Zwischen Liberalen und Marxisten, Modernisierungs- und Dependenztheoretikern, Verfechtern der ausgeglichenen oder der unausgeglichenen Entwicklung mag totale Nichtübereinstimmung bezüglich der Mittel und der Strategien herrschen. Von allen aber wird als mindestes die Notwendigkeit der ökonomischen Umhüllung eingeräumt, um die Resultate bewerten zu können, das heißt, um die fortgeschrittene oder zurückgebliebene Position eines jeden zu bestimmen. Unter diesem Blickwinkel ist Marx der Konkurrent von Adam Smith und nicht sein Verneiner: Er will »anders« vorgehen, aber einzig in der Hoffnung, es besser zu machen, das heißt, mehr zu erzielen. Die Wirtschaftswissenschaft und ihre Statistiken haben sich durchgesetzt. Jede allzu detaillierte Analyse indes verliert ihre universelle Geltung. Allein die großen Bezugsdaten erlauben den internationalen Vergleich, und das begehrteste, positivste unter ihnen bleibt der Produktionsindex, das heißt die »Wertschaffung«.

Die sozialistischen Staaten sollten zu glühenden Anhängern dieser ökonomischen Einhüllung werden: mehr als alle anderen haben sie der Religion der Millionen Tonnen geopfert. Als Chrustschow 1959 erklärte, daß die Sowjetunion in zwanzig Jahren die USA einholen und dann überholen würde, bewies er seinen Respekt vor den Wirtschaftsstatistiken und akzeptierte den Wettstreit auf diesem Terrain.

Wir sind es gewohnt, in diesem allgegenwärtigen Ökonomismus zu leben: er erscheint als natürlich. Und niemandem fällt es ein, sich darüber zu wundern, daß der ganze Planet, die Gesamtheit der neuen, nach dem Ende der Kolonialherrschaft entstandenen Staaten die universellen Ziele der Entwicklung übernommen hat: Güter erzeugen; ihren Austausch, ihre Verteilung, ihren Konsum gewährleisten; am internationalen Finanzsystem teilhaben. Der westliche Produktivismus hat sich auf die ganze Welt ausgedehnt. Der Marxismus (in seinen verschiedenen Formen) war weit davon entfernt, sich ihm entgegenzustellen, er hat vielmehr dazu beigetragen, ihn zu propagieren, indem er weltweit dieselben Ziele predigte, lediglich mit dem Unterschied, daß er sie auf einem anderen Weg erreichen wollte.

Die Dritte Welt sollte ihre Existenz, ihre Definition, ja sogar ihren (von A. Sauvy gegebenen) Namen in der ökonomischen Umhüllung finden. Als der Süden in den fünfziger Jahren auf den Plan tritt, liegt auf der Hand, daß er politisch inexistent ist. An die Stelle der Zweideutigkeiten und schließlich des Scheiterns der Nichtpaktgebundenheit tritt das robuste ökonomische Konzept der Unterentwicklung. Mangels Einheit findet der Süden darin seine Einordnung: manche Länder erweisen sich als weiter fortgeschritten, vielversprechender, bei anderen häufen sich die Handikaps. Es ist das Zeitalter der Wunder. In Buenos Aires oder São Paulo kann man heute Wissenschaftlern, Bankiers, Geschäftsleuten begegnen, die in den sechziger Jahren aus Europa ausgewandert sind und sich auf dem Kontinent niedergelassen haben, der sich als Eldorado ankündigte. Sie sind heute zumeist schlecht bezahlt, enttäuscht und verbittert. Infolge der politischen Instabilität und der Erdölkrise sind die Wunder weniger zahlreich eingetreten als erwartet wurde. Die Skala der ökonomischen Zuordnung hat sich verbreitert. An der Spitze kommen diejenigen, die Sophie Bessis die »offiziell von einem Wunder ereilten Länder«[1] nennt, jene, die den ursprünglichen Hoffnungen gerecht wurden. Es sind nicht sehr viele: Südkorea, Taiwan, Singapur. Ihnen folgt in größerer Streuung die Gruppe der Schwellenländer, erdölproduzierende und nicht erdölproduzierende; und schließlich, ganz am Ende des Zuges, die wachsende Masse der am wenigsten entwickelten Länder, der LLDC (*least developed countries*). Es ist nicht mehr das Konzert der Nationen, es ist ihr Defilee. Die Köpfe blicken alle in dieselbe Richtung, nach vorn, zum Fortschritt, wo weit voraus die sieben führenden Industrieländer marschieren. Die letzten empfehlen sich der Fürsorge der ersten; jedes bewundert die Leistungen seiner eigenen Schützlinge. Es gibt die Geschichtslosen, die langsam, aber regelmäßig voranschreiten, die Zerbrechlichen, die unablässig zusammenzubrechen drohen, die Kriegerischen, die sich mit ihren Nachbarn schlagen, die Gedemütigten, die auf Knien rutschen und von Almosen leben. Aber alle, jawohl alle, marschieren in derselben Richtung.

Diese universelle Einhüllung in die Ökonomie läßt gewissen Raum für Kontroversen. Die Dritte-Welt-Theoretiker behaupten, daß »die Kluft tiefer wird«, daß also die Spitzenländer schneller voranschreiten und die letzten, die proletarischen Nationen, für die Kosten einer Weltordnung aufkommen, die von wirtschaftlicher Herrschaft und Ausbeutung gekennzeichnet ist.[2] Auf der Gegenposition stehen Liberale vom Typ der Héritage Fondation, die behaupten, daß »das Niveau im Ansteigen« ist. Sie vergleichen Wirtschaftsdaten und behaupten, die letzten Jahrzehnte seien die »dreißig ruhmreichen Jahre der Dritten Welt« gewesen. Von 1950 bis 1973, so erklären sie, ist das reale Bruttosozialprodukt pro Einwohner in der Größenordnung von jährlich drei Prozent gewachsen (seit 1973

130

sollen es etwa zwei Prozent sein). Sie folgern daraus, daß in den Ländern des Südens seit 1950 eine Verdoppelung des Lebensstandards eingetreten ist. Sie kündigen die »Revanche« der Dritten Welt an, das Anwachsen ihrer Stärke.[3]

In den achtziger Jahren hat diese optimistische, gegen die Dritte-Welt-Theorien gerichtete Sicht durch die Neu-belebung liberalen Denkens im Zuge der konservativen Revolution Amerikas einen offensiven Auftrieb bekommen. Die Debatte ist zur heftigen Kontroverse geworden. Die Dritte-Welt-Theoretiker verteidigten sich lautstark, sie bestritten die Zahlen und die Argumentation derer, die »die Revanche der Dritten Welt« priesen. Doch trotz ihrer starken Meinungsverschiedenheiten akzeptierten es die Widersacher, sich auf ein gemeinsames Terrain der Öko-nomie zu begeben, erkannten damit deren Geltung an.

Niemand wäre es eingefallen, zu erklären, daß die quanti-tative Betrachtungsweise bei diesen Ländern keinen Sinn habe, daß die ökonomische Umhüllung nicht gerechtfer-tigt sei.

DIE DDR: DAS LABORATORIUM DER HOCHSTAPELEI

Seltsamerweise waren es die Ereignisse in Osteuropa nach dem sowjetischen Rückzug, die diesem universellen Öko-nomismus den gewaltigsten Schlag versetzen sollten.

Wenn die Leute aus dem Westen in die befreiten Volks-demokratien und in die Sowjetunion der Perestroika kom-men, dann werden sie unmittelbar feststellen können, was ökonomische Resultate von Ländern unterschiedlicher Struktur bedeuten. Die bei dieser Gelegenheit gemachten Entdeckungen sind verwirrend. Nehmen wir etwa das Bei-spiel der beiden Deutschland, die beide das Schaufenster ihres jeweiligen politischen Blocks waren. Die DDR erschien als ein Land in guter Position. Ihre ökonomischen Ergebnisse, ausgedrückt in den üblichen Bezugsdaten, wiesen gute Leistungen aus, vor allem in der Produktion.

Die Wirtschaftsexperten des Westens vermeinten, sich diese Stärke zuschlagen zu können, das heißt, sie entweder einfach zu der der BRD zu addieren, mindestens aber beide industriellen Apparate verschmelzen und wechselseitig stärken zu können. Sie erlebten große Enttäuschungen: Beide Systeme waren in ihrem Wesen so unterschiedlich, daß jeglicher Vergleich sinnlos wurde. Ein Fall unter mehreren: Die Manager von Mercedes-Benz hatten gehofft, DDR-Fabriken in ihr eigenes Produktionsnetz zu integrieren, doch sie fanden Standorte mit so großer Umweltbelastung vor, derart veraltete Anlagen, derart unqualifiziertes Personal und eine so unterschiedliche Betriebsführung, daß jegliche Weiterverwendung der Ausrüstung unmöglich war. Es schien besser, an anderem Ort, bei Null angefangen, etwas Neues aufzubauen. Die Einschätzung der »Entwicklung« der DDR, so wie sie sich aus den Wirtschaftsdaten der kommunistischen Periode ergeben hatte, war schlicht und einfach inhaltslos. Die Sowjetunion, die laut offiziellen Statistiken im Wettstreit mit den USA lag, zeigte, sobald sie ihre Pforten öffnete, welchen tatsächlichen Schiffbruch sie erlitten hatte. Die bis zu Andropow praktizierte ökonomische Umhüllung hatte ihn vor der Welt mit Erfolg verborgen.

Wenn das Wesen der Systeme gar zu verschieden ist, dann verliert der ökonomische Vergleich seine Berechtigung. Sicherlich kann man eine Produktion mit einer anderen, ein Defizit mit einem zweiten vergleichen. Aber daraus läßt sich kein Gesamturteil ableiten. Entwicklungsstufen kann man nur bei struktureller Ähnlichkeit bewerten.

Doch zu dem Zeitpunkt, wo diese Feststellung in Osteuropa getroffen wird, verliert sie dort gerade ihre Geltung. Die Öffnung zur Marktwirtschaft, der Ausstieg aus dem Kommunismus, die Integration der Produktions- und Austauschmethoden und Tendenzen führen in Osteuropa zu einer raschen Angleichung der Systeme an den Westen. Wenn diese Umwandlung abgeschlossen ist, dann wird man allerdings durchaus berechtigt diese Wirtschaften im

Verhältnis zu den westlichen in eine »Umhüllung« kleiden und sie einschätzen können.

Den Universalismus der Entwicklung in Frage zu stellen, den Terror der aus unterschiedlichen Systemen abgeleiteten Zahlen zu kritisieren – das ist jetzt in bezug auf den Süden nötig.

Nehmen wir zum Beispiel den Fall der Musterschüler, jener Länder der Dritten Welt, die ein hohes Wachstum des Bruttosozialprodukts pro Kopf vorzuweisen haben, die produzieren, exportieren und sich in raschem Tempo »entwickeln«. Sie machen derzeit eine ernste Krise durch, was ihr Selbstvertrauen betrifft. Diese Krise hängt zunächst einmal mit der Rezession, dem quantitativen Rückgang der Wirtschaftsresultate in diesen Ländern zusammen: die Bruttoinlandprodukte Brasiliens und Argentiniens sind 1990 um vier bzw. sechs Prozent gesunken. Allenthalben treten die Musterschüler mit dem Wachstum auf der Stelle. Aber über diese konjunkturellen Rückschläge hinaus ist die Entwicklung dieser Länder auch in einer tieferen Schicht in Frage gestellt. Ihr wirtschaftlicher Erfolg erscheint gegründet auf einem Mißverständnis, auf offenkundigen Widersprüchen. Den Beweis dafür liefert Brasilien. Dieses Land hat seit dem Getulismus* auf der Basis einer zweifachen Religion, der der Produktion und der des Protektionismus gelebt. Produzieren ist zu einer wahrhaften Obsession geworden, die alles andere überdeckt, besonders die Fragen der Finanzierung und des Marktes. Diese Politik hat statistisch hervorragende Ergebnisse gezeitigt. Brasilien ist auf dem Gebiet der Produktion ein Schwergewicht. Aber da kein dieses Namens würdiger Binnenmarkt aufgebaut worden ist, bildet die Produktion kein Stimulans für eine wirkliche Entwicklung. Sie wird weitgehend exportiert, was die scheinbaren wirtschaftlichen Leistungen sogar noch verbessert,

---

* Getulio Vargas führte Brasilien von 1930 bis 1954 (mit einer kurzen Unterbrechung nach dem Krieg). Der Getulismus ist eine sonderbare Mischung aus Populismus und Opportunismus, welcher seinen Erfinder nach einem Flirt mit den europäischen Faschismen dazu brachte, sich 1942 auf die Seite der USA zu schlagen.

aber im Kontrast zur extremen Armut des größten Teils der Bevölkerung steht.

Auch der Protektionismus ist eine Entwicklungsoption, für die manches spricht: ihr liegt der Gedanke zugrunde, der nationalen Produktion Vorteile einzuräumen, lieber im Lande mit Lizenz zu bauen als zu importieren, und zur Selbstversorgung vorzustoßen. Im Energiesektor hat der Alkohol-Plan es ermöglicht, die Abhängigkeit vom Erdöl zu verringern und eine Verwendung für das Zuckerrohr zu finden, nachdem es zu Treibstoff verarbeitet ist. All das hört sich auf dem Papier sehr gut an und erlaubt, ins Horn zu stoßen und ökonomische Weltspitzenleistungen zu verkünden. Doch nach der Wahl von Präsident Collor de Melo im November 1990 hat die brasilianische Regierung einen anderen Ton angeschlagen.[4] Sie war gezwungen, die Grenzen, ja den Bankrott dieser Prinzipien einzugestehen. Unter dem Vorwand, seine nationale Produktion zu entwickeln, hat Brasilien technologische Rückstände angehäuft und Erzeugnisse von mittelmäßiger Qualität produziert. Der Alkohol-Plan hat die energetische Abhängigkeit des Landes nicht wesentlich vermindert, aber − und dies ist sein ernsthafter Nachteil − den Zuckerrohranbau künstlich wiederbelebt. Diese archaische, latifundistische Produktion ist eines der Haupthindernisse für eine Modernisierung der Landwirtschaft, besonders im Nordosten. Sie hält im Elend vegetierende Massen von Zuckerrohrschnittern in einem Zustand der Halbsklaverei. Dieses Programm ist auf längere Sicht zum Scheitern verdammt, doch die Wandlungen auf dem Lande werden um ebendiese Zeit verzögert. Vor allem ist zu erkennen, daß die Religion der Produktion ein finanzielles Desaster (stetige Zunahme der Staatsverschuldung, Inflation, unkontrolliertes Haushaltsdefizit) sowie ein Anwachsen der sozialen Ungleichheit verbirgt, durch die mehr als die Hälfte der Bevölkerung aus dem Wirtschaftsleben ausgeschlossen bleibt. Brasilien ist eines der frappierendsten Beispiele für ein Wachstum ohne Entwicklung, das heißt dafür, daß zwischen dem Urteil, das man aufgrund der ökonomischen »Umhüllung« treffen kann, und dem, das auf der sozialen Realität basiert, ein Gegensatz aufklafft.[5]

Die Aufdeckung dieses Gegensatzes ist sehr viel beunruhigender als die bloße Feststellung einer konjunkturellen »Krise«. In jenen Ländern herrscht ein so starker ökonomischer Dualismus zwischen dem offiziellen Sektor und der informellen, der Schattenwirtschaft, daß jede Quantifikation nur partiell sein kann: sie erfaßt nur einen Sektor, den modernen, sichtbaren, und vernachlässigt das Wesentliche. In Staaten, wo die Regierung das Wirtschaftsleben unzureichend kontrolliert, wo ganze Regionen sich jeglicher Staatsgewalt entziehen, wo die Mehrheit der Bevölkerung vom informellen Sektor lebt, widerspiegeln die ökonomischen Variablen nur einen begrenzten Teil der vor sich gehenden Prozesse. Die »Entwicklung« vermag nicht in diese Hülle einzugehen, und die Gesellschaft bringt sich den Anbetern der Ökonomie in Erinnerung: In allen Musterländern, die als Modell aufgebaut wurden, können jederzeit heftige Konvulsionen den Zahlenoptimismus Lügen strafen. Der Iran hat zu keiner Zeit so gute wirtschaftliche Ergebnisse verzeichnet wie während der Periode unmittelbar vor der Revolution. Der Schah hatte ein Programm der internationalen Kooperation gebilligt, und das Land gewährte europäischen Ländern Darlehen. Der politische Umsturz hat bald nach den pompösen Feierlichkeiten von Persepolis gezeigt, daß zwischen den von den Wirtschaftsdaten eingehüllten amtlichen Erfolgen und dem sozialen Zustand des Landes eine tiefe Kluft bestand. Solche bedrohlichen Schatten zeigen sich hinter der glänzenden Fassade der Zahlen fast überall. Argentinien und Brasilien erleben eine explosive soziale Situation. Das algerische Modell versinkt in gewalttätigen Protesten; die Elfenbeinküste befindet sich am Rande eines gefährlichen politischen Übergangs; Indien wird von ethnischen Auseinandersetzungen zerrissen, sein Bevölkerungswachstum ist außer Kontrolle.

Gestern waren all diese Länder trotz ihrer unterschiedlichen sozialen Realitäten von der Mythologie der Entwicklung umhüllt. Heute wird durch die Ökonomie nichts mehr zusammengehalten. Allein aufgrund ihrer sozialen Entwicklungen kann man diese Länder nebeneinanderstellen: unkontrolliertes Bevölkerungswachstum, Bildung von Archipelen des Elends, Makrozephalismus der Mammutstädte, ökologischer Ruin, Ausbreitung des informellen Sektors, Migrationsschub in Richtung Norden. Die universelle Übereinstimmung über produktivistische Zielstellungen, mit denen das westliche Modell nachgeahmt wird, ist in bezug auf die Musterschüler zerbrochen. Es wird immer deutlicher, daß Wirtschaftswachstum auch Mängel zeitigt, und sogar große Gefahren. Bei mehreren Gelegenheiten ist eine tropische Pathologie des Wirtschaftswachstums zutage getreten. Die von den dreißig ruhmreichen Jahren am tiefgreifendsten veränderten Länder sind zugleich die instabilsten, die explosivsten. Die Menschenmassen in den Städten sind dort am größten und gestalten die politische Situation prekär. Der Staat kann in die Hand aufständischer Kräfte geraten, wie im Iran geschehen. Fortschritt, industrielle Stärke, Rüstung können von Leuten benutzt werden, die vom Haß auf den Fortschritt und auf den westlichen Ökonomismus getrieben sind. So daß am Ende dieser dreißig Jahre Evolution die ökonomische Entwicklung vermittels einer eigenartigen Mißbildung die Voraussetzungen und die Waffen zu ihrer eigenen Vernichtung hervorgebracht hat.

Mikroprojekt, Makro-Gleichgültigkeit

Betrachtet man nunmehr die LLDC, die Klassenletzten, so lassen sich mit Blick auf sie keineswegs bessere Argumente für den Ökonomismus anführen. Die Mythologie der Entwicklung befindet sich auch hier in der Krise, wenn auch auf andere Weise. Zum Zeitpunkt der Welle von Unabhängigkeitserklärungen in den sechziger Jahren war für sie Entwicklung ein langfristiges Ziel, das jedoch erreichbar erschien. Allenthalben herrschte Optimismus.

136

Man konnte zwar Tag und Stunde nicht genau benennen, doch mit der politischen Freiheit würde jedenfalls rasch das Ende der Zeiten von Elend und Pein anbrechen. Es begann das Warten darauf, und nichts brach an. Schließlich gestanden die internationalen Organisationen und die Regierungen ein – gleich dem heiligen Paulus, der den ersten Christen erklärte, der Weltuntergang werde sich möglicherweise verzögern, und sie müßten sich unterdes organisieren –, daß sie ihre allzu weitreichenden und für allzu rasch realisierbar gehaltenen Ambitionen einschränken müßten. Die pharaonischen Projekte, die großen Industriekomplexe, die gewaltigen Staudämme kamen recht schnell in Verruf. Ebenso wurden allgemeine und termingebundene Ziele wie etwa »Gesundheit für alle im Jahr 2000«, wie es die WHO auf der Konferenz in Alma-Ata vorschlug, oder die von der UNESCO verkündete »Neue Weltordnung der Information« usw. recht bald wieder eingepackt.

Von diesen gar zu weitgespannten Perspektiven ist man zu einem alltäglicheren, bescheideneren Maßstab übergegangen: Der neue Kult gilt dem Kleinst- oder Mikroprojekt. Das Wort wirkt in der Welt der Entwicklung wie ein Zaubertrank. Unter Mikroprojekt versteht man eine punktuelle, zeitlich begrenzte Intervention, die auf Anforderung und unter Beteiligung einer genau bestimmten Gemeinschaft (Dorf, landwirtschaftliche Kooperative, Stadtteilkomitee, Einwohnerverband usw.) realisiert wird.

Das Mikroprojekt ist nach Menschenmaß gemacht, einer Formulierung zufolge, die Bernard Holzer, der Präsident des Komitees gegen Hunger und für Entwicklung mit dem griechischen Philosophen Plato teilt. Diese Bescheidenheit des Handelns stellt jedermann zufrieden: Die über geringe Mittel verfügenden privaten Organisationen gelten zu Recht als die Erfinder des Mikroprojekts; sie sind stolz darauf, daß auf diesem Felde andere sich ihnen angeschlossen haben. Die großen internationalen Organisationen finden im Mikroprojekt eine Abhilfe dagegen, daß sich ihre Aktionen angesichts des Umfangs und der Unbeweglichkeit ihrer bürokratischen Apparate in nichts auflösen. Der Berg kreißt und gebiert vielleicht nur ein Mäuslein, aber das Mäuslein ist jedenfalls sichtbar.

Mit dieser zum System erhobenen Bescheidenheit kann man Erstaunliches erleben. Ich habe in Brasilien eine Delegation des französischen Außenministeriums empfangen, die gekommen war, um sich ein Urteil zu bilden über unsere agronomische Entwicklungshilfe in den Trokkengebieten des Nordostens. Es war eine imposante Delegation. Zwei Experten waren aus Paris herbeigejettet; eine diplomatische Abordnung aus Brasilia bildete ihre Begleitung. Mit einem eindrucksvollen Konvoi von Geländewagen sind wir zum (entlegenen) »Projektort« gefahren. Die Ortskräfte erwarteten uns in fieberhafter Aufregung. Eine erste vierstündige Arbeitssitzung fand noch am selben Abend im Hotel statt. Man erläuterte uns, weshalb das, was zehn Jahre lang in dieser Gegend getan worden war, nicht das Richtige war, und welche Neuorientierung das Team seit zwei Jahren eingeleitet hatte. Am nächsten Morgen brach der Konvoi zu früher Stunde inmitten eines Staubwirbels zum »Projektort« auf. Nach einem neuerlichen Briefing in praller Sonne steigen wir abermals in die Autos und gelangen schließlich in ein ärmliches Dorf des Sertão, die Hütten bestehen aus Brettern und Lumpenfetzen und sind von Gärtchen umgeben, in denen große grüne Kakteen wachsen, reihenweise angelegt wie Tomatenbeete. Lautes Zuklappen von Autotüren, alles schart sich um etwas zusammen, das ich nicht erkennen kann. Ein Bauer mit dem Hut in der Hand fängt an, seine Lektion herzubeten. Ich vernehme nur Satzfetzen: »... aus dem Fell werden wir Handtaschen machen ... die können wir verkaufen ... das Fleisch ist eßbar ... Proteine ... zur Zeit sind es nur zwei, aber ein Männchen und ein Weibchen ...« Ich vermochte nicht zu erkennen, welchem Gegenstand das bewundernde Raunen der Zuhörer galt. Die Experten nickten beifällig mit dem

Kopf. »... Gesunder Bauernverstand ... das ist ein wirkliches Mikroprojekt ...« Schließlich konnte ich, auf die Zehenspitzen gereckt und mich mit den Ellbogen nach vorn arbeitend, in einem schäbigen Gitterkäfig ein unglückliches, verschrecktes Hamsterpärchen erkennen, die Mikrohelden des Mikroprojekts. Offenbar jedoch eine große Hoffnung für den Nordosten Brasiliens.

Man wird einwenden, ich sei ungerecht. Die experimentelle Einführung neuer Arten ist das Ergebnis eines kohärenten und zweifellos nutzbringenden Nachdenkens über die landwirtschaftlichen Probleme der Region. Zumeist sind die Mikroprojekte übrigens effektvoll: der Bau kleiner Wehre, das Graben von Brunnen, die Sanierung von Wasserstellen, die Einrichtung von Dorfapotheken — das alles bringt unbestreitbar Nutzen. Die Dimension, die ich an dieser Religion des Mikroprojekts hervorheben möchte, das ist die Resignation. Ich kenne praktisch kein Beispiel eines derartigen Programms, das nicht den Platz einer nicht funktionierenden, feindselig gesinnten oder korrupten lokalen Behörde einnehmen mußte. In der ausgedörrten, verödeten Nordregion von Burkina Faso hat ein Verein Dorfapotheken aufgebaut. Er hält sie in Betrieb, mit der einzigen Schwierigkeit, daß er dabei gegen den Vertreter des Gesundheitsministeriums ankämpfen muß. Nicht nur, daß dieser Beamte seine Arbeit nicht tut — sie besteht darin, die gesundheitliche Versorgung der Region sicherzustellen —, er verkauft auch die Medikamente weiter, mit denen der Verein die Dorfapotheken ausstattet. Das Mikroprojekt funktioniert innerhalb der vom lokalen Netzwerk der Korruption freigelassenen Maschen. Es umgeht dieses Netz oder zahlt ihm einen Tribut, um sich seine Ruhe zu erkaufen. Das Mikroprojekt ist eine Methode, die politischen oder ökonomischen Mißbräuche nicht zu korrigieren, sondern zu kompensieren.

Man kann behaupten, daß die Entwicklungshilfe in den ärmsten Ländern heute nicht mehr die Entwicklung zum Ziel hat. Sie hält sich aus den politisch-ökonomischen Prozessen heraus und interveniert auf zwei Ebenen: die erste, ganz unten angesiedelt, ist das Mikroprojekt, mit dem allem zum Trotz versucht wird, die Mangelerscheinungen des Landes zu kompensieren und der Bevölkerung zu helfen. Die Betreiber des Mikroprojekts bleiben unpolitisch und weigern sich, in weitere Ferne und nach weiter oben zu blicken; sie handeln lokal und im Jetzt und versuchen die Korruption auszutricksen. Die andere Ebene, ganz oben, ist die makroökonomische Hilfe, mit der die staatlichen Programme finanziert werden, entweder vorab (Entwicklungszusammenarbeit) oder im nachhinein, durch Streichung von Schulden oder regelmäßige Umschuldung.

Zwischen diesen beiden Ebenen bietet die Entwicklung der LLDC Anlaß zu Skepsis und Verzweiflung. Die Zahl dieser Länder wächst, und ihre wirtschaftliche Lage erweckt immer größere Besorgnis. Ihr Anteil am Welthandel geht zurück; die Tauschbedingungen für die von ihnen exportierten Rohstoffe verschlechtern sich regelmäßig. Infolge ihrer politischen Instabilität gestalten sich industrieller Transfer und Investitionen auf ihrem Territorium immer schwieriger. Die Erdölkrisen haben sie als erste getroffen.[6] Die Mehrzahl der LLDC sieht ihren ökonomischen Rückstand wachsen und die Perspektive der Entwicklung in weitere Ferne rücken. Doch auch hier zeigen sich die Grenzen ökonomischer Umhüllung. Denn diese bankrotten Länder überleben. Die mit ihrem Studium befaßten Soziologen und Historiker weisen darauf hin, daß es sich, besonders in Afrika, traditionsgemäß um Gesellschaften handelt, in denen der Austausch und die Inbesitznahme von Reichtümern die produktiven Tätigkeiten bei weitem übertreffen. Unsere ökonomischen Kriterien für Entwicklung wären im Grunde ziemlich unpassend für diese Gesellschaften, die auf dem Beuteraub und der Zirkulation von Gütern beruhen. Was wir Korruption nennen, wäre lediglich einer der Aspekte dieser Wirtschaft ohne Produktion.

Aus diesen Gründen erleben wir, wie die Entwicklungsziele im produktivistischen, westlichen Sinne bei diesen

Gesellschaften quasi aufgegeben werden. Wir sind um so eher bereit, ihnen selbst die Durchführung ihres historischen Prozesses und ihrer wirtschaftlichen Strukturierung zu überlassen, als unsere strategischen und politischen Interessen in diesen Ländern immer mehr schwinden. Die Zusammenarbeit beschränkt sich darauf, Reichtümer hineinzubringen, damit der Mechanismus des Beuteraubs funktionieren kann und nicht auseinanderbricht. Sie tut das gewissermaßen von den beiden Enden her: auf der lokalen Stufe des Mikroprojekts und auf der globalen des Staates.

Jegliches Ansinnen auf eine dazwischen angesiedelte Intervention, eine erneute Infragestellung der ökonomischen Mechanismen, stößt auf gezieltes Sperrfeuer. In Frankreich hat das kurzlebige Experiment von Jean-Pierre Cot ausreichend vorgeführt, daß keine Rede davon sein konnte, zwischen der globalen politischen Zusammenarbeit (Domäne des Staatsoberhaupts) und dem Bereich des Mikroprojekts (Domäne der Subalternen aller Richtungen) eine wie auch immer geartete »Einmischung« zu dulden. Das Mißgeschick, das den Bericht von Stéphane Essel ereilte, der sich erkühnt hatte, einige Themen Cots erneut aufzugreifen, zeigt, daß sich die Situation durchaus nicht bessert.[7]

An der Oberfläche ist alles ruhig. Die Ozeanriesen der internationalen Hilfe und der Zusammenarbeit (Weltbank, Komitee für Entwicklungshilfe der OECD, UNICEF usw.) ziehen stumm ihren Kurs. Die Haushalte werden verlängert, die Programme fortgeführt, alles ist in schönster Ordnung.

Und trotzdem ist seit der Öffnung Osteuropas die kleine Welt der Entwicklung unruhig geworden. In der ersten Regung kam vor allem Furcht ums Geld auf. Angesichts der Investitionssummen, die im Osten erforderlich sind, war anzunehmen, daß die für den Süden bereitgestellten Mittel in gleicher Höhe vermindert würden. Der angelsächsische Vorschlag, unter der Rubrik »Entwicklungshilfe« auch die in die ehemaligen kommunistischen Staaten fließenden Summen zu führen, hat diese Befürchtungen verstärkt.

Rein finanziell gesehen scheint es tatsächlich so, daß die Öffnung nach Osten und mehr noch der Golfkrieg und die neuen Verteidigungsorientierungen zu Lasten der Hilfe für die Dritte Welt gehen sollen. Aber das ist gar nicht das Wesentliche. Die Krise ist nicht nur eine quantitative. In Frage gestellt ist nicht so sehr der Umfang der Hilfe als vielmehr ihr Prinzip. Die Öffnung nach Osten verlagert nicht nur Finanzmittel dorthin, die Gefahr ist schwerwiegender und tiefer: Mit diesen Ereignissen ist der universelle Mythos von der Wirtschaftsentwicklung geplatzt.

Zwei Weltreiche zeichnen sich ab. Einerseits der Norden, dessen Wirtschaftssystem in sich geschlossen ist (oder sich auf dem Wege zur Geschlossenheit befindet), er bietet die Voraussetzungen für eine wirkliche Entwicklung, das heißt eine Evolution analog der der fortgeschrittensten Länder. In dieser homogenen Welt ist die ökonomische Umhüllung möglich. Eine Einordnung Frankreichs im Vergleich zu Ungarn vorzunehmen, macht Sinn: selbst wenn beide Staaten noch durch vielerlei getrennt sind, trifft zu, daß beide sich in derselben Richtung bewegen.

Der Süden hingegen ist eine ganz andersgeartete Welt, deren ökonomische Parameter kein rechtes Bild vermitteln. Die Abstände zwischen Stadt und Land, zwischen Reichen und Armen, zwischen industrialisierten Zonen und Wüsten, all das nimmt der ökonomischen Bewertung der Entwicklung ihren Sinn. Hinter quantitativ »guten Resultaten« verbergen sich explosive soziale und politische Situationen. Die »schlechten Resultate«, wie sie die LLDC erzielen, sind paradoxerweise die Kennzeichen natürlicherer Evolutionen, der freien Strukturierung »andersartiger« Gesellschaften. Im Süden ist Entwicklung nicht immer wünschenswert: sie kann gefährlich oder nutzlos sein.

Das Ende der Mythologie der Entwicklung bedeutet nicht, daß der Süden sich selbst überlassen bleiben noch daß die internationale Zusammenarbeit aufhören wird.

Der Wandel vollzieht sich weder in den Aktionen noch in den Mitteln, sondern in den Denkweisen und wird sich somit sehr bald schon auch auf die Richtungen der Entwicklungspolitik auswirken.

Diese Politik wird von jetzt an weniger auf das Ziel der Förderung von ökonomischer Entwicklung im Süden hinlaufen als darauf, den politischen und sozialen Gefahren dieser Entwicklung vorzubeugen. Die Entwicklungshilfe wird zu einem Werkzeug im Dienste des Nordens: sie ist das Instrument der Stabilität im Süden, *trotz* der Entwicklung oder *ohne* sie.

JENSEITS DES MYTHOS VON DER ENTWICKLUNG

Claude Lévi-Strauss hat mitten im schönsten ideologischen Dogmatismus der sechziger Jahre »nebenbei« einen Gedanken geäußert, den sehr wenige Leute zur Kenntnis nehmen wollten: Die universelle Entgegensetzung von Marxismus und Liberalismus ist eine Art und Weise, der ganzen Welt das westliche Denken aufzuzwingen.[8] Heute, wo der Kalte Krieg in der Dritten Welt zu Ende geht, bestätigt sich diese Intuition auf glänzende Weise: das Ost-West-Gegensatzpaar hat dank seines angenommenen Antagonismus den Planeten »flächendeckend erfaßt«, so wie zwei konkurrierende, aber insgeheim miteinander verschworene Firmenmarken einen Markt abdecken. Wenn Sie USA nicht mögen, dann trinken Sie doch UdSSR; uns jedenfalls gehören beide. Die »Holding Nord« gewinnt das Spiel auf jeden Fall.

Der sozialistische Entwicklungsweg steht dem liberalen gegenüber? In beiden Fällen herrscht allenthalben derselbe Ökonomismus, dieselbe Ideologie von »Fortschritt« und »Rückstand«. Prosowjetische Kräfte kämpfen gegen prowestliche Armeen oder Guerillabewegungen? Es ist stets eine dem Süden fremde Logik, die den Konflikten übergestülpt ist und ihnen einen Sinn zuweist. Bei der Kontrolle des Bevölkerungswachstums stehen einander zwei Methoden gegenüber? Richtig, aber das Prinzip der Kontrolle wird von beiden Lagern gebilligt.

Weil wir ganz in unseren parteiischen Verblendungen — welcher Art auch immer — gefangen waren, wollten wir uns dieser Komplizenschaft nicht bewußt werden. Indem sie heute verschwindet, wird sie zugleich sichtbar, offenkundig, blendend deutlich.

Die Konfrontation von Ost und West in den Tropen hat aufgehört, aber weder der Osten noch der Westen hat gewonnen. Mit dem Schwinden ihres Einflusses kommt zum Vorschein, was sie so lange mit ihrem szenebeherrschenden Zweikampf verdeckt hatten: der Süden. Ein Süden, der weder dem einen noch dem anderen gegenübersteht, sondern dem, was ihnen gemeinsam ist. Ein Süden, in dem dreißig Jahre »Entwicklung« in ein und dasselbe Desaster umgeschlagen sind: die Entstehung der Archipele des Elends. Ein durch Konflikte zerrissener Süden, in dessen Tiefen neue weiße Flecke entstehen, unzugängliche *terrae incognitae*, die sich mit all ihren Dramen, von denen wir nichts wissen, in sich selbst abschotten. Ein Süden, dessen Bevölkerungswachstum das »europäische Profil« des Übergangs hartnäckig nicht zeigen will. Ein Süden, in dem es erneut zum reinen revolutionären Ausbruch kommt, befreit von den gutartigen Lösungen, die ihm der Marxismus aufgenötigt hatte. Und der sich die Technologie, die Rationalität, den Materialismus des Nordens zur Zielscheibe wählt. Seit der Ökonomismus, die universelle Religion der Zahl, all das nicht mehr in seine trügerische Einheit einzuhüllen vermag, zeichnen sich zwei Welten ab, die durch Gegensatzpaare gekennzeichnet sind: auf allen Gebieten, dem demographischen, ökonomischen, politischen, kulturellen, gibt es einen klaren Bruch zwischen dem Norden und dem Weltteil, der ihm mit den Merkmalen der neuen Barbarei entgegentritt.

Dieser Gegensatz ähnelt stark dem, den die Römer zwischen ihrem Reich und den Barbaren hergestellt hatten, und ist ein Beweis dafür, daß der Norden bei seiner Suche nach den Werten, durch die er sich definiert, weitgehend dem Zivilisationsgedanken treu bleibt, wie ihn Polybios auf Rom übertragen hatte. Die Barbaren werden als das Gegenteil dieses Ideals wahrgenommen.

Der erste der »griechisch-lateinischen« Werte ist die Einheit. Unter Einheit ist »Ideal der Einheit« zu verstehen, das Fortschreiten zur Einheitlichkeit, das Mommsen beschreibt als den »Fortschritt [...] von dem cantonalen Particularismus, mit dem jede Volksgeschichte anheben muß und anhebt, zu der nationalen Einigung, mit der jede Volksgeschichte endigt oder doch endigen sollte«[9]. Die Barbarei schreitet in entgegengesetzter Richtung voran: Teilung und Zersplitterung setzen sich unablässig fort und verschärfen sich, jene Zersplitterung, die wir in den neuen *terrae incognitae* des Südens und in den dort vielfältig aufbrechenden Konflikten am Werke sahen.

Ein weiteres Ideal des Reiches ist Endlichkeit, Gliederung, Ordnung, Übersicht. Das alledem entgegengesetzte Merkmal der Barbaren ist nicht so sehr ihre Vielzahl als ihre Unzählbarkeit. Unzählbar sind heute auch die Massen des Südens, und zumal Vorausberechnungen sind unmöglich geworden; niemand kann mehr sagen, wie sie sich entwickeln werden.

Das Reich ist seßhaft. Man bewegt sich darin von einem Punkt zum andern, aber es hat ein unwandelbares Zentrum und versucht, überall fest auf der Erde zu ruhen, aufzubauen, Reichtümer anzuhäufen. Die Barbaren sind Nomaden: ihre Fähigkeit zum Hereinfluten ist ebenso ausgeprägt, wie es ihre prekären Verhältnisse sind. Ihre Wohnstatt kann vom kleinsten meteorologischen oder politischen Zyklon davongewirbelt werden. Der Archipel des Elends, diese im Umherirren gestoppte Masse von Migranten, ist ein gigantisches Feldlager von in Ruhe verharrenden Nomaden.

Das Reich versteht sich als von Vernunft, Recht, Wissenschaft geleitet. Die Barbaren hingegen sind die Beute von Fanatismus, Willkür und Gewalt. Der Süden wird durchzogen von Ideologien des Bruchs, welche den Rationalismus und Materialismus des Nordens ablehnen. Angesichts ihrer Gewaltsamkeit behauptet der gewalttätige Autoritarismus, er sei der einzige Ordnungsfaktor. »Die Herren kämpfen für den Sieg, die Gefolgsleute für den Herrn.«[10] In der neuen Barbarei breiten sich Gewalt und Irrationalität aus, ob nun von der Opposition oder der Regierung praktiziert.

Das Reich ist wohlhabend, es führt Buch, es mehrt seine Reichtümer. Die Barbaren sind arm und verschwenderisch. Auch dies ist nichts weiter als eine Idealvorstellung: ein großer Teil der Schätze des Reiches stammte aus der Plünderung der eroberten Länder, und manche Barbaren waren durchaus reich und sparsam. Doch das imperiale Vorhaben bleibt die Bildung eines weiten Wirtschaftsraumes mit stabilen Währungen und mit Kommunikationswegen. Die Barbaren kennen statt dessen nur den Tauschhandel und die Plünderung, und Tacitus notiert, daß die Germanen (mit Ausnahme der unmittelbar an der Reichsgrenze ansässigen) die Edelmetalle geringschätzen.[11] In diesem letzten Gegensatz ist der andere zu erkennen, in dem sich heute alle übrigen offenbaren: die ökonomische Kluft zwischen dem Norden und den neuen Barbaren, welche nicht nur quantitativer Natur ist, sondern Einstellungen zum Ausdruck bringt, die der produktivistischen und kommerziellen Zivilisation widersprechen.

All diese Gegensätze, ob sie nun für die antike Welt oder die gegenwärtige Situation gelten, sind Ideen, keine Tatsachen. Es ließe sich leicht nachweisen, daß das Reich nur selten geeint war und daß es sich in Richtung Zersplitterung entwickelt hat, daß seine Rationalität nur partiell war und sich hinter ihr ein lebhafter Aberglaube verbarg. Man kann mit demselben Recht behaupten, daß sich die barbarische Welt, vom Mosaik der Völker Germaniens zur Zeit des Tacitus bis zu den großen Monarchien der Völkerwanderung, ebenfalls in Richtung Integration und Zusammenschluß entwickelt hat.[12] All das stimmt. Nichtsdestoweniger gründete die mit Polybios entstandene und mit dem Fall Roms untergegangene Ideologie auf dem Gedanken der Teilung und des Gegensatzes zwischen beiden Welten. Je mehr beider Ähnlichkeit zunahm, während sich das Reich seinem Ende näherte, desto lebendiger und kraftvoller wirkte diese Ideologie der Teilung und des Gegensatzes.

Eine gleichartige Ideologie entsteht heute zwischen dem Norden und den neuen Barbaren. Es geht nicht darum, ob sie stimmig ist. Sie tritt an die Stelle einer anderen, die es auch nicht in höherem Maße war: der Ideologie des Ökonomismus, des Universalismus der Entwicklung. Diese Ideologien geben nicht wieder, was ist: sie beschreiben, in welche Richtung es gehen soll. Die Mythologie der Entwicklung war universalistisch: unterhalb des Ost-West-Gegensatzes herrschte eine allgemeine Übereinstimmung über den Gedanken einer einzigen Welt und über die Notwendigkeit, »Rückstände« aufzuholen. Die Ideologie, die heute den Norden in einen Gegensatz zu den neuen Barbaren stellt, nimmt dagegen die Teilung hin und verschärft sie. Indem sie nicht *eine* Welt erkennt, sondern zwei, verändert sie die Prioritäten und leitet eine neue Geschichte ein: die der Konfrontation zwischen beiden Welten.

Zweiter Teil

Die Ideologie des Limes

7

Das Schrumpfen der geschichtsträchtigen Gebiete

> *Eine seiner Maximen lautete, es gelte die*
> *Feinde in der Ferne zu fürchten, um sie*
> *nicht mehr in der Nähe fürchten zu*
> *müssen.*
>
> Bossuet, *Totenrede auf den Prince de*
> *Condé* (II)

Der Süden ist erst vor kurzem in die Geschichte eingetreten: allenfalls vor drei Jahrhunderten. Eigentlich ist es eher die europäische Geschichte, die zum Zeitpunkt ihrer weltweiten explosiven Ausdehnung in den Süden eingetreten ist. Im 15. Jahrhundert zählt die Welt acht Machtpole, die sich auf beide Hemisphären verteilen*; das abendländische Europa ist lediglich einer dieser Pole. Es ist nicht absehbar, daß es dazu bestimmt sein wird, die Oberhand über alle übrigen zu gewinnen.[1] Aus verschiedenen Gründen, um die es uns hier nicht zu tun ist, hat dieses Europa eine weltweite Vorherrschaft erlangt: seine kleinen Völker sind über die ganze Erde ausgeschwärmt. Die übrige Welt wird in verschiedener Weise unterworfen, dabei kann eine Bevölkerung fast vollständig an die Stelle einer anderen treten (Nordamerika), oder aber es werden die einheimischen Gewalten und Hierarchien lediglich unter »Schutz« gestellt (z. B. im Fall von Laos oder Marokko).[2]

Darin liegt das ganze Mißverständnis beschlossen: Der Süden tritt in die Geschichte als ein Schauplatz ein und nicht als ein Akteur. Die Dramen, die hier gespielt wer-

---

* Das China der Ming-Dynastie, das Mongolenreich, das Persische Reich, das Osmanische Reich, das Fürstentum Moskau, das Aztekenreich, das abendländische Europa und Japan.

den, haben nur wenig mit den Orten zu tun, an denen sie sich abspielen. Das langwährende Abenteuer der Kolonisierung ist in erster Linie die Chronik der Rivalitäten zwischen europäischen Mächten. Die Rolle der Kolonisierten beschränkt sich auf ein paar wenige Auftritte im Huronenkostüm, durch die sie sich dem wohlgesonnenen Vordringen des Fortschritts zu widersetzen suchen, wobei die waffenklirrende Fürsorge, die ihnen fortgeschrittenere Völker erweisen, mit ihrer angeblichen Dummheit gerechtfertigt wird.

Dieses Abenteuer dauert drei Jahrhunderte, bis zum Anfang des unseren. Es beginnt mit der Eroberung der verwundbarsten oder der primitivsten Zivilisationen und endet mit der Zerstückelung des Osmanischen Reiches und der fernöstlichen Monarchien.

In jungfräulichen oder von primitiven Stämmen bevölkerten Gebieten bezeichnet der Einbruch der Europäer schlicht und einfach den Beginn der geordneten Zeit, des Gedächtnisses für die Ereignisse, kurz, des historischen Bewußtseins. Die Gebiete mit einer alten Kultur hingegen, die durchaus eine eigene Geschichte besaßen, müssen diese abstreifen, um nackt und gebeugt in die neue Ordnung einzutreten, die ihnen aufgezwungen wird. Als die Franzosen die drei Provinzen Indochinas erobern, stehen diese kurz vor dem Zusammenschluß aus eigenem Willen, mit dem Hof von Huë als Zentrum: Diese lokale Geschichte ist von dem Augenblick an bedeutungslos, als ihnen die Eroberer eine andere, von außen kommende aufzwingen. Die Zukunft der asiatischen Halbinsel wird von nun an mit den Kräfteverhältnissen im Palais-Bourbon verknüpft sein. Als der blutrünstige Possenreißer Pizarro den letzten Inka vernichtet, bricht die Geschichte seines Reiches plötzlich ab wie eine unvollendete Handlung. Über sein Gebiet herrscht nun Philipp II.

Die Kolonialmacht wird von Land zu Land eine jeweils andere Haltung zur lokalen Geschichte einnehmen: mancherorts (in Lateinamerika) verfolgt sie deren Zeugen und zerstört ihre Überreste. Andernorts (vor allem in den ehemals französischen Kolonien) wird sie zum Schriftführer jener Vergangenheit, indem sie die einheimischen Sprachen studiert, die Völkerschaften klassifiziert und vielfältige Unterscheidungen und Aufspaltungen zwischen ihnen vornimmt. Diese Entomologie vergangener Kulturen hat nichts mehr mit lebendiger Geschichte zu tun: Es ist eher eine Vorgeschichte, um die man sich bemüht, damit die Kolonisierten besser mit den neuen Zeiten, den Zeiten des Fortschritts, der Wissenschaft, also der Metropole, verschmolzen werden können. Beim Bankett der europäischen Geschichte werden die Kolonien auf nachgeordnete Plätze eingewiesen und gebeten, in ihren bunten Kostümen, mit ihrer kupferfarbenen Haut und ihrem Goldschmuck zu erscheinen. Aber zu sagen haben sie nichts: die Hauptpersonen kommen aus dem Norden.

Diese Situation dauert bis zum Zweiten Weltkrieg, einer Periode, in der der Süden abermals schwer für die Aufspaltungen der Europäer zu zahlen haben wird. Die Ära der Entstehung unabhängiger Staaten (vor allem in den fünfziger Jahren) wird der lokalen Geschichte erneut einen erstrangigen Platz verschaffen. Während der Kämpfe um die Entkolonisierung scheint es zu einem Wiederaufleben der Vergangenheit zu kommen; lautstark treten Gestalten, Sprachen, kulturelle Bezüge auf die Bühne der Weltgeschichte, die schon als verloren gegolten hatten; Gandhi und sein Spinnrad versinnbildlichen diesen militanten Rückgriff auf die einheimischen Wurzeln deutlich. Diese Wiedergeburt sollte von kurzer Dauer sein. Sowjets und Amerikaner, die dazu beitrugen, den Süden von seinen Kolonisten zu befreien, nehmen deren Platz ein. Die Ost-West-Konfrontation greift über Europa hinaus und auf die ganze Welt über. Die jeweiligen Lokalgeschichten werden neuerlich, dreißig Jahre lang, beherrscht von politischen und ideologischen Problemen, die ausschließlich dem Norden zugehören.

Heute nun kommt es zu einem jähen Bruch, einer unvermuteten Rückwendung. Die Ost-West-Konfrontation geht zu Ende, zumindest in den entfernten Gebieten der südlichen Kontinente. Und die geschichtsträchtigen Gebiete schrumpfen mit einemmal zusammen.

DER SÜDEN TRITT AUS DER GESCHICHTE HERAUS

Seit sich der Norden nicht länger (in Gestalt des zwischen seinen beiden Komponenten, Ost und West, global ausgefochtenen Kampfes um Einfluß) als universell erkennt, besitzt er eine Geschichte nur noch innerhalb gewisser Grenzen: der Grenzen, die ihn vom Süden scheiden. Alles jenseits dieser Grenzen ist nicht länger von Bedeutung, ihm wohnt kein Sinn inne. Faschoda, Bir Hakeim, Dien Bien Phu, Da Nang, Peschawar, Aranyapratet sind Sehenswürdigkeiten im Dschungel, Spuren einer europäischen Geschichte, die zu Ferien im Süden weilte und nach Hause zurückgekehrt ist.

Dieser Rückzug der Geschichte hat etwas Beruhigendes. Viele Leute waren der Meinung, es sei entschieden unvernünftig, die Sicherheit der Welt an derart entlegenen, primitiven, unberechenbaren Orten aufs Spiel zu setzen. Der kleinste Stammeszwist, der belangloseste Grenzzwischenfall konnte die Ost-West-Rivalität ins Schlimme entarten lassen. Die Großmächte mußten sich unablässig davor hüten, in eine direkte Konfrontation hineinzugeraten, und sich dennoch bemühen, ihren Eigeninteressen zu nutzen. In Afghanistan, Eritrea, Nikaragua war die eine Supermacht aller Welt sichtbar engagiert, mithin konnte die andere keine Truppen entsenden: sie mußte sich damit begnügen, auf diskrete Weise Waffen oder besser noch humanitäre Hilfe bereitzustellen, um den Troß der herabgewirtschafteten und mehr oder weniger gefügigen Befreiungskräfte in einen besseren Zustand zu versetzen. Die beiden Großen kannten die Zwänge der nuklearen Abschreckung und das mit ihrer Nichtbeachtung verbundene Risiko. Im Süden aber gab es hitzige Draufgänger mit dem Finger am Abzughahn, Fanatiker, zum Kampf entschlossen, obwohl sie bereits alles verloren hatten; sie suchten die Welt unaufhörlich in einen umfassenderen Konflikt zu stürzen, der sich um sie drehen sollte. Kurz und gut, Ost und West mußten in den dreißig Jahren ihrer Konfrontation unerhörte Verrenkungen machen, ständig ihre Militärmacht im Zaum halten, mit der einen Hand diejenigen zügeln, die sie mit der anderen diskret unterstützten. Das aktuelle Geschehen nistete sich Mal um Mal an den unwahrscheinlichsten Orten auf der Welt ein: tief in den Dschungeln Indochinas, auf den Vulkanen Mittelamerikas, in den Gebirgen Afghanistans oder in den Sümpfen Kambodschas. Diese Epoche ist endlich vorbei.

Wir kehren zurück zum Kriterium der räumlichen Nähe. Uns kümmert allein das, was den Norden angeht: die entscheidende Zone befindet sich an seiner Peripherie, längs der Linie, wo er mit den neuen Barbaren zusammenstößt. Hier ist keine Rede mehr von indirektem Kampf, von Tarnung, hier verteidigt jeder sich selbst. Man kann die ganze Macht freisetzen, ganz offen, mit der einzigen Beschränkung, daß das Recht respektiert bleibt, da der Norden als Verfechter und Verteidiger des Rechts auftritt. Der Golfkrieg ist der erste Konflikt dieses Typus. Er spielt sich in einer Zone der unmittelbaren Berührung zwischen Nord und Süd ab, wo das Gleichgewicht zwischen beiden nicht gewährleistet war. Eines der eingestandenen Ziele der Alliierten in diesem Konflikt war es, dieses regionale Gleichgewicht herzustellen, das heißt, hier eine Stabilitätszone zwischen Norden und Süden zu schaffen. Der Einsatz der Militärkräfte wurde unverhohlen und ohne Einschränkungen vollzogen, vor den Augen der ganzen Welt. Zur selben Zeit spielten sich in Liberia, im Sudan, in Somalia, in Peru schreckliche Tragödien ab, die auf allgemeine Gleichgültigkeit stießen. Es ist klar, daß es in der Welt nicht länger darum geht, was an jenen Orten geschieht.

Das Schrumpfen der geschichtsträchtigen Gebiete hat den Süden in seiner ganzen Nacktheit freigelegt, wie einen Meeresboden, leergefegt von einer gewaltigen Flutwelle. Dieser Meeresgrund wimmelt von Leben, das ganz anders geartet ist, als man vorher, angesichts der Wasseroberfläche, geahnt hatte.

Der Süden, der zum erstenmal seit dem Verebben der europäischen Geschichte in seiner eigentlichen Gestalt hervortritt, ist höchst eigenartig: er ist in allem der Gegensatz zum Norden, sein Widerpart. Die neue Barbarei hat ihre Eigenart in jeder Beziehung offenbart: im Wachstum ihrer Bevölkerung, im Umfang und äußeren Bild ihres Elends, in den jahrhundertealten Wurzeln ihrer Konflikte, der Gewaltsamkeit ihrer Ideologien. Die Gesellschaften der Dritten Welt mögen ihre Geschichtlichkeit behaupten; der Norden gesteht sie ihnen um so bereitwilliger zu, als ihm — mit Ausnahme der Zone, die mit ihm Berührung hat und seine Interessen bedroht — nunmehr alles gleichgültig ist. Der Süden steht im Begriff, sich vom Feld der Weltgeschichte zurückzuziehen, die der Norden bei seinem Rückzug weggeschleppt hat.

Die Natur der politischen Mächte, die gewaltsamen Rivalitäten von Gruppen oder Nationen, die Dramen, die Hungersnöte, die Toten — mehr und mehr gewinnt all das im Süden eine ausschließlich lokale Färbung.

Allein der Staat hat eine Geschichte, sagt Hegel. Der Norden beansprucht, Boden des Rechts, der Demokratie, der Einheit zu sein, und er ist auch der Boden der Geschichte. Jeder Punkt seines Territoriums ist geschichtsträchtig, und zumal seine äußerste Grenze, der Ort, an dem er seinem Widerpart, der neuen Barbarei, gegenübersteht. In weiterer Ferne, in den Tiefen jenes Südens, der durch seinen Rückzug bloßgelegt worden ist, lauern Gefahren, doch der Norden hält sich ihnen fern; dort nisten Dramen, doch sie sind der Alltag einer fernen Welt.

Als Strabo in seiner Weltschilderung bei Irland anlangt, vor dem der Eroberungszug der römischen Legionen zum Stillstand gekommen war, stellt er fest: »Von da an aber bis Jerne (Irland) kann man die Entfernung nicht sehr genau bestimmen; und es liegt auch nach dem Obengenannten nichts daran, zu wissen, ob es weiterhin bewohnbar sey ...« Als wollte er sogleich klarmachen, daß die Römer in dieser Begrenzung ihres Imperiums keine Beeinträchtigung erblicken sollen. Und er begründet dies nachfolgend weiter: »In politischer Hinsicht wäre es kein Vortheile, diese Gegenden und ihre Bewohner zu kennen, zumal wenn sie solche Inseln bewohnen, die uns weder schaden noch nützen können, weil sie außer Verbindung mit uns stehen.«[3]

Jenen, die sich jetzt noch um den Süden besorgen, wird man entgegnen, daß nichts mehr an ihm liegt, weil er uns weder schaden noch nützen kann.

So entsteht die Ideologie der Trennung. Sie ist außerordentlich verlockend für diejenigen, die über den Süden, so wie er heute zutage tritt, erschrecken. Die Errichtung einer Grenzlinie, eines Stabilitätsgürtels, der die beiden Welten, Norden und Süden, voneinander isoliert, wirkt beruhigend angesichts der Katastrophen, die sich dort offenbar zusammenbrauen, angesichts der Feindseligkeit, die der Süden den Werten des Nordens bezeugt. Da man die Dramen nicht zu verhindern vermag, kann man sie zumindest in weite Ferne rücken. Da unsere Zivilisation sich nun einmal als endlich erkannt hat, will sie lieber räumlich als zeitlich begrenzt sein.

VON DER FRONT ZUM LIMES

Bis zum Jahr 1989 vermittelten Wachtürme, Stacheldrahtverhaue und Hunde, nur fünfhundert Kilometer von Paris entfernt, eine recht präzise Vorstellung davon, wie die Scheidelinie zwischen Ost und West aussehen konnte. Zu dieser europäischen Grenze kamen weitere Berührungslinien zwischen den beiden Welten: das Niemandsland, das die beiden Koreas voneinander trennt, die thailändische Grenze und ihr menschlicher Befestigungswall gegen das Vorrücken der Vietnamesen usw. Zwischen Ost und West verlief die Demarkationslinie entlang einer *Front*. Der Terminus »Front« bezeichnet eine genau bestimmte und stark militärisch gesicherte Kontaktlinie zwischen Gegnern. An ihr wird durch Kampf entschieden, welcher der Protagonisten den anderen besiegt. Sofern sich nicht der bewaffnete Wartezustand infolge eines Gleichgewichts auf unbestimmte Zeit verlängert...

In der Geschichte hat es zahlreiche Fronten gegeben, je mehr die politische Gewalt sich in den Nationalstaaten konzentrierte und die Machtrivalitäten zwischen ihnen sich zuspitzten. Das leidvolle Auf-der-Stelle-Treten der deutschen und französischen Kombattanten von 1914 bis 1918 im Schlamm der Ardennen wird auf lange Zeit das vollendetste, konkreteste Bild einer Front bleiben.

Rom hat im ersten Teil seiner Geschichte ähnliche Frontverläufe kennengelernt, gegenüber den Etruskern von Veii, den Sabinern, den Samniten, den Griechen, und dann gegenüber Karthago: Die Front ist die strategische Figur, die den Kampf zwischen vergleichbaren Kräften kennzeichnet.

Die Konfrontation zwischen einer Macht und ihrem Gegenteil, zwischen dem heutigen Norden und dem heutigen Süden, zwischen einer geschlossenen Welt und zerstreuten Völkern ist anderer Natur. In der zweiten Periode Roms, also nach der Entstehung der Reichsidee, tritt eine neue strategische Figur hervor. Zwischen dem Reich und den Barbaren zeichnet sich eine Grenze ab, die den Namen *Limes* bekommen wird.

Der Limes ist keine Front: er ist zu langgestreckt. Er umgürtet das gesamte Reich. Die Front entsteht nur an den Reibungs-, den Berührungspunkten zwischen zwei Massen. Der Limes hingegen definiert eine einzelne Masse, er birgt sie in sich und bestimmt sie im Verhältnis zu dem, was sie umgibt und was ihre Negation darstellt. Der Zweck des Limes ist nicht die Kriegführung, obwohl er mancherorts zum Schauplatz von Offensiven wird. Der Limes errichtet vielmehr um das Reich herum eine Zone der Stabilität und, sofern möglich, des Friedens: er ist eine Grenze des Ausgleichs. Sein Verlauf ist nicht so streng markiert wie eine Frontlinie; er kann an manchen

Abschnitten ungenau, veränderlich, verschwommen sein. Erst nach und nach, im Laufe seiner Entwicklung, kommt es zu seiner Erstarrung, Verhärtung und Militarisierung.

Man mag einwenden, daß ein gewisser Anachronismus darin liegt, das Wort »Limes« vom Anfang, ja vom Zeitpunkt der ersten Konturierung des Römischen Reiches an zu gebrauchen. Genaugenommen wurde der Limes weitaus später geschaffen. Der befestigte Limes mit Mauer, Graben und Wehrtürmen taucht mit Bestimmtheit erst im 2. Jahrhundert nach Christus auf. Die Flavierkaiser, die längs der Grenze zu Germanien eine Holzpalisade erbauten, waren die Erfinder des materialisierten und militarisierten Limes. Die Frage der Grenze zwischen dem Reich und den Barbaren indes steht seit Beginn des Reichsgedankens. Bereits im Konzept des Polybios stellt sich das Problem dieser Abgrenzung.

Das Römische Reich, so wie Polybios es faßt, unterscheidet sich erheblich von dem Alexanders, das im Verlauf ungestümer berittener Feldzüge gebildet wurde. Der Mazedonier eroberte im Durchqueren Territorien, er gründete in ihnen Städte und setzte seinen Weg fort. Der Zusammenhang des Reiches von Alexander war, wenn man so sagen darf, ein linearer: Alexander hat kein Territorium organisiert, er ist einer Bahn gefolgt. Ruhmreich, in Hast errichtet, als ob es die Vorahnung seines baldigen Endes in sich trüge, wie ein langer Faden zwischen Welten gespannt, die sich bis dahin feindlich oder fremd gegenüberstanden, ist das Reich Alexanders mit dem Tod seines Begründers sogleich zerfallen. Seine Erben, die Diadochen, sind darangegangen, auf den Überresten die Linie in eine Fläche zu verwandeln; ein jeder hat um seine Hauptstadt herum ein Territorium und ein politisches Gemeinwesen organisiert. Polybios setzt an dieser Stelle an. Als er unmittelbar nach dem Fall von Karthago Scipio seinen Rat erteilt, sind die römischen Legionen über die früheren punischen Besitzungen verstreut, in Spanien, Afrika, Sizilien, auch in Griechenland stationiert. Zwischen diesen ersten Territorien gibt es keinen anderen Zusammenhalt als die Logik der Verfolgung, welche die Römer ihren Feinden nachhetzen ließ. Was tun mit diesem disparaten Komplex? Cato meint, man solle die allzu entlegenen Gebiete lieber aufgeben und sich auf Italien zurückziehen, auf die traditionellen Werte der Latinität, kurz, zu einem Volk unter anderen werden, zum mächtigsten zwar, das aber daraus keinen anderen Gewinn zieht als den Frieden.[4] Polybios hingegen sendet die Römer auf den Weg der Eroberung: Ihr müßt nicht nur dort bleiben, wo ihr seid, erklärt er ihnen, sondern unbedingt noch weiter vordringen. Weshalb? Gewiß nicht, um wie Alexander bis ans Ende der Welt zu reiten. Nein, die Eroberung ist nötig aus Sorge um den Zusammenhalt. Diese disparaten Territorien müssen zusammengeführt, verbunden, verteidigt werden. Das Reich ist in dem Maße ein römisches, wie es, auch bei einem universellen Anspruch, das traditionelle lateinische Bemühen um Endlichkeit wahrt.

Rom ist seit seinen Anfängen eine endliche Gesamtheit. Seine Bewohner werden regelmäßig gezählt. Anfangs wurde diese Volkszählung auf dem Marsfeld veranstaltet. Aus dieser Zählung leiteten sich die Organisation des Staates, die Steuererhebung, die Aufteilung in Tribus (etymologisch: dreiköpfige Einheiten), die militärischen Funktionen ab. Bei jeder Eroberung gestaltet Rom diese Endlichkeit um, bewahrt sie jedoch immer. Die Zahl der Tribus sollte sich vermehren, das Territorium der Republik sich ausdehnen. Aber stets wird es endlich bleiben. Der Terminus *fines*, Grenze, wird von Cäsar ständig im Sinne von Territorium gebraucht: es gibt kein Territorium außer einem endlichen.[5] Das Reich wird, selbst bei einem Streben nach Universalität, dieses Bemühen um Endlichkeit beibehalten: die Frage nach seiner Begrenzung stellt sich schon am Anfang und danach permanent.

Vom Fall Karthagos bis zum Sieg des Augustus werden die römischen Eroberungen den Plan des Imperiums vollenden. Sie stopfen die ersten Löcher, verbinden die weit entfernten Besitzungen miteinander, streben nach zusammenhängenden Grenzen – welche nicht zwangsläufig natürliche Grenzen sind. Augustus äußert zum Abschluß dieser Expansion die Meinung, das Reich habe den Punkt des Gleichgewichts gefunden. In ihrem Stolz glauben die Römer nun, daß sie das gesamte Universum regieren. Die Hofgeographen verbreiten mit einer bemerkenswerten Liebedienerei den Gedanken, daß jenseits der Reichsgrenzen nichts mehr sei. Strabo erklärt: »Weil aber die Römer, welche alle früheren bekannten Herrscher übertreffen, den besten und bekanntesten Teil innehaben ...« Und Speichelleckerei läßt ihn fortfahren: was außerhalb ihres Reiches verbleibt, »ist unbewohnt oder schlecht und bloß von Nomaden besetzt«[6]. In Wahrheit indes erachtet es Augustus darum für nötig, sich an den von ihm regierten Raum zu halten, weil dieser Raum in sich geschlossen ist. Der Limes, der ihn von den Barbaren trennt, ist ausbalanciert und sicher. Er verkennt nicht, daß er außerhalb des Reiches mächtige Barbaren wie die Parther zurückläßt, die nichts von Elenden oder Nomaden an sich haben.[7] Doch er weiß, daß mit ihnen eine Art territorialer status quo erzielt worden ist, der die Sicherheit Roms gewährleistet.

Die Römer lieben es, sich ihre Geschichte im Heldenton erzählen zu lassen. Und doch haben sie mit krämerischem Geiz Stein um Stein ein Gesamtgebäude aufgebaut, in dem jeder Neuerwerb den Zweck hat, das Ganze zu verstärken. Von Anfang an ist der Zweck der Eroberungen, das Kriterium ihres Nutzens der Limes. Diesen Limes, also die Linie, die das Reich harmonisch von dem trennt, was nicht Reich ist, zu definieren, zu erobern und dann zu verteidigen, das ist Roms Streben seit der Zeit, da es vom Reichsgedanken beherrscht wird.

Die mit dem Untergang des Westreichs außer Gebrauch gekommene Figur des Limes gewinnt heute neuerlich ein hohes theoretisches Interesse. Zwischen Ost und West, vergleichbaren Mächten, war eine Frontlinie markiert; jetzt aber wird zwischen dem Norden und den neuen Barbaren, das heißt, zwischen einer Welt und ihrem Gegenteil, ein Limes errichtet.

Im Unterschied zu einer Front ist dieser moderne Limes nicht allein auf die Gebiete militärischen Konflikts begrenzt. Die Demarkation zwischen Norden und Süden ist eine durchgehende Linie: die Küstenwächter von Florida, die Marseiller Zöllner, die sowjetischen Polizisten in Aserbaidschan kontrollieren einen stillen Limes, an dem Nord und Süd jedoch Berührung miteinander haben, ohne daß sie jederzeit gewaltsam miteinander konfrontiert wären.

Zwischen diesen beiden konträren Welten zeichnet sich eine Linie ab: der Ort, wo die von uns im ersten Teil beschriebenen ideologischen Gegensätze materielle Gestalt gewinnen. Alle Werte sind, je nachdem ob sie sich auf der einen oder der anderen Seite dieser Linie befinden, in ihr Gegenteil verkehrt. Was wir bislang allgemein und abstrakt dargelegt haben, bekommt eine geographische Dimension: Der Limes ist die physische Grenze zwischen beiden Welten. Wir werden ihm folgen, ihn nachzeichnen, eine Ortsbestimmung versuchen, die nicht mehr nur ideologisch angelegt sein soll, sondern Wasserläufe und Gebirge quert und das Gesicht dieses Gegensatzes skizziert.

Der Nord-Süd-Limes ist eine neue Linie. Wenn bislang der Begriff Nord-Süd angesprochen wurde, dann immer mit der Absicht, beide Welten zu verbinden, nicht, sie zu konfrontieren. Die Frage nach ihrer Abgrenzung stellte sich nicht: alle Anstrengungen liefen im Gegenteil darauf hinaus, diesen Gegensatz zu leugnen. Die großen Teilungen auf dem Globus sind seit mehr als einem Jahrhundert vertikal und nicht äquatorial verlaufen. Die Monroe-Doktrin stellt »zwei Hemisphären« gegeneinander, aber das sind der Osten (die alte Welt) und der Westen (der amerikanische Kontinent).[8] Sie hebt jegliche Trennung zwischen dem Norden und dem Süden dieses Kontinents auf und stellt zwischen ihnen eine Solidarität her (in der viele einen Imperialismus erblickt haben). Ebenso errichtete die koloniale Welt die Fiktion von europäischen Staaten, die sich übermäßig weit nach Süden ausdehnten. Bis zum Jahre 1958 erstreckte sich Frankreich von Dünkirchen bis Brazzaville. England dehnte sich, wenn auch nicht auf so direktem Wege, bis zum Kap. Umgekehrt ragte der Süden stellenweise bis nach Europa hinein. Spanien, der italienische Mezzogiorno, Griechenland, Gebiete von Armut und Auswanderung, schienen nicht zum industriellen Norden zu gehören.

Carlo Levi hatte festgestellt, daß Christus nur bis Eboli gekommen war, und die Schandmäuler setzten hinzu, Sizilien sei das einzige arabische Land, das sich nicht mit Israel im Kriegszustand befinde. Auf der afroasiatischen Konferenz von Bandung, die in der Geschichte als der Geburtsort der Dritten Welt verzeichnet bleibt, war eines der drei Führungsländer ein europäisches: Jugoslawien.

Politisch ist die Nord-Süd-Abgrenzung etwas Neues. Sie befindet sich noch in einer Phase der tastenden Erprobung, der Skizzenhaftigkeit. Beim Go-Spiel ermöglichen die ersten Züge, ein Moyo abzugrenzen, wie die Japaner das nennen, ein mutmaßliches Territorium, eine Art Phantom der künftigen Markierung des endgültigen Territoriums. Von der Zeit des Polybios an kann man bei Betrachtung der Karte römischer Besitzungen das Moyo des künftigen Reiches erraten. So ist beispielsweise klar, daß zwischen Spanien und Norditalien ein Gebiet, das noch nicht eroberte Gallien, potentiell in dem Moyo eingeschlossen ist. Doch man kann zu dieser Zeit noch nicht sagen, ob seine Eroberung sich auf die Gallia narbonensis beschränken oder das gesamte, sogenannte »langhaarige« Gallien (Gallia comata) nördlich davon umfassen wird. Das Territorium kann gemutmaßt werden: der Limes wird zwangsläufig dort hindurchführen, aber seine Position, ob weiter nördlich oder südlich, ist noch nicht vorhersehbar. Ähnliche Überlegungen lassen sich über das Gebiet zwischen Italien und Griechenland anstellen: Die Eroberung Illyriens ist eine Notwendigkeit, wird aber der Limes gleich hinter der Küste oder viel weiter oben, gar an der Donau, verlaufen? Allein die Geschichte wird uns das lehren.

Wir können heute das Moyo des Nord-Süd-Limes mit ziemlicher Genauigkeit aufzeichnen. Manche Abschnitte des Limes sind bereits genau bestimmt und stabil, einige andere gerade erst skizziert und somit noch umstritten. Wir werden die verschiedenen Teilstücke dieses präsumtiven Verlaufs in aller Kürze nachzeichnen. (Karte S. 165).

In den stabilen, genau bestimmten Abschnitten ist der Limes bereits historische Realität geworden: eine Auseinandersetzung hat stattgefunden, und die Trennlinie ist klar abgesteckt. In den noch unscharf umrissenen Teilstücken kann man bestenfalls natürliche Gegensätze erkennen: Ungleichheit der Bevölkerungsentwicklung, Ungleichheit der Einkommen, Ungleichheit der politischen Verhältnisse. Diese Gegensätze erlauben es, Mutmaßungen hinsichtlich des künftigen Limesverlaufs anzustellen, aber diese reichen noch nicht aus. Das Vorhandensein natürlicher Begrenzungen (Fluß, Gebirge, Meer) an sich ist ebenfalls noch nicht ausreichend, um den Limes zu ermitteln. Der Limes muß erst eine historische Bestätigung erlangen und politische Identität gewinnen. Diese Periode der Stabilisierung ist häufig von gewaltsamen Ereignissen begleitet.

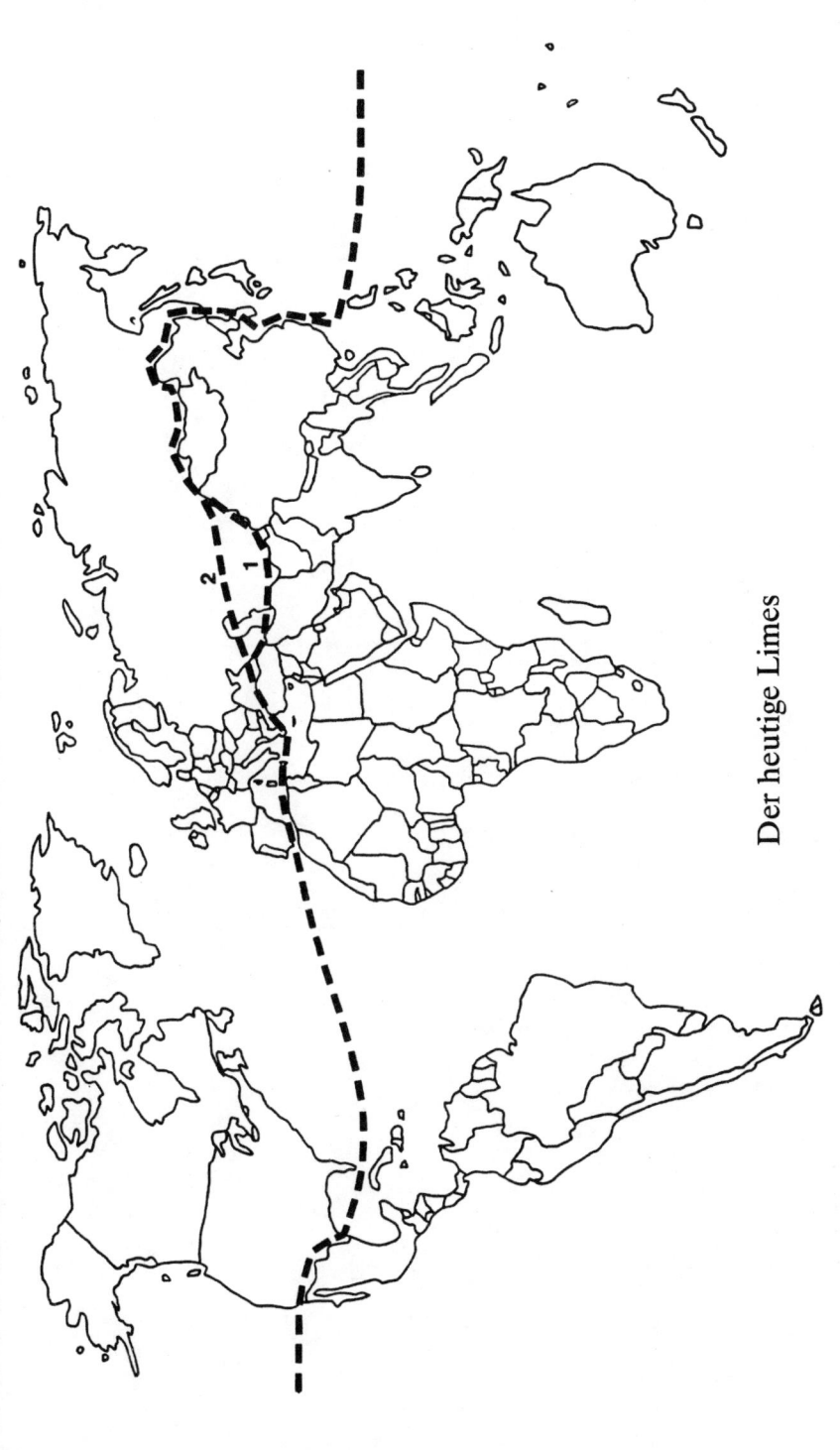

Der heutige Limes

8

Die Entstehung des Äquators

Die für eine Demonstration am deutlichsten markierte, schärfste Grenze ist jener Abschnitt des Limes, der Mexiko von den Vereinigten Staaten trennt. Die Behauptung, der Limes sei ebendort entstanden, stellt keine Übertreibung dar. Alle strategischen Grundsätze, die mit dem Limes verknüpft sind, finden ihren Ausdruck, wenn nicht gar ihren Ursprung in dieser schmalen Zone zwischen dem angelsächsischen und dem lateinischen Amerika.

Die Grenze zwischen Mexiko und den USA ist, obwohl sie über eine lange Strecke dem Lauf des Rio Grande folgt, keineswegs eine »natürliche« Grenze. Sie ist das Produkt einer gewaltsamen Geschichte, eines bewaffneten Konflikts, bei dessen Abschluß Mexiko zur Abtretung eines großen Territoriums gezwungen wurde. Die USA konnten durch den Krieg von 1847 Texas für sich erhalten und Neu-Mexiko sowie Kalifornien dazuerwerben. Die Grenze zwischen Mexiko und den USA war anfangs keine Trennlinie zwischen unterschiedlich gearteten Gebieten. Sie verlief im Gegenteil mitten durch eine spanischsprachige Bevölkerung. Später haben beide Seiten unterschiedliche Entwicklungen durchgemacht. Zuerst ist der historische und politische Limes entstanden, danach hat sich um ihn herum der demographische, ökonomische, politische usw. Gegensatz aufgebaut.

Im 19. Jahrhundert wurde die Grenze am Rio Grande von seiten der Nordamerikaner mit großer Wachsamkeit gehütet, denn sie fürchteten eine Revanche der Mexikaner. Die USA unterhielten vor Ort Garnisonen. Zugleich aber blieb die Migration von Menschen zwischen beiden Ländern unbehindert. Der kalifornische Wohlstand nach

Ländern unbehindert. Der kalifornische Wohlstand nach der Entdeckung von Gold und später der allgemeine wirtschaftliche Aufschwung der Union haben starke Wanderungsbewegungen ausgelöst. Nach dem Zweiten Weltkrieg, während der Phase raschen industriellen Wachstums in den USA, hat die Einwanderung aus Mexiko noch weiter zugenommen. Bis zum Ende der sechziger Jahre konnten sich die Menschenströme praktisch frei über die Grenze bewegen. Zur selben Zeit aber ist die Entwicklung der demographischen, ökonomischen und politischen Verhältnisse auf beiden Seiten dieser Linie stark divergierend verlaufen. Der Rio Grande scheidet jetzt zwei einander entgegengesetzte Welten, oder, wenn man so will, eine Welt von ihrem Gegenteil: den entwickelten, wohlhabenden, demokratischen Norden von einem Lateinamerika mit einem besorgniserregenden Zuwachs der Bevölkerung, Armut, materieller wie kultureller Entbehrung. Die militärische Bedrohung durch Mexiko schreckt die USA schon seit langem nicht mehr: die Grenze ist nicht länger eine Front zwischen zwei gleichwertigen Staatsgebilden. Sie ist, da sie zwischen einer Welt und ihrem Gegenteil verläuft, zu einem Abschnitt des Limes geworden, zu einer Figur, gekennzeichnet durch Asymmetrie, Ungleichheit und Unausgewogenheit.

Die Erkenntnis dieser neuen Gefahr durch die USA ist einhergegangen mit deren gesellschaftlicher und moralischer Krise gegen Ende der sechziger Jahre. Sie hat sich im Zuge der nachfolgenden ökonomischen Rezession ausgebreitet. In diesem Kontext einer Abschwächung der industriellen Aktivität sowie innerer Spannungen ist die Immigration zu einer übermäßigen Belastung geworden. Die mexikanische Grenze erschien nunmehr als ein gefährlich offenstehendes Tor zur lateinamerikanischen Welt, und diese ist überbevölkert (Symbol dafür ist Mexiko-Stadt mit seinen achtzehn Millionen Einwohnern), arm und politisch instabil (es ist die Zeit, in der sich in Südamerika Militärdiktaturen ausbreiten und versuchen, den progressiven oder revolutionären Bewegungen das Haupt abzuschlagen).

Dieses Tor werden die USA energisch verschließen. Sie erlassen Beschränkungen für den Verkehr, richten strenge Kontrollen an den Übergangsstellen ein. Die Immigration geht weiter, aber sie erfolgt illegal, mit allen denkbaren Mitteln, insbesondere über den Fluß (die sogenannten *wet backs*). Um das Einsickern von Zuwanderern auf einer so ausgedehnten Fläche zu bekämpfen, mußten die Nordamerikaner neuerlich Grenzgarnisonen errichten. Nach einem halben Jahrhundert ist die militärische Gefahr wiedergekehrt, aber in entgegengesetztem Sinne: an die Stelle der Furcht vor einem starken Mexiko ist die Notwendigkeit getreten, die Auswirkungen seiner Schwäche und des Ruins des südlichen Kontinents unter Kontrolle zu halten.

Eine weitere Lehre aus dem Limes Mexiko/USA ist die folgende, der wir andernorts wiederbegegnen werden: Die Grenze kann nur dann verteidigt werden, wenn es gelingt, ihr südliches Ufer zu kontrollieren und zu stabilisieren. Die Nordamerikaner haben begriffen, daß der illegale Zustrom nicht gestoppt werden kann, außer man wollte eine ungeheure Armee längs des Rio Grande unterhalten. Die Lösung liegt darin, den Druck zu verringern, das heißt, die Situation in Mexiko zu verbessern. Ohne davon zu träumen, Mexiko zu einem Staat des Nordens zu machen (was das Problem nur verlagern, aber nicht lösen würde), kann man die Hoffnung hegen, die Verhältnisse in Mexiko in demographischer und ökonomischer Hinsicht zu verbessern und in politischer stabil und relativ demokratisch zu gestalten.[1] Die USA haben zur selben Zeit, da sie ihre Grenze zu Mexiko schlossen, dem Land einen großen Schub an Entwicklungshilfe gewährt. Sie haben in erster Linie ein Programm zur Familienplanung finanziert, das zweifellos zu den ganz wenigen in der Welt zählt, welche Freiheit und Effizienz unter einen Hut bringen.[2] Sein Resultat ist das Absinken der Geburtenrate (welche aber trotzdem immer noch auf einem viel höheren Pegel verbleibt als die mittlere Geburtenrate des Nordens). Ökonomisch gesehen ist Mexiko eines der Länder, dem die umfangreichste internationale Finanzhilfe zuteil wird. Mit der Errichtung zollfrei produzierender Fabriken (der *maquiladoras*) zunächst an der Grenze, später im Inneren des Territoriums, wird das Ziel verfolgt, die Arbeitskräfte an den Ort zu binden. Die wirtschaftliche Situation Mexikos ist, allein nach den »Kennziffern« betrachtet, gut. Die Regierung beabsichtigt, binnen kurzem ein Freihandelsabkommen mit den USA abzuschließen, das eine Integration Mexikos in die Wirtschaft des Nordens ermöglicht.[3] Auch hier sollte man wiederum dem Blendwerk des Ökonomismus mißtrauen und nicht der Meinung huldigen, Mexiko sei darum schon zu einem »entwickelten« Land geworden. Das Elend bleibt erdrückend, und die sozialen Ungleichheiten sind nach wie vor explosiv. Mexiko ist ein Schwellenland zwischen Nord und Süd, geradezu das Muster dessen, was wir weiter unten einen Pufferstaat nennen werden.

DER MITTELMEERGRABEN

Der zweite stabile und genau bestimmte Abschnitt des Limes ist das Mittelmeer. Auch hier erscheint die Grenze wiederum als eine »natürliche« (die beiden Ufer eines Meeres). Und doch besteht sie erst seit jüngerer Zeit; sie ist das Produkt einer historischen und politischen Entwicklung. Es ist eine vom Menschen geschaffene Grenze.

Noch vor dreißig Jahren war der Süden in Europa selbst präsent: Franco-Spanien, das Portugal von Salazar, der italienische Mezzogiorno, Titos Jugoslawien − sie alle waren den Staaten und Regionen des nördlichen Europa radikal entgegengesetzt. Länder von Auswanderung, großer Armut, politischer Gewalt, wiesen sie eine Menge Züge auf, die heute den neuen Barbaren zugeschrieben werden.

Zwei Phänomene haben diesen Gegensatz verlagert, ihn weiter südlich verschoben, an den Ort, wo er gegenwärtig anzutreffen ist: zwischen beiden Ufern des Mittelmeers. Das erste dieser Phänomene ist der Aufbau Europas: er hat einen Vereinigungseffekt auf die gesamte Gemeinschaft ausgeübt. Wirtschaftliche Vereinigung: Anwendung einheitlicher Tarife, Bemühungen um die landwirtschaftliche und industrielle Entwicklung der benachteiligten Regionen, die 1983 erfolgte Erweiterung um die südeuropäischen Länder haben einen einheitlichen Wirtschaftsraum konstituiert, der den südlichen Regionen große Vorteile gebracht hat.[4] Politische Vereinigung: der Tod des Generals Franco und die portugiesische Revolution, das Ende der griechischen Obristen, die internationale polizeiliche Zusammenarbeit zur Erstickung des Terrorismus in Italien, all diese Entwicklungen verliefen in Richtung auf eine Demokratisierung Südeuropas. Kulturelle Vereinigung: die portugiesischen oder italienischen Immigranten werden heute selbst von den ausländerfeindlichsten rechtsextremistischen Bewegungen als Beispiele zitiert. Der Rassismus, der diesen Europäern vor noch nicht einmal zwanzig Jahren entgegenschlug, erscheint heute beinahe unbegreiflich.

Europa ist Europa bis in seine extremsten südlichen Fühler hinein: Als Oberst Ghadafi eine Rakete auf Lampedusa abschießt, den südlichsten Punkt Europas, eine kleine unbekannte Insel, da fühlt sich die gesamte Europäische Gemeinschaft angegriffen und droht mit einem Gegenschlag.

Das andere Phänomen, was den Limes am Mittelmeer hervorgebracht hat, ist das Ende des Kolonialismus in Nordafrika und insbesondere der Algerienkrieg. Dieser Krieg sollte die Bindungen Frankreichs an Afrika, jene Nord-Süd-Fortsetzung, die unser Land mit je einem Bein auf beiden Ufern des Mittelmeers stehen ließ, durch einen Graben ersetzen. Was immer auch die offizielle Phraseologie behaupten mag, die Geschichte des Maghreb und Frankreichs ist eine nach Art von Racine: Ich habe Euch zu sehr geliebt, um Euch nicht zu hassen. Einem Mechanismus zufolge, den René Girard trefflich entschlüsselt hat, ist das am stärksten Verbindende auch das am heftigsten Trennende.[5] Der algerische Unabhängigkeitskrieg, der französisch-tunesische Zwischenfall bei Biserta, der spanisch-marokkanische Zwist um die territorialen Enklaven Ceuta und Melilla, die Aggressivität von Oberst Ghadafi gegenüber der früheren italienischen Kolonialmacht – das alles reißt zwischen beiden Gestaden des Mittelmeers einen tiefen Graben auf. Auch an diesem Punkt versucht der Ökonomismus wiederum, die störenden Realitäten zu kaschieren, indem er die »Intensität des Austauschs« zwischen jenen Ländern betont. Nichtsdestoweniger trennt das Mittelmeer heute zwei Welten, deren Entwicklungswege stark divergieren: ein Europa, das sich seiner selbst bewußt wird und bis in seine entlegensten Regionen hinein eine homogene Entwicklung verfolgt; ein Nordafrika, das seine arabische und afrikanische Identität hervorhebt und den antikolonialen Kampf mit einem Kampf um die ökonomische Emanzipation fortzusetzen gedenkt. Durch ihr Bevölkerungsprofil, durch die Form ihres politischen Lebens und ihrer Wirtschaft stehen diese beiden Welten einander immer krasser gegenüber.

Die neue Mittelmeergrenze ist ebenso wie jene zwischen Mexiko und den USA für Menschen zunächst weitgehend durchlässig geblieben. Erst in den frühen siebziger Jahren gelangen die europäischen Länder zur Überzeugung, daß eine demographische Gefahr besteht, und richten auf den Wegen der Wirtschaftsimmigration erhebliche Hindernisse auf. Gegenwärtig ist diese Politik der Kontrolle aufsehenerregend. Viele im Norden halten sie für unwirksam, ohne sich klar zu sein, wie machtvoll der Schub aus dem Süden ist. Die paar hunderttausend (legalen oder illegalen) Einwanderer nach Europa pro Jahr sind gar nichts im Vergleich zum Anwachsen der in größter Armut lebenden Massen am südlichen Ufer (ein Anwachsen, das durch Vermehrung und Landflucht zustande kommt). Der Gegensatz zwischen beiden Küsten des Mittelmeers ist weitaus schroffer als zwischen den beiden Ufern des Rio Grande, und zwar besonders in demographischer Hinsicht.[6]

Für diese zunehmende Ungleichheit lassen sich mehrere

Ursachen ausmachen. Zunächst einmal haben die Länder des Nordens trotz ihres Bemühens um Entwicklungshilfe im Maghreb nicht den Einfluß, den die USA innerhalb des mexikanischen Machtapparats ausüben. So ist es beispielsweise unvorstellbar, daß Frankreich Algerien ein Programm zur generalisierten Familienplanung aufzwingen könnte. Und die untereinander gespaltenen und miteinander rivalisierenden Staaten Nordafrikas suchen sich zudem gegenseitig auszustechen, was die Situation noch verschärft. Auch der Gegensatz zwischen Christentum im Norden und Islam im Süden wirkt im Sinne einer wachsenden kulturellen Kluft. Und schließlich ist der Maghreb angelehnt an den afrikanischen Kontinent, dessen Entwicklung dramatisch verläuft und der unzählige *terrae incognitae* bildet, aus denen die Katastrophe hervorbrechen kann.

Der mittelmeerische Limes ist also kontrastreicher als sein amerikanisches Äquivalent, und alle Parameter scheinen anzuzeigen, daß dieser Kontrast sich weiter verschärfen wird, während er zwischen den beiden Amerikas tendenziell abnimmt.

AM FLUSS AMUR

Eine weitere Zone des Limes wird von der Ostgrenze der UdSSR östlich vom Altai-Gebirge gebildet. Diese Grenze besteht aus zwei klar unterschiedenen Abschnitten: einem mongolischen Sektor, gebildet von einem sowjetischen Satellitenstaat, der jedoch relativ autonom ist (er verfügt über Stimmrecht in der UNO). Die Äußere Mongolei stellt einen Puffer zwischen Rußland und China her. Da beide Imperien in der Vergangenheit von den Mongolen unterjocht waren, bemühen sie sich, diese Zone in einer Situation der Stabilität, der Schwäche und der erzwungenen Neutralität zu halten, welche, so meinen sie, das beste Unterpfand für allseitige Ruhe ist. Der östliche Abschnitt dieser Grenze an Amur und Ussuri bringt die chinesische

Welt in direkten Kontakt mit der sowjetischen. Jene letzte Zone ist natürlich die konfliktträchtigste, in ihr sind die Gegensätze am schroffsten. Trotz des Flusses ist die Grenze an dieser Stelle keineswegs eine »natürliche«. Ihr Verlauf ergibt sich aus den vielzitierten Ungleichen Verträgen (1858/60 und 1881). Durch diese Abkommen, die einem geteilten und geschwächten China aufgenötigt wurden, hatte Rußland seine Grenze nach Süden verschoben und sich einen Sicherheitsstreifen verschafft: die Provinz Primorje mit Wladiwostok.[7]

Daß die Sowjetunion sich weigerte, diese Verträge nach der chinesischen Revolution zu revidieren, bringt sehr deutlich zum Ausdruck, in welchem Maß sich die Russen seit langer Zeit der Gefahren dieses Limes bewußt sind. Der 1963 offiziell verkündete Bruch zwischen China und der Sowjetunion ist die logische Folge dieses Mißtrauens. Die Sowjets haben nicht lange geschwankt zwischen proletarischem Internationalismus und der Verteidigung ihrer Südgrenze. Diese Grenze besaß lange Zeit die äußere Gestalt einer Front, einer militärischen Linie zwischen zwei Reichen. In der neuen Konfiguration der internationalen Beziehungen gewinnt sie immer deutlicher den Charakter eines Limes, an dem der leere Raum und die Schätze Sibiriens der dichten Konzentration einer ärmlichen Bevölkerung in China gegenüberstehen.

Zu diesen genau definierten Abschnitten des Limes kommen zwei instabile Teilstücke. Noch läßt sich nicht entscheiden, an welcher Linie die Nord-Süd-Abgrenzung in diesen Zonen endgültig fixiert werden wird.

Das eine instabile Segment befindet sich im Fernen Osten. In dieser Region sind Gewißheiten Mangelware. Es läßt sich lediglich feststellen, daß Japan kraft Bevölkerungsentwicklung, industrieller Stärke und politischer Integration zum Norden gehört, auch wenn es innerhalb des Nordens eine ganz eigene Stellung einnimmt. Umgekehrt bleibt die Entwicklung solcher Länder wie Malaysia, Thailand und sogar der Philippinen, welche ökonomische

Leistungen sie auch immer aufzuweisen haben, sehr partiell. Die Dualität dieser Gesellschaften liegt offen zutage: infolge ihrer politischen Instabilität, der Zunahme des Elends, ihres Bevölkerungsprofils sind sie eindeutig mit dem Süden verwandt. Daß England die Rückgabe Hongkongs an China akzeptiert hat, ohne daß die kleinste Zusicherung betreffs der Aufrechterhaltung von Autonomie und Freiheiten für die Kolonie erlangt wurde, zeigt zur Genüge, daß der Norden sich in diesen weit entfernten Gebieten nicht mit Gewalt halten kann.[8] Allenfalls werden neben den kompakten Massen des Südens industrielle und finanzielle Niederlassungen wie Singapur oder die entwickelten Sektoren Indonesiens, Malaysias, Thailands bestehenbleiben, welche weitgehend vom wirtschaftlichen Einfluß Japans beherrscht sein werden, wie es bereits jetzt der Fall ist. Die größte Ungewißheit betrifft jedoch das Schicksal der dazwischenliegenden Zone, insbesondere die weitere Entwicklung von Korea und Taiwan. Es ist möglich, daß sich an dieser Stelle die Ost-West-Front in Gestalt eines Nord-Süd-Limes erneuert. Er würde um Korea und Taiwan verlaufen, die weiterhin zum Norden gehören würden. Doch es ist ebenfalls möglich, daß ein gegen Japan gerichteter sino-koreanischer Nationalismus diese beiden Länder zur Annäherung an China führt. Der kürzliche Zwist betreffs der Hoheit über die Tiadyutai-Inseln zeigt, daß eine solche Entwicklung nicht gänzlich ausgeschlossen ist.[9]

Das andere instabile Teilstück des Limes verläuft vom östlichen Mittelmeer nach Zentralasien. Nicht zufällig haben sich die ersten Konflikte um den Limes gerade in dieser Zone abgespielt, wo er historisch ungenau definiert ist.

Diese Zone besteht aus zwei deutlich unterschiedenen Komplexen: der Gruppe Kaukasus-Zentralasien einerseits und dem Nahen Osten andererseits. Ihn wollen wir zuerst einer Betrachtung unterziehen. Es wäre anmaßend, mit ein paar Zeilen eine Region analysieren zu wollen, die so komplex, so von Unruhe heimgesucht ist und über die tagtäglich so viel geschrieben wird. Es geht hier nicht darum, eine geostrategische Untersuchung, nicht einmal eine partielle, vorzunehmen. Es soll nur angedeutet werden, wie sich das Schicksal der Region über mannigfache Wechselfälle hinweg mit dem größeren Ensemble verknüpfen kann, welches durch den neuen Nord-Süd-Gegensatz konstituiert wird.

Die mittelöstliche Unschärfe

In Frankreich ist nach der Invasion Kuwaits eine recht amüsante Polemik aufgekommen: Ist der Irak ein Land des Südens oder nicht? Den französischen Sozialisten kam es darauf an, um jeden Preis die Vorstellung auszuräumen, die von ihnen geführte Regierung könnte an einer militärischen Nord-Süd-Konfrontation beteiligt sein. Das ideologische Vermächtnis der Brandt-Kommission, welche Nord-Süd als eine Achse der Solidarität und der Entwicklung ansah, wirkte in den Köpfen noch zu stark, als daß man hinnehmen konnte, daraus eine Achse der militärischen Auseinandersetzung zu machen. Damit um jeden Preis vermieden wurde, daß dieser Krieg zu einem Nord-Süd-Konflikt entartete, ließ man sich einfallen, nachzuweisen, daß der Irak ... gar kein südliches Land sei (als ob ein Krieg gegen ein Land des Südens zwangsläufig eine globale Nord-Süd-Konfrontation nach sich ziehen müßte).

Der Verlauf des Krieges hat zu einem raschen Wandel in den westlichen Denkvorstellungen betreffs des Irak geführt. Gewiß handelt es sich um ein Land, das über große Erdölvorräte verfügt. Doch ist es, infolge der außerordentlich abhängigen und anfälligen Struktur seiner Wirtschaft, durch sein Bevölkerungsprofil, durch die Gewöhnung seiner Bevölkerung an große Armut und Entbehrungen, durch den gewaltsamen Archaismus seines politischen Regimes, unzweideutig ein Staat der Dritten Welt.

Das bedeutet allerdings nicht, daß sich deswegen im

Golfkrieg Süden und Norden jeweils in ihrer Gesamtheit gegenübergestanden hätten. Der Krieg hat sich nicht darauf beschränkt, das Bild des Irak offenzulegen. Er hat zugleich gezeigt, daß die Gesamtheit der Länder jener Region – derzeit muß man dabei Israel ausnehmen – die Charakterzüge der Unterentwicklung aufweist und zum Süden gehört. Die Kraftanstrengungen, die manche arabische Führer unternommen hatten, um ihrem Land ein Image von Wohlstand, prowestlicher Orientierung und Stabilität zu geben, wurden mit einem Schlag zunichte gemacht durch das Schauspiel jener Massen, die ihren Haß herausschrien auf die USA, auf Europa, auf den Norden überhaupt – denn die Sowjetunion blieb (zumindest anfangs) von ihrer Kritik keineswegs verschont. Durchschnittsbürger von Ländern wie Jordanien oder Tunesien, die als freundlich und Ausländern gewogen galten, traten vor die bereitwillig aufgebauten Kameras und schrien, daß Demokratie und Menschenrechte für sie Worte ohne Sinn wären, daß die Rache jede Tat rechtfertige und daß Saddam so hart wie nur möglich zuschlagen solle. Der Haß auf die von Fanon so benannten »griechisch-lateinischen Ideale« brach in diesen Bekundungen hervor, hier war die Ideologie des Bruchs mit dem Norden im Großformat und in Aktion zu besichtigen.

Auch hinsichtlich der monarchisch geführten Erdölstaaten kam mehr Klarheit auf. Diese Staaten, schwach bevölkert, mit hohem Pro-Kopf-Einkommen, Gastländer für Arbeitskräfte von außerhalb, Alliierte des Westens und in die Kreisläufe der Weltwirtschaft eingebunden, konnten den Anspruch erheben, an den Norden gekoppelt zu sein. Als sie sich den gegen den Irak zusammengescharten internationalen Streitkräften öffneten, wurde der Öffentlichkeit der westlichen Staaten unzweideutig klar, daß es unmöglich sei, sich mit diesen feudalen Theokratien zu identifizieren. Ihre Verachtung für die Menschenrechte, die engherzige und intolerante Strenge ihrer Religionsausübung, der künstliche und abhängige Charakter von Wirtschaften, die nur auf dem Einkommen aus Erdöl basieren, die wahrhaft totalitäre Erstarrung ihrer politischen Machthaber – all das verbindet diese Länder eindeutig mit dem Süden.

Hält man sich an demographische, ökonomische und politische Grundzüge, dann folgt der Limes im Nahen Osten einer einfachen Linie, welche die gesamte Region dem Süden zuordnet: Die Trennlinie nimmt ihren Ausgang am Bosporus und verläuft längs der Nordgrenze der Türkei zum Kaukasus. Dieser natürliche Limes aber ist nicht historisch stabilisiert: Der Schutz Israels und die Erdölinteressen in der Golfregion tragen dazu bei, die Konfrontationslinie Nord-Süd weiter südlich zu ziehen. Der Golfkrieg ist nicht eigentlich ein Nord-Süd-Konflikt: Er ist ein Konflikt um die Stabilisierung des Limes, ein Ereignis, das mit der Instabilität der Nord-Süd-Demarkation an dieser Stelle zusammenhängt und ihrer Festigung dient.

Gegenwärtig läßt sich unmöglich sagen, zu welchem Grenzverlauf die neue, in der Region angestrebte Sicherheit führen wird. Trotzdem bleibt die Wahrscheinlichkeit bestehen, daß ein zusammenhängender Limes nur längs der erwähnten Linie errichtet werden kann. Zweifellos wird es möglich sein, Israel und den Erdölgebieten einen sicheren Schutz zu verschaffen durch eine Politik, die auf die Schwächung der Staaten der Region, ihre wechselseitige Ausbalancierung und Neutralisierung abzielt. Diese geschützten Zonen aber werden inmitten von Staaten liegen, die ihre »südliche« Natur noch lange Zeit nicht werden verleugnen können.

Die Mitte zwischen den Imperien

Der andere instabile Abschnitt dieses Limes ist die Zone Kaukasus-Zentralasien. In dieser Region existiert eine erhebliche geographische Kluft zwischen der von der Geschichte gezogenen Grenze und der Nord-Süd-Aufteilung.

Die Grenze der Sowjetunion verläuft auf niederen Breitengraden: sie umschließt das Kaukasusmassiv und Georgien, läuft an Turkestan entlang bis zum Pamir. Die unmittelbaren Nachbarn der Sowjetunion sind hier, von Westen nach Osten: die Türkei, der Iran, Afghanistan, Pakistan und China. Diese Grenze hat mit der Zeit ihr Wesen verändert. Anfangs trennte sie die Einflußzonen zweier miteinander konkurrierender Kolonialreiche: des russischen im Norden und des britischen im Süden. Heute ist das russische Imperium sowjetisch geworden und seine verschiedenen, oftmals unscharf geschiedenen, nomadisierenden Völker sind in klar abgegrenzten Republiken organisiert. Das britische Empire ist aufgelöst, bei seiner Entkolonialisierung sind souveräne Staaten geboren worden. Die Region bildet jetzt ein komplexes Puzzle, das von der sowjetischen Grenze scheinbar willkürlich durchtrennt wird: sie teilt Aserbaidschan in zwei Teile, geht mitten durch die turkmenische Ansiedlung; Usbeken, Kurden und Tadschiken sind aufgeteilt auf mehrere benachbarte Länder.[10]

Vor allem der Komplex der kaukasischen und mittelasiatischen Republiken weist gemeinsame Charakterzüge auf, die ihn von der übrigen UdSSR deutlich unterscheiden: ein starkes Bevölkerungswachstum; der Islam als herrschende Religion; eine ökonomische Situation, gekennzeichnet durch Spezialisierung, Ausbeutung und Abhängigkeit (usbekische Baumwolle); vor allem aber eine sehr eigenartige soziale Kontrolle, in der sich marxistisch-totalitäre Strukturen, mafioser Klientelismus und clangebundene sowie traditionelle religiöse Autoritäten vermischen. Dazu kommt noch eine große ethnische Ungleichartigkeit gegenüber dem Norden, da die slawische Bevölkerung in diesen Gegenden in der Minderheit geblieben ist — und die gegenwärtigen Wirren tendenziell zur raschen Verringerung ihrer Zahl führen.[11]

In dieser Zone stellt sich offen das Problem des Nord-Süd-Limes. Es läßt sich unmöglich vorhersagen, wie er sich stabilisieren wird, doch man kann die Entscheidung darüber in zwei großen Optionen fassen. Die erste gibt dem historischen Verlauf, also dem status quo des Imperiums den Vorzug (Karte 5, Variante 1), die andere entspricht dem soziologischen Verlauf: sie geht von der Neuordnung der gesamten Union und der Abgrenzung zwischen Nord und Süd aus. Die Modalitäten dieser Neuordnung werfen schwerwiegende Fragen auf. Nach der »logischsten« Aufteilung würden die muslimischen Republiken entlang dem Nordhang des Kaukasus abgetrennt, und Kasachstan würde von einer Linie durchschnitten, die ungefähr durch die Mitte des Landes verläuft und den Aral-See (oder das, was von ihm übrig ist) mit dem Balchasch-See verbindet (Karte 5, Variante 2).

Doch zwischen diesen beiden extremen Grenzverläufen ist alles möglich. Obwohl diese Regionen durch eine Reihe gemeinsamer Züge in einem Gegensatz zum Norden stehen, sind sie nichtsdestoweniger auch untereinander stark gespalten. Wenn man den Terminus »muslimische Republik« gebraucht, sollte man nicht vergessen, daß es hier mehrere christliche Staatswesen gibt (Georgien, Armenien mit dem vielgenannten Berg-Karabach). Es geht nicht allein um religiöse Faktoren: Olivier Roy legt nahe, den Begriff »islamische Solidarität« mit Vorsicht zu gebrauchen. Es ist durchaus nicht sicher, daß der Iran an seiner Nordflanke unabhängige Staaten entstehen sehen möchte; diese sunnitischen und turksprachigen Massen sind für die persisch-schiitische Staatlichkeit Faktoren innerer oder äußerer Destabilisierung. Niemand in den Imperien (dem russischen, chinesischen oder persischen) wünscht die Autonomie dieser über so lange Zeit gefürchteten Mitte.[12] Die von der sowjetischen Macht seit der Stalinzeit betriebene sprachliche Aufspaltung hat es erlaubt, diese Regionen zu schwächen und unter Kontrolle zu halten. Das Verfahren diente einem doppelten Zweck: einerseits wurden die nationalen und ethnischen Identitäten vervielfacht und gegeneinander ausgespielt, andererseits sollten die gemeinsamen Werte des Sozialismus für ihre Verschmelzung sorgen. Heute, da diese Werte entfallen, bleibt der Haß zwischen den verschiedenen Gemeinschaften, seit drei Jahren bricht er in Aufständen und Morden hervor, die sich gleichermaßen gegen die landesansässigen Russen wie gegen jede Art von Fremden richten. Die Zukunft ist also höchst unbestimmt. Die Gefahr ist um so größer, als der Nord-Süd-Bruch in dieser Gegend nicht längs einer Staatsgrenze verläuft, sondern diesen Staat selbst durchzieht.

Damit haben wir den Blick rasch und sehr summarisch um die ganze Welt schweifen lassen. Jedes Teilstück des Limes ist das Produkt einer langen und häufig gewaltsamen lokalen Geschichte. Das neue ideologische Ereignis, das die gegenwärtige Epoche kennzeichnet, ist die Zusammenführung dieser einzelnen Geschichtsverläufe, ihre Eingliederung in eine Gesamtlogik, die Logik des Limes.
Das Pascalsche Gesetz der Physik formuliert, daß der auf einen Punkt der Fläche einer Flüssigkeit ausgeübte Druck auch auf jeden anderen Punkt dieser Fläche wirkt. Die Ideologie des Limes faßt in ähnlicher Weise ein Druckverhältnis zusammen. Jeder Teilabschnitt stellt mehr dar als sich selbst: einen Baustein des globalen Gegensatzes.
Bereits in einer unweit zurückliegenden Vergangenheit hatte sich ein globaler Perspektivwechsel vollzogen, als nämlich an die Stelle der Konfrontation kolonial/antikolonial der Ost-West-Gegensatz trat. Es ließ sich beobachten, wie auf diese Weise der Indochina-Konflikt sein Wesen veränderte: Bis zum Abzug der Franzosen war es ein Krieg um die Beendigung der Kolonialherrschaft. Mit dem Beginn der amerikanischen Intervention wurde er Teil einer weltweiten gegensätzlichen Konstellation: der zwischen dem Kommunismus und dem Westen.
In gleicher Weise sind heute frühere Grenzen beteiligt an einer neuen ideologischen Aufgliederung, die über diese Grenzen selbst hinausgreift. Die russischen Grenzwächter am Ussuri haben zuerst das Land der Zaren gegen die Chinesen verteidigt, danach haben sie die Grenze

zwischen zwei »Bruderländern« bewacht und schließlich, immer in Eiseskälte die gleichen Runden am Fluß drehend, die Orthodoxie vor dem Abweichlertum geschützt. Heute nun patrouillieren sie am Limes zwischen Nord und Süd. Kein Kieselstein ist von der Stelle gerückt, doch eine neue Ideologie ist auf den Plan getreten und macht dieselben Männer zu Kumpanen und im Falle von Angriffen vielleicht auch zu Waffengefährten jener anderen, die spähend am Ufer des Rio Grande oder des Mittelmeers stehen.

9

DEN SÜDEN VERLIEREN*

> *Denn alle Gewalt und aller Zwang, um ein Volk im Zaum zu halten, ist unnütz, außer in zwei Fällen. Entweder du hast immer ein gutes Heer ins Feld zu stellen, wie die Römer, oder du zerstreust und vernichtest das Volk, löst es auf, und zersplitterst es derart, daß es sich nicht mehr vereinigen kann, um dir zu schaden. Denn machst du es arm, so bleiben den Beraubten die Waffen, und entwaffnest du es, so schafft die Wut Waffen. Tötest du die Häupter und fährst fort, die Menge zu bedrücken, so wachsen sie neu wie die Häupter der Hydra.*
>
> Niccolò Machiavelli, Betrachtungen über die erste Dekade des Titus Livius, 2. Buch, 24. Kap.[1]

Der Limes ist eine sonderbare und paradoxe Linie: er ist keine gewöhnliche Grenze. Er trennt zwei Welten voneinander und eint zugleich eine jede in sich. Das von Polybios eingeführte Gegnerpaar gewinnt daraus seine Kraft: Die beiden Welten im Widerspruch, das Reich und die Barbaren, bestimmen und festigen sich gerade durch ihre Gegnerschaft. Selbst wenn sie völlig auseinandergebrochen wären, würde die äußere Gefahr, die sie wechselseitig füreinander darstellen, sie innerlich einen und sie in ihrem jeweiligen Sein beharren lassen.

Wie vollzieht sich dieser einigende Effekt des Limes auf der Seite des Nordens?

Im Sinne der langen lateinischen Metapher, die dieses Buch durchzieht, bot es sich an, das Römische Reich als

---

* Abwandlung der französischen Redewendung *perdre le nord*, in der Klemme sitzen, die Orientierung (den Nordpol) verlieren. (Anm. d. Übers.).

ein permanent existierendes Staatsgebilde darzustellen. Seine Geschichte indes ist eine einzige Folge von Rissen, Brüchen, Aufspaltungen. Vom Fall Karthagos bis zum Zusammenbruch des Westreiches vergehen sechs Jahrhunderte, aber nur in der Hälfte jener Zeit ist die innere Einheit des Reiches verwirklicht. Die glanzvollen Epochen des Augustus, der Antonine oder Julians sollten nicht vergessen machen, daß es nur kurzlebige Zeiten der Harmonie waren. Das Reich wurde unaufhörlich zerrissen von sozialen und Bürgerkriegen, von Kämpfen um das Erbe der Macht und von Aufteilungen während der Verfallsperiode. Während dieser Zeiten der Teilung wurde die Einheit der römischen Welt nur von außen aufrechterhalten: durch seine Gegnerschaft zu den Barbaren. Wenn die inneren Rivalitäten gar zu stark werden, ist die äußere Gefahr da, um an das Erfordernis der Einheit zu gemahnen. Ammianus Marcellinus, der Geschichtsschreiber des 4. Jahrhunderts, hebt das hervor, als er den Bruderkrieg schildert, den sich Prokopios und Valentinian liefern, während die Alamannen das Reich bedrohen. »Er ... wiederholte allerdings mehrfach, sein und seines Bruders alleiniger Feind sei Prokopios, aber die Feinde des gesamten römischen Erdkreises die Alamannen.«[2]

Diokletian treibt diese Logik bis zur letzten Konsequenz. Er macht die späte, aber kapitale Entdeckung: Die äußere Einheit des Reiches ist um so besser geschützt, wenn es im Inneren geteilt ist. Nach diesem Prinzip führt er die Tetrarchie ein, das heißt die Aufteilung der römischen Welt in vier eigenständige Machtbereiche, die sich aber alle demselben Unterfangen widmen: das Reich an seiner Außengrenze zu verteidigen.* Und dieses viergeteilte Reich sollte kraft eines wahrhaft christlichen Mysteriums seine Einheit als Gesamtheit bewahren. Daß die römische Welt am Ende zerfiel und mit der dauerhaften Trennung in ein Ost- und ein Westreich den antiken

---

* Die Regierungssitze der vier Herrscher in der Tetrarchie sind Trier, Mailand, Sarminium und Nikomedia. Rom bleibt die universelle Hauptstadt, aber die Macht ist aus ihr ausgezogen.

Gegensatz von griechischer und lateinischer Welt wiederherstellte, ist eine andere Sache. Das Wesentliche daran bleibt: Das Reich bezeichnet ein vorwiegend von außen, d. h. durch seine (gewaltsame oder nichtgewaltsame) Gegnerschaft zu den Barbaren bestimmtes Staatsgebilde. Je nach Epoche entspricht der äußeren Einheit entweder eine innere Einheit (Zeit des Augustus) oder aber eine Aufspaltung in mehrere Machtzentren (Zeit Diokletians).

Wir begeben uns heute in die Ideologie des Limes nach Diokletian. Der Norden besteht aus mehreren Machtpolen. Zusammengefaßt läßt sich sagen, die gegenwärtige Tetrarchie wird gebildet von den USA, Europa, der UdSSR und Japan. Der Limes wird für sie eine einigende Ideologie darstellen. Ihre Rivalitäten bleiben stark und ihre Gespaltenheit tief. Ihre Interessen aber konvergieren in der Definition und der Anerkennung dieses Limes. Sie sind vereint durch die Erkenntnis ihrer gemeinsamen Gegnerschaft zur Welt der neuen Barbaren. Wir werden die Position eines jeden dieser Pole im Verhältnis zum Süden sowie das Interesse untersuchen, das sie an der Anerkennung und Verstärkung des Limes haben. Es sind sehr unterschiedliche Beweggründe, die sie zu dieser gemeinsamen Haltung veranlassen.

USA: EINE ZU MIETENDE SUPERMACHT

Der ungeheure Erfolg von Paul Kennedys Buch *Rise and Fall of the Great Powers*[3] hat offenbart, in welchem Maße die Vereinigten Staaten heute vom Gedanken des Verfalls besessen sind. Amerika hat in jüngster Zeit entdeckt, daß es die Weltbühne nicht mehr beherrscht und seine Macht mit Konkurrenten teilen muß, die darum aber nicht seine Feinde sind. J. D. Steinbruner schreibt: »Das hervorstechende Ereignis, das zu einer Änderung der (Außen-)Politik zwingt, ist der Umfang der internationalen Wirtschaftsentwicklung. Die amerikanische Wirtschaft ist nicht länger eine nationale Bastion und eine automatische Basis von

Vorherrschaft über die Welt. Gemäß unseren eigenen Intentionen hat sich die ökonomische Kapazität global entwickelt und unwiderruflich internationalisiert, was den USA absolut gesehen einen höheren Wohlstand, relativ gesehen aber einen geringeren Vorsprung gebracht hat (...). 1945, in einer Welt, die durch die Zerstörungen des Krieges in einen argen Rückstand gestürzt worden war, stellten die USA die Hälfte des Produktionsaufkommens in der Welt. 1985 bringen sie weniger als ein Viertel des Weltwirtschaftsprodukts hervor, das sich seit 1945 verfünffacht hat.«[4] Paul Kennedy hat diese Situation als eine Gesetzmäßigkeit erklärt: Die Ausübung von militärischer Macht ist ökonomisch kostspielig. Länder, die von diesem Zwang entbunden sind (wie Deutschland und Japan in der Nachkriegszeit) können all ihre Anstrengungen Investitionen widmen, die das Wirtschaftswachstum fördern. Ihr gegenwärtiger Erfolg bezeugt das. Umgekehrt wird die Großmacht, die ihre Wirtschaft durch Militärausgaben sterilisiert, relativ verarmen, und diese Verarmung untergräbt das Fundament ihrer Macht. Somit ist für das amerikanische Imperium der Weg des Niedergangs vorgezeichnet. Mag diese These nun richtig oder falsch sein, sie hat einen gewaltigen ideologischen Einfluß auf die USA. Sie schmeichelt der Vorstellung von einer Welt, die sich den USA gegenüber als undankbar erweist, und sie produziert das Bild eines Landes, das zum Opfer seiner weltweiten Verpflichtungen und seiner Großzügigkeit geworden ist.

In diesem Kontext hat der Zusammenbruch der Sowjets, ihr Abstieg als Großmacht die Amerikaner zunächst in Verwirrung gestürzt. Was bedeutet dieser Rückzug? Eröffnet er den Weg zu einer massiven Abrüstung? Die USA könnten dann einen Großteil ihres Handikaps durch militärische Belastung loswerden. Doch ist er nicht im Gegenteil von einer Beibehaltung der Bedrohungen in der Welt begleitet? Die USA wären jetzt die einzige militärische Supermacht, die darauf zu entgegnen imstande ist, dies aber würde die Fortsetzung ihrer Anstrengungen und somit in absehbarer Zeit ihren Niedergang bedeuten.

Die Frage hat sich lange Zeit nicht gestellt. Zwar ist auf dem Feld der Abrüstung mit den Sowjets ein bedeutender Fortschritt erzielt worden. Doch die Ereignisse der beiden vergangenen Jahre haben gezeigt, daß die Welt (hauptsächlich auf sowjetischer Seite) nach wie vor sehr instabil ist und die USA in der vordersten Linie verbleiben. In dieser multipolaren Welt, wo kein Gleichgewicht garantiert ist, herrscht nach wie vor eine sehr ernste Bedrohung. Es stehen, wie Steinbruner schreibt, »die Sicherheit und der Wohlstand der nächsten Generation von Amerikanern auf dem Spiel«[5]. Die USA verfügen als einzige über eine solche weltweite Stärke, daß sie den schwerwiegenden Störungen des Gleichgewichts, die von jetzt an möglich sind, entgegentreten können. Sie müssen also weiterhin ihre Militärmacht stärken und sich auf deren Einsatz vorbereiten, denn das Kräftespiel ist nicht länger durch die nukleare Abschreckung gelähmt.

Natürlich schmeichelt es der Eigenliebe eines Volkes, zu wissen, daß es die letzte Supermacht ist. Aber die USA sind zu sehr vom Gedanken ihres Niedergangs besessen, um nicht zugleich die ganze Zerbrechlichkeit dieses Triumphes zu spüren. Man muß an den Lorbeerkranz denken, den Cäsar, wie uns Sueton berichtet, fortwährend trug, aber weniger als Zeichen der Ehre, sondern um seine Glatze zu verdecken[6] ...

Der einzige Ausweg für Amerika besteht darin, die ihm zufallende Bürde aufzuteilen. Es kann nur im Namen gemeinschaftlicher Ideale kämpfen und muß einen Beitrag von denen fordern, die es in ihrem Interesse − zugleich mit den eigenen Interessen − verteidigt. Die amerikanische Diplomatie ist von ihrem Ursprung her an diese Übung gewöhnt: ein Vorgehen als moralisch und universell bedeutsam darzustellen, das andererseits ein gutes Geschäft für die Union ist. Sie hat das seit dem 18. Jahrhundert, der Zeit der Entkolonisierung Lateinamerikas, vorgeführt, als sie beispielsweise die Monroe-Doktrin ausarbeitete, die auf den »Schutz« des Kontinents hinzielt. Bisher war dieser formelle Moralismus für die amerikanische Öffentlichkeit bestimmt. Von jetzt an ist er zum weltweiten Gebrauch vorgesehen und soll den Schutzbefohlenen klarmachen, daß sie aus ihrer vermeintlichen Schwäche keinen Vorteil ziehen dürfen.

Die von den USA 1990 in Süd- und Mittelamerika durchgeführten Militäroperationen waren bereits geprägt von dieser Neuorientierung. Das Ziel, »gegen den Rauschgifthandel« vorzugehen, verlieh ihnen einen kollektiven Anstrich und zeigte allen von dieser Geißel bedrohten Ländern, daß sie den USA für ihre Sanierungsaktion Dank schuldeten. Allerdings erlaubte der bescheidene Umfang der Angelegenheit keine wirkliche Aufteilung der Lasten.

So bildete der Golfkrieg den ersten günstigen Anlaß für eine wirklich internationale Übernahme der militärischen Anstrengungen Amerikas. Es ist bekannt, daß die Kosten für diesen Krieg weitgehend von den Verbündeten getragen werden und die USA lediglich ihren eigenen Anteil übernehmen, um, nach der Formulierung von James Baker, »nicht wie Söldner dazustehen«. Diese Aufteilung der Kosten − und der Aufgaben − zwingt die mit den USA konkurrierenden, aber zugleich mit ihnen verbündeten Nationen zu einer Solidarität, welche durch das »Jeder-für-sich«-Prinzip der Wirtschaft zurückgedrängt worden war. Auf diese Weise kann Amerika hoffen, seine Rolle als Supermacht zu behalten und zugleich die Logik des Niedergangs zu durchbrechen, zu der es durch diese Anstrengung verdammt war. Diesmal werden die Ausgaben für den Krieg aufgeteilt, die Gewinne aus ihm (Waffenverkauf, strategische Vorteile, Wiederaufbau) aber fallen den USA zu.[7]

Eine solche internationale Kooperation ist durch eine sorgfältige ideologische Präsentation der Angelegenheit möglich geworden. Der Golfkrieg wurde in eine umfassendere und vor allem längerfristige Perspektive gestellt, welche ein Bild der neuen Organisation des Planeten, so wie die USA sie wünschen, vorzeichnet. Mit der Nennung Saddam Husseins wollten die Amerikaner über ihn hinaus all jene ansprechen, die in Zukunft versucht sein sollten, die internationalen Regeln zu verletzen. Hinter der Kuwaitfrage steht als eingestandenes Ziel der amerikanischen Intervention die »neue Weltordnung«. Die Ideologie dieser neuen Ordnung ist direkt von Polybios entlehnt. Es ist der Gegensatz erkennbar zwischen Recht, Freiheit, Achtung des Individuums, Technologie, kurz, Zivilisation, auf der einen Seite, und ihrem Gegenteil: Aggression, Zerstörung, politischer Gewalt, Fanatismus, kurz, der neuen Barbarei.

Die Bedrohung wird nicht direkt als aus dem Süden kommend bezeichnet: das wäre politisch verheerend. Dennoch ist in den USA seit mehreren Jahren das Bewußtsein aufgekommen, daß Gefahr und Instabilität sich vor allem in jener Himmelsrichtung zusammenbrauen. Ihre Auseinandersetzung mit der Sowjetunion blieb allzeit ein ferner, immaterieller, theoretischer Kampf. Allein die aus dem Süden kommenden Gefahren haben Nordamerika unmittelbar getroffen: Drogenhandel, illegale Zuwanderung, Terrorismus gegen seine Staatsbürger, Botschaften und Flugzeuge, Geiselnahme und Erpressung. Die Amerikaner haben das Gefühl, daß ihnen ihre Fürsorge für die unterdrückten Kontinente sehr schlecht vergolten worden ist. Während sie gegen den Kolonialismus gekämpft haben, während sie die Wohltaten des freien Handels und der Technik hintrugen, wo immer sie es vermochten, während sie die jungen Staaten vor der marxistischen Bedrohung beschützten, stellen sie entrüstet fest, daß sie dafür nur Undankbarkeit und Schmähung ernten. Es geht nicht darum, ob diese Sehweise richtig ist: es ist die Sicht, die sich die Mehrheit der US-Bürger zu eigen macht, und sie schlägt sich in den politischen Entscheidungen ihrer Nation nieder. Und es ist wahr, amerikanische Paßinhaber sind heutzutage in einer Vielzahl von Ländern nicht willkommen. Der Süden wird für sie mehr und mehr zum verbotenen Land.

Bis vor kurzem konnte man stets die Sowjets beschuldigen, daß sie die aus dem Süden kommenden Angriffe anstachelten. War nicht Kuba die Drehscheibe für den Koka-Handel? War die Verbindung zwischen dem internationalen Terrorismus und dem KGB nicht erwiesen? War der Zustrom von Flüchtlingen nicht die direkte Folge der unlängst erfolgten Sowjetisierung mehrerer Länder? Lange Zeit ist der Süden den USA nur als ein Instrument der subversiven Machenschaften des Ostens erschienen. Es bedurfte erst des Afghanistankrieges und der Streitigkeiten zwischen Sowjets und muslimischen Republiken sowie des Auftauchens wahrhaft unkontrollierter Regime wie des Irans, damit den Vereinigten Staaten klarwurde, in welchem Maße der Süden eine eigenständige Wesenheit konstituieren und dem Osten wie dem Westen gleichermaßen Schwierigkeiten bereiten konnte. In Vietnam wie in Afghanistan glaubten die Supermächte, gegeneinander Krieg zu führen; in Wahrheit waren sie beide vom Süden besiegt worden. In einem Kontext der Wiedervereinigung stellt sich die Verteidigung eines Nord-Süd-Limes als die einzige dauerhafte Sache dar, für die einzutreten sowohl die Westler wie die Sowjets gezwungen sind. In der neuen Weltordnung scharen sich auf den Trümmern des Kalten Krieges all jene zusammen, die sich kollektiv gegen die neue Barbarei wappnen wollen und zu diesem Zweck bereit sind, mit den USA zu kooperieren. Die ersten Auswirkungen dieser Neuformierung in Nord-Süd-Richtung sind zu spüren.

In der UNO hat die Blockade des Sicherheitsrates durch den russisch-amerikanischen Gegensatz jahrelang den Ländern des Südens freie Bahn bei der Äußerung ihrer Ansichten verschafft – dank dem System: ein Staat – eine Stimme. Die USA haben lange das »zweifache Maß« angeprangert, welches dazu führte, daß sie ständig angeklagt waren, während die Menschenrechtsverletzungen im Osten oder im Süden mit Schweigen übergangen wurden.[8] Sie haben das System kritisiert, sind aus verschiedenen Institutionen (der UNESCO) ausgeschieden, aber dem Gedanken einer internationalen Organisation treu geblieben, sie haben die Vereinten Nationen nicht schlicht und

190

einfach fallenlassen. Man hatte das Gefühl, daß sie auf ihre Stunde warteten. Sie ist mit der neuen sowjetischen Politik, vor allem aber mit dem Golfkrieg angebrochen. Die Nordmächte haben die Initiative wieder an sich gerissen. Der Sicherheitsrat, in dem die wichtigsten Hauptstädte des Nordens über einen ständigen Sitz und über Vetorecht verfügen, setzt sie in die Lage, *Das Recht* zu verkünden und es durchzusetzen.

Auf moralischem Gebiet steht der heftigen Anprangerung des Irak − am Limes gelegen − die große Gleichgültigkeit gegenüber, mit der andere, gleichzeitige Konflikte behandelt wurden. Ebenso hat die Kritik am »Schlächter« von Bagdad nicht verhindert, daß eine Wiederannäherung an den Iran (dessen demokratische Tugenden wohlbekannt sind) und an China vollzogen, ebenso wie zugelassen wurde, daß Syrien sich des christlichen Libanons bemächtigte. Es ist klar, daß die neue, auf Demokratie und Recht gegründete Weltordnung räumlich beschränkt ist. Um sie zu verteidigen, sind die USA bereit, Staaten zu unterstützen, die weder die Demokratie noch das Recht respektieren, wenn sie nur eine nützliche Funktion bei der Stabilisierung des Limes erfüllen.

Im Gegensatz dazu wird stark bedrohten demokratischen Regimen, die in manchen Fällen verzweifelte Anstrengungen unternehmen, um sich wiederaufzurichten, aber nicht das Glück haben, am Limes zu liegen, kaum Aufmerksamkeit zuteil: Brasilien, Argentinien, Chile.

Diese ungleiche Behandlung ist bei der Verteilung der amerikanischen Hilfe zu spüren. Pakistan verliert mit dem sowjetischen Rückzug aus Afghanistan an Interesse und zugleich seine Kredite. Hilfe erlangen diejenigen Staaten, die am Bemühen um Stabilität im Nahen Osten beteiligt sind, die am Limes liegen oder solche, die für Nordamerika eine unmittelbare Bedrohung darstellen (Peru und Kolumbien wegen ihrer Koka-Produktion).[9]

Kein Zweifel, die USA sind zum Limes konvertiert, und sie sind seine Hauptverfechter. Auf den ersten Blick scheint die Ideologie einer geteilten Welt im Widerspruch zur amerikanischen Tradition demokratischer Universalität zu stehen. Doch möglicherweise handelt es sich um eine Kontinuität in tieferen Schichten. Die Tendenz der USA, neue Anhänger von Freiheit und Demokratie zu gewinnen, ist nicht zu trennen vom Gedanken einer zivilisatorischen Mission mit religiösem Beiklang. Aus der amerikanischen Linken hervorgegangene Historiker haben überzeugend nachgewiesen, daß in der Ideologie der Union seit ihrem Ursprung eine ausgeprägte Dichotomie — sie sprechen sogar von einem regelrechten Rassismus — vorhanden ist zwischen dem Guten (das die USA repräsentieren) und den übrigen: den Wilden, Heiden, Unterentwickelten[10].

Heute haben lediglich die Widersacher gewechselt, doch es bleibt die Dynamik der Bekehrung bestehen, die zur Verteidigung des Guten gegen seine Bedrohung antreibt.

Der heutige Limes — oder wenn man so will, die neue internationale Ordnung — fixiert die Trennlinie zwischen dem Norden, der den demokratischen und menschlichen Werten anhängt, welche die Werte der USA sind, und dem Rest der Welt, also den neuen Barbaren.

In dieser Denktradition kommen, je nachdem, ob man mit der einen oder der anderen Welt zu tun hat, zwei unterschiedliche Regeln zur Anwendung. Daheim, das heißt in den USA oder überhaupt im Norden, sollen Recht, Freiheit, Solidarität vorherrschen. Gegenüber den anderen, d. h. den neuen Barbaren, dem Süden, wird der größtmögliche Pragmatismus toleriert. Allein der Zweck zählt, und es gilt, was das chinesische Sprichwort sagt: Man muß die Barbaren gegen die Barbaren benutzen. Ebenso wie sich die Vereinigten Staaten einstmals entschlossen haben, unangenehme Leute zu unterstützen, um das Lager der Freiheit gegen den Marxismus zu verteidigen, erweisen sie sich heute wenig anspruchsvoll bei der Wahl ihrer Freunde, wenn es darum geht, die neue Ordnung zu etablieren und zu schützen: Die große Nachsicht gegenüber China ist gewiß der Preis für diese mentale Teilung der Welt, die den Idealismus einem Lager vorbehält und dem andern gegenüber Realismus rechtfertigt.

EUROPA: REICH UND LEICHTSINNIG

Die europäischen Länder haben sich in ihren Beziehungen zum Süden über lange Zeit beträchtlich unterschieden. Manche besaßen Kolonien, andere nicht – oder nicht mehr. Zwischen den Kolonialmächten gab es lebhafte Rivalitäten. Die Verhältnisse von Kolonialreich zu Mutterland konnten stark divergieren: die unermeßliche Weite des portugiesischen Kolonialgebiets kontrastierte mit der Ärmlichkeit und bescheidenen Größe des Mutterlandes. Und Spanien, am anderen Extrem der Skala, hätschelte seine winzig kleinen Kolonien in Afrika, die letzten Überreste eines untergegangenen Weltreichs.

Die europäischen Länder hatten sich in das koloniale Unternehmen mit der Gewißheit gestürzt, daß es notwendig sei. Über das Geschick des Südens bestand kein Zweifel: Diese Gebiete waren die natürliche Erweiterung eines Europa, dessen Völker zu eng zusammengepfercht waren, wo die Rivalität zwischen den Mächten sich in Gestalt der Eroberung neuer Territorien abspielte. Von Bülow hatte gesagt: Die Frage ist nicht, ob, sondern was und wie man kolonisieren soll. Dieser erste Konsens über die Notwendigkeit einer Nord-Süd-Fusion wird natürlich mit der Zeit gedämpft, in dem Maße, wie sich einige – so England oder Frankreich – als die Gewinner des Unternehmens erweisen und die Verlierer sich veranlaßt sehen, es abzulehnen.

Die Entkolonisierung verlief zeitgleich mit der Einigung Europas. Seit Anfang der sechziger Jahre nimmt Europa dem Süden gegenüber allmählich eine homogenere Position ein. Alle Länder, die der Gemeinschaft beitreten, haben ihre Kolonien preisgegeben – oder werden das alsbald tun. Dies sollte bei der 1986 erfolgten Erweiterung vornehmlich für Spanien und Portugal gelten. Die EWG zieht eine scharfe Grenze um Europa: Jeder Staat ist auf den Raum seiner Metropole beschränkt. Die Kolonisierung besteht nur noch in Form von »Vorzugsbindungen« fort, die die Kolonialmächte zu ihren früheren Territorien beibehalten (sowie durch den Besitz einiger konfettigroßer Überreste des Kolonialreichs).

Diese Vorzugsbindungen verlieren mit der Zeit ihre Bedeutung. Trotz der Bemühungen der französischen Entwicklungshilfe um Afrika gestalten sich die Beziehungen der früheren Kolonien in vielfältiger Richtung. Der Umfang der Probleme, vor denen dieser Kontinent steht, vermag die Unzulänglichkeit einer Unterstützung durch Frankreich allein nur zu unterstreichen. Angesichts der sich ankündigenden Krisen schrumpfen die bilateralen Beziehungen mehr und mehr, werden marginal. Die Hilfe durch ein einziges europäisches Land entspricht nicht mehr dem Maß der ökonomischen und demographischen Probleme.[11]

Diese Präferenzbindungen nehmen, falls sie weiterbestehen, mehr den Charakter einer politischen Hilfe an, dazu bestimmt, den ehemaligen Kolonialmächten eine »Ausstrahlung« zu erhalten und ihnen den süßen Trost zu lassen, sich für größer halten zu können als sie sind.

Das Schwergewicht bei der Entwicklungszusammenarbeit fällt nun der Europäischen Wirtschaftsgemeinschaft zu. Sie erteilt ihre Hilfe im Rahmen eines Abkommens, das alle fünf Jahre mit den sogenannten AKP-Staaten (Afrika, Karibik, Pazifik) ausgehandelt wird. Bei der Verteilung dieser Hilfe waltet raffinierte Willkür. Diese beruht nicht so sehr auf unmittelbar politischen Prärogativen. Im Unterschied zur bilateralen Zusammenarbeit ist die EG-Hilfe ein Manna, das nach neutralen Regeln verteilt wird. Die Aufnahme einer Klausel, welche − als ein Minimum − die Unterbrechung der Hilfeleistung im Falle schwerer Menschenrechtsverletzungen vorsieht, ist von den Partnern aus den AKP-Ländern stets energisch abgelehnt worden. Auch in der schlimmsten Zeit der Hungersnot floß die EG-Hilfe weiter ohne irgendwelche Bedingungen nach Äthiopien, so daß sie praktisch einer verbrecherischen Politik diente. Auf Druck mehrerer europäischer Regierungen wurde sie schließlich unterbrochen, aber nicht eingestellt, weil sie durch das Abkommen von Lomé gewissermaßen obligatorisch geworden ist. Das Europa der Gemeinschaft hält eine starke finanzielle Verbindung zwischen Nord und Süd aufrecht, doch auf eine fast distanzierte Weise. Es verhält sich in gewisser Weise ebenso wie internationale Institutionen vom Typus der Europäischen Bank für Wiederaufbau und Entwicklung (EBRD) oder UNICEF. Diese finanzielle Fürsorge ist gleichsam das Lösegeld für den politischen Rückzug. Den stark emotional geprägten Beziehungen zwischen ihren Mitgliedstaaten und deren früheren Kolonien stellt die EG eine Art gelassener, neutraler und ziemlich bürokratischer Hilfe entgegen.

Die europäischen Staaten sind also mit dem Süden heute durch die automatische Zahlung einer Art gemeinschaftlichen Tributs verbunden.

Diese entkörperlichten, kühlen Beziehungen stehen im Kontrast zu der einzigen wahren Gefühlswallung, die der Süden in ganz Europa erweckt: der Angst vor Zuwanderung. Nach einer Periode der Öffnung und der Anwerbung von Arbeitskräften ist jetzt die Stunde der Abschottung gekommen. Jeder Staat ist weiterhin für seine Grenzen verantwortlich, aber die EG fungiert als Rahmen für eine Harmonisierung der Kontrollen (dies ist Gegenstand des Schengener Abkommens).

Das südliche Europa, die ehemaligen Kolonialländer, die Industriemächte – sie alle sind Anlaufpunkte der aus den früheren Kolonialreichen herbeiströmenden Zuwanderer. Im Gegenzug zu der nordsüdlichen Kolonisierungsbewegung beobachtet man seither die südnördliche Bewegung der Zuwanderung. In Europa erscheint die Frage des Limes als lebenswichtig. Die Dritte Welt ist kein fernes Universum, dessen Drohung sich indirekt bemerkbar macht: Es sind Nachbarländer und vertraute Völker, häufig sprechen sie sogar die gleiche Sprache. Das Gespenst in

Europa heißt Überflutung, »Invasion«[12]. Dieser Begriff, der an ein Hereinbranden denken läßt, wird verwendet, während die Nord-Süd-Grenze gerade verstärkt wird. Darin liegt eine ideologische Entstellung ähnlich jener, deren Opfer die Römer im 4. Jahrhundert wurden. Wenn Ammianus Marcellinus, Geschichtsschreiber jener Epoche, von »Kolonnen von Barbaren, die sich wie die Lava des Ätna herabwälzen«, von »hereinbrandenden Fluten und Wogen« spricht, so glauben ihm die Römer nur zu gern. Doch offensichtlich kamen Invasionen damals nur in bescheidenem Ausmaß vor, lediglich kleine Scharen von Kriegern waren daran beteiligt.[13] Es handelte sich mehr um ein Hereinsickern als um massierte Überfälle. Mit seiner Darstellung will Ammianus weniger eine Realität schildern, als sie durch das Anstacheln zu einer Reaktion beschwören und abwenden. Sie richtet sich an eine alteingesessene römische Klasse, die empört darüber ist, daß Barbaren immer zahlreicher und ganz legal verantwortliche Positionen im Imperium einnehmen. Diese innere Realität setzt sich um in der Schilderung der Invasion. Wenn Ammianus von jenen hereinbrandenden Wogen spricht, dann suggeriert er, der Limes müsse verteidigt, versteift, undurchlässig gemacht werden.

Heute eint sich Europa dem Süden gegenüber in einer ähnlich defensiven Ideologie. Das Gespenst der Invasion gebietet verstärkte Kontrolle. Aus anderen Gründen als Amerika, wegen der Nähe seiner früheren Kolonialgebiete und aus der Furcht heraus, daß deren Massen sich gegen Europa wenden könnten, übernimmt auch Europa das Konzept des Limes und macht sich bereit, ihn zu verteidigen.

UdSSR: Zurück zur Tscherta

Am Anfang der russischen Expansion stand die Angst. Die Fürsten von Moskau und später die Zaren, ihre Nachfolger, richten die ersten Angriffe gegen die Tataren, um sich ihrer Oberherrschaft zu entledigen. Dieser Expansionismus ist zunächst ein defensiver.

Sein Werkzeug sind die Kosaken. Sie bewegen sich in ihrer ureigenen Umgebung: der Steppe. Das unermeßliche Sibirien, das sie erobern, ist nur schwach bevölkert, und vermittels einer massiven und gewaltsamen Einwanderungspolitik werden hier alsbald die Slawen vorherrschen.

Die Kosaken sind vom Osten fasziniert und angelockt, vor dem Süden aber halten sie inne. Am Rande der Wüsten Mittelasiens errichten sie eine lange Verteidigungslinie, die vom Kaspischen Meer bis zum Pamirmassiv reicht. Diese *Tscherta* ist nichts anderes als ein Limes. Nördlich von ihm erstreckt sich über die ganze Breite des Kontinents, von der Krim bis zum Ochotskischen Meer, das Zarenreich; südlich davon ist ein myriadenhaftes Gewimmel von Nomadenvölkern. An diese lange Etappe, die erst vor hundertfünfzig Jahren (einer recht kurzen Zeit) zu Ende gegangen ist, gilt es sich zu erinnern. Das Russische Reich war lange bestrebt, zwischen sich und dem Süden eine Scheidelinie zu errichten, als ob es sich bewußt wäre, daß hinter diesem Limes die Gefahr wohnte. Es überschreitet diesen Äquator erst 1839, als die Engländer mit ihrer Indienarmee in Afghanistan einfallen. Ein bloßes zeitliches Zusammentreffen? Nein, es geschieht unter dem Einfluß Europas, daß die Russen sich anschikken, die Trennlinie zwischen dem Norden und dem Süden zu zerstören. Der europäische Kolonialismus scheint eine geistige Schranke aufgehoben und die Russen davon überzeugt zu haben, daß ihr Vormarsch keine Grenzen kennt. Die Kosaken fallen nach Mittelasien ein, im Namen eines Mythos, der nicht der ihre ist. Gemeinhin wird die Kontinuität der zaristischen Expansionspolitik betont: doch scheint es, als ob die Russen nach der ersten Phase der gegen die Mongolen gerichteten defensiven Expansion häufig in die Träume anderer verstrickt worden sind. Um die Mitte des 19. Jahrhunderts ergeben sie sich der kolonialen Mode von Paris und London. Allerorten suchen sie ihren Einfluß nach Süden auszudehnen. Sie schließen mit dem geschwächten China die Ungleichen Verträge (ein Erfolg) und wagen Feldzüge in die Mandschurei (ein Mißerfolg). Die englische und japanische Konkurrenz macht das Chinaabenteuer der Russen zu einer kurzlebigen Episode. In dieser östlichen Region wird frühzeitig ein stabiler Limes gezogen, längs der Mongolei und der Flüsse Amur und Ussuri: Er hat sich bis heute nicht verschoben.[14]

Leider geht die Eroberung in Zentralasien und im Kaukasus rasch und mit Leichtigkeit vonstatten und erweckt die gewaltige Illusion, daß Rußland sich tatsächlich weit und dauerhaft nach Süden auszudehnen vermag. Aber nachdem diese Territorien erobert sind, heißt es sie befrieden, besiedeln und ausbeuten. Lassen wir die Einzelheiten dieses langwierigen Prozesses beiseite und halten nur eine Besonderheit fest: Vielleicht von dem gleichen Widerstreben gehemmt, unter dem die Kosaken sich in dieser Richtung vorwagten, werden die Slawen diese Gegenden nur mit Mühe besiedeln und dort stets in der Minderheit bleiben.

Die Revolution der Bolschewiki gibt der Expansion nach Süden einen neuen, kraftvollen Auftrieb. Die Angriffe der Engländer in Mittelasien und der Weißen in der Mongolei überzeugen Lenin 1918 davon, daß im Süden eine Gefahr droht. Wieder tritt der defensive Expansionismus auf den Plan. Diesmal fürchten die neuen Moskauer Führer nicht nur die Tataren, sondern das ganze Land. Diesem Belagerungskomplex entspringt der Wille, die südlichen Grenzmarken der Union zuverlässig zu organisieren. Mit sozialistischer Ideologie und den komplexen Institutionen der Föderation wird versucht, die Nord-Süd-Unterschiede in der bolschewikischen Gießform einzuschmelzen. Gleichzeitig wird das Gebiet durch Umsiedlungen und die Stalinsche Politik der kulturellen, sprachlichen und ethnischen Aufsplitterung extrem zerteilt.

Nach dem Zweiten Weltkrieg setzt der Expansionismus nach Süden wieder ein: ein Zeichen dafür ist die Weigerung, im Jahr 1946 das iranische Aserbaidschan zu räumen; ebenso die Zermürbungspolitik gegenüber dem chinesischen Turkestan — wo die Russen erst 1960 endgültig vor die Tür gesetzt werden, aber weiterhin die Subversion nähren. Schließlich erbrachte die Invasion in Afghanistan 1979 den letzten Beweis für dieses permanente »Verlangen nach dem Süden«.

In alledem wollten viele nichts anderes als die Fortsetzung der alten imperialen Politik erkennen. Doch daran sind Zweifel erlaubt, wenn man diesen Expansionismus in räumlicher Nähe vergleicht mit der Haltung, die die Sowjets abseits vom eigenen Territorium an den Tag legen, im fernen Süden nämlich, den wir Dritte Welt nennen. Hier brechen sie mit der von Stalin und Shdanow praktizierten Vorsicht (welche man durchaus imperial nennen kann) und stürzen sich in einen globalen Wettstreit, diesmal nicht mehr mit den Engländern, sondern mit den Amerikanern: Kuba, Vietnam, und dann, seit den siebziger Jahren, der Südkegel und das Horn von Afrika sowie Mittelamerika. Spielen sie dabei überhaupt noch ihre eigene Partie? Steckt nicht in dieser Überschätzung der eigenen Macht die vom Stolz diktierte Antwort auf eine westliche Herausforderung? Wollen sie nicht, so weit nach Süden vorstoßend, einmal mehr beweisen, daß auch sie Europäer sind?

Hinter einer scheinbaren Kontinuität des russischen Imperialismus verbergen sich mindestens drei deutlich unterschiedene Phasen und drei verschiedene Spielarten von Logik: nationale Logik, danach koloniale Logik, schließlich weltumspannende Logik, gestützt auf die Partei und legitimiert innerhalb einer marxistischen Perspektive. Diese Vergangenheit würde Stoff für lange Darlegungen und Kontroversen bieten. Heute besteht einzig die Gewißheit, daß sich dieser Prozeß umgekehrt hat. An die Stelle des »Verlangens nach dem Süden« treten plötzlich Rückzug, Preisgabe, Zurückweichen der Russen auf die Gebiete des Nordens. Der Ehrgeiz, der sie veranlaßte, ihre Macht extrem nach Süden auszuweiten, wendet sich mit einemmal wieder gegen die Slawen.

Vor zehn Jahren erblickten die seriösesten Autoren im Süden des Sowjetreiches das Instrument zu einer unaufhörlichen Expansion in derselben Richtung. »Eine Manipulation der Muslime, ja sogar der mongolischen und sowjetischen Buddhisten durch das Politbüro erscheint denkbar. Es läßt sich ausmalen, welche Wirkung ausgehen könnte von Usbeken in der Türkei, von Tadschiken im Iran, von Mongolen in Tibet. Dieser zweifellos gewagte Einsatz würde durch eine verstärkte Kontrolle der ›rückwärtigen Basis‹ kompensiert werden. Partei und Polizeiapparat stellen dazu die Mittel bereit.«[15]

Heute hat die Tendenz sich umgekehrt. Man erblickt ganz im Gegenteil in den muslimischen Massen der UdSSR das Instrument einer von außen kommenden Subversion.

Der Rückzug hat sich außerordentlich plötzlich und geschwind vollzogen. Er betraf in erster Linie den weit entfernten Süden, Afrika, Indochina und Lateinamerika. Dieser tiefen Dritten Welt gegenüber kann die Sowjetunion heute nichts weiter als ein aktives Desinteresse praktizieren. Es ist ihr gleichgültig, ob in Europa oder Mittelamerika ein Nord-Süd-Limes errichtet wird. Gegen die Situation von Verlassenheit, ja Chaos, in der Afrika oder Lateinamerika sich wiederfinden mögen, hat sie um so weniger einzuwenden, als sie sich ihnen gegenüber in der Position des Handelskonkurrenten befindet. Wenn die Quellen, aus denen der Norden sich mit Rohstoffen versorgt, unsicherer werden, kann sie nur davon profitieren, denn Rohstoffe besitzt sie in Fülle und kann sie dann bevorzugt und teuer verkaufen.

Komplizierter ist die Frage des inneren Südens, der Gebiete im Kaukasus und in Mittelasien. Die Glasnost hat mit einem Schlag auf beiden Seiten, im Süden wie im Norden, offengelegt, daß die Logik der Verschmelzung am Ende und ein starker Drang nach Trennung vorhanden war. Nach eineinhalb Jahrhunderten der Illusionen ist man wieder angekommen bei der verzweifelten Suche nach einer Tscherta, einem Limes, der die Balance zwischen Nord und Süd zu erhalten vermag.

Auf nördlicher Seite ist man sich plötzlich klargeworden, welches Handikap die Unterhaltung dieses Imperiums bedeutet hat. Besonders in der Republik Rußland ist das heftige Verlangen zu bemerken, sich von einer Nord-Süd-Gleichheit freizumachen, die Ungleichheit erzeugt und die Mehrheit zum Wohle der Minderheiten ausgeplündert hat.[16]

Auf südlicher Seite werden die Klagen vorgebracht, wie sie allen kolonisierten Völkern, die sich in Abhängigkeit gehalten glauben, eigen sind: angeprangert werden die ökonomische Ausbeutung (beispielsweise der ausschließliche Anbau von Baumwolle in Usbekistan), die ökologische Katastrophe um den Aral-See, die Verarmung und der Verlust der eigenen Kultur, vor allem aber die Verschlechterung der Lebensverhältnisse.[17] Die Situation der Russen in den muslimischen Republiken ist äußerst prekär. Seit zwei Jahren hat es ununterbrochen Drangsalierungen, Bedrohungen, bewaffnete Aufstände gegeben, sie haben einen massiven Exodus der slawischen Bewohner bewirkt. Die Logik der Trennung macht im Eiltempo all jene Besiedlungsbemühungen zunichte, die zuerst die zaristische, dann die sowjetische Macht seit mehr als einem Jahrhundert unternommen hat. Immer deutlicher tritt zum demographischen, ökonomischen, religiösen Gegensatz, der die beiden Teile des Imperiums ohnehin bereits kennzeichnet, ein ethnischer.

Der Limes zeichnet sich also sehr scharf ab. Auf der einen Seite kann die Russische Republik trotz ihres Widerwillens gegen Föderalismus darauf hoffen, einen Block – zumindest einen Wirtschaftsblock – mit den Großen und den anderen Staatswesen des Nordens zu bilden: mit der Ukraine und Belorußland. Diese »Slawische Union« besitzt ein bedeutendes Wirtschaftspotential.[18] Die muslimischen Republiken auf der anderen Seite erwerben all die Kennzeichen eines Südens, wie wir sie in der übrigen Welt vorgefunden haben. Zur Vielzahl von Völkerschaften, zur Abhängigkeit und zum ökonomischen Bankrott kommen die beiden Hauptcharakteristika der neuen Barbarei: die Tendenz zur Zersplitterung und die Ideologien des Bruchs. Die Tendenz zur Zersplitterung ist in den interethnischen Unruhen dieser beiden letzten Jahre deutlich wahrnehmbar. Mögen Hauptgegenstand des Ressentiments auch die Russen sein, so werden die Völker jener Regionen doch in einen umfassenderen Haß auf den Fremden hineingezogen.

Als ich im vorigen Jahr die Hochtäler des Kaukasus bereiste, war ich überrascht von der allgemeinen Natur der Aggressivität bei den autochthonen Völkern (Kabardiner und Balkaren). Ich war durch meine Erfahrungen in der Dritten Welt an einen mehr selektiven Haß gewöhnt. In Mittelamerika trifft der »Gringo« häufig auf Schimpf und Hohn, doch wenn man als Franzose erkannt wird, wandelt sich die Einstellung, und die Umgangsformen werden freundlicher. Umgekehrt wird in vielen ehemals französischen Kolonien Westafrikas einem Amerikaner jedwede Aufmerksamkeit erwiesen ... Für die Kabardiner aber macht es gar keinen Unterschied, ob jemand Russe ist oder Franzose. Die tagtägliche Feindseligkeit differenziert nicht zwischen den Nationalitäten − das gilt selbst für gebildete Leute. Die ethnischen Konflikte der Jahre 1989/90 haben überdies gezeigt, daß der Haß auf den Fremden sich auch auf den »Bruder« aus einer anderen ethnischen Gruppe oder Region erstreckt.

Die von der Stalinschen Nationalitätenpolitik geförderten Spaltungen tragen Früchte: Man haßt sich gegenseitig, schon vom einen Tal zum nächsten. Der Islam dämpft diesen allgemein verbreiteten Fremdenhaß nur sehr wenig. Die Religion liefert eher den Unterbau für die Ideologien des Kampfes, des Bruchs, indem sie diese vorrangig gegen den Nationalismus, die Wissenschaft, die Freiheit lenkt, deren hartnäckigster Verfechter − und der mit dem verheerendsten Erfolg − der Marxismus-Leninismus war.

So ist an die Stelle einer Ideologie der Verschmelzung zwischen Nord und Süd offensichtlich eine Limesideologie getreten, sie wird jetzt in der Sowjetunion zur gewichtigen Tendenz.

202

Die Frage ist, welchem Grenzverlauf dieser Limes folgen, vor allem aber, welche politische Gestalt er annehmen wird. Die wechselseitige Abhängigkeit zwischen Nord und Süd ist so groß, die Bande sind so vielfach verwoben, daß eine Trennung ohne Risse beinahe unmöglich erscheint. Als Hélène Carrère d'Encausse 1978 das Zerbrechen des Imperiums voraussagte, wies sie den Westen darauf hin, daß es in der UdSSR ebenfalls ein Nord-Süd-Problem gebe. Wenn aber in Europa oder in Amerika die beiden Pole sich ohne Reibungen voneinander zu lösen vermochten, so darum, weil der Limes hier dem Verlauf von Staatsgrenzen folgen konnte. In der UdSSR verläuft er mitten durch den Staat. Entgegen den damaligen Befürchtungen ist das Sowjetreich jedoch nicht durch dieses innere Explosion umgestürzt worden. Die politische Veränderung ist von anderer Stelle, aus dem Apparat selbst gekommen. Die Errichtung eines Limes ist somit nicht länger ein natürliches Geschehen, gleich dem Zerspringen eines zur Weißglut erhitzten Steines, sondern ein gelenkter Vorgang, verwandt dem langsamen Entschärfen einer Bombe.

Diese Politik erfordert ein Budget. Welche Lösung auch immer gefunden werden mag – Erhaltung des Imperiums in seinen Grenzen oder Aufteilung mit Assoziation – es gilt, die Mittel aufzutreiben, um die südliche Zone weiterhin zu stabilisieren und sich gleichzeitig vor ihr zu schützen. Wenn die UdSSR diese Politik in die weltweite Problematik des Nord-Süd-Limes einbringt, kann sie darauf hoffen, zur Verwirklichung der beiden Ziele Unterstützung von außen zu bekommen. Bereits sehr früh, zur Zeit der amerikanischen Operation in Panama, war zu erkennen, daß sich eine Symmetrie herstellen konnte: die Sowjets sind in Aserbaidschan interveniert, ohne daß dies Reaktionen bewirkte. Jeder verteidigte seinen Abschnitt des Limes. Später, während der Abrüstungsverhandlungen über die konventionellen Waffen, wurde ihnen zugestanden, einen Teil ihrer Streitkräfte herauszulösen, um sie hinter dem Ural zu stationieren: als ob man die Notwendigkeit anerkannt hätte, daß sie sich in diesen östlichen Gebieten gegen die Gefahr von Süden verteidigen müßten.[19]

Doch für welche Art von Limes man sich auch immer entscheiden mag – und die Lösungen sind noch durchaus offen –, so ist doch deutlich geworden, daß die Sowjets längerfristig ein Interesse daran haben, die weltweite Notwendigkeit, ein Gleichgewicht in dieser Zone herzustellen, zur Geltung zu bringen. Dies setzt die Aufrechterhaltung eines Beistands für Mittelasien voraus (selbst wenn Libanisierung eine Form von Balance sein kann, ist es doch vorzuziehen, diesen Regionen ein Mindestmaß an Stabilität und Entwicklung zu gewährleisten). Die mit der Verteidigung der neuen Tscherta betrauten Sowjets werden die Kosaken eines Imperiums sein, das nicht mehr nur das Moskauer Großfürstentum, sondern den gesamten Norden umfaßt.

JAPAN: DAS OSTREICH

Das letzte Staatswesen im Norden ist Japan. Natürlich stellt sich sofort die Frage, ob Japan wirklich zum Norden gehört. Im Jahr 1905 wurde der Sieg der japanischen Armeen über die Russen bei den Kolonisierten als die Revanche des Südens begrüßt: Es war das erstemal, daß eine eingeborene Macht einer europäischen Armee in einem Konflikt um regionalen Einfluß (und nicht mehr nur in einer Aktion nationalen Widerstands, wie der der Äthiopier in der Schlacht von Adua) eine verheerende Niederlage beibrachte. In jener Epoche war Japan ein Modell für den Süden, in ihm erkannte er sich wieder. Heute ist es zu einem Modell für den Norden geworden, der nun glauben möchte, daß Japan ein Glied von ihm ist. Das Bevölkerungsprofil des modernen Japan, seine fortgeschrittene Wirtschaft, seine finanzielle und kommerzielle Integration, die sichtliche Verwestlichung seines politischen Regimes und seiner Sitten – dank alledem erkennt der Norden sich in Japan wieder.

In Wirklichkeit aber steht Japan anscheinend erheblich außerhalb dieser Nord-Süd-Dichotomie, zumindest was seine Selbsteinordnung betrifft. Japan liegt weder im Norden noch im Süden: es ist Japan, das heißt ein geographisch, ethnisch, historisch homogenes Universum. Seine Strategie verändert sich je nach internationalem Kontext; sie sollte jedoch nicht mit den jeweils dafür vorgebrachten Begründungen verwechselt werden. Diese Autonomie gegenüber seiner politischen Umwelt erklärt die Vielgestaltigkeit der Hypothesen über Japan. Unter den gegenwärtigen Umständen hat der japanische Staat eine große Zahl von Handlungsmöglichkeiten zur Auswahl. Manche sehen voraus, daß er sich mit den Russen verbünden wird, um einen sibirisch-pazifischen Pol zu bilden, in dem natürliche Ressourcen mit technologischem Know-how gekoppelt wären; andere erkennen eine gemeinsame Zukunft mit China, beide würden unter ihrem Zepter die chinesisch-koreanische Welt (einschließlich Taiwans und Hongkongs) vereinen; wieder andere sagen seine Ausdehnung in Richtung Pazifik voraus, um einen Raum gemeinsamen Wohlstands zu bilden mit der Westküste der USA, mit Lateinamerika, wo er bereits durch Gruppen japanischstämmiger Einwanderer (in Peru, Brasilien) Fuß gefaßt hat, sowie mit dem Komplex Australien-Neuseeland.

Keines dieser Szenarien entbehrt gänzlich der Wahrscheinlichkeit. Die Fehlleistung westlicher Logik besteht darin: wir meinen, Japan müsse zwischen diesen verschiedenen Haltungen wählen. Doch die Stärke seiner Position liegt gerade darin, daß es sich alle diese Optionen offenhalten kann. Zum Unterschied von anderen Ländern in der Welt kann es die Ideologie des Limes übernehmen, ohne sich einem der beiden Lager zuordnen zu müssen: Die Teilung der anderen ist heute das beste Unterpfand seiner Stabilität. Es kann sich allen unentbehrlich machen, ohne daß es sich für den Augenblick an jemanden im besonderen binden muß.

Um zu verstehen, wie vorteilhaft die neue Weltordnung für Japan sein kann, muß man bedenken, welchen Zwang der Kalte Krieg für dieses Land bedeutet hat. Dieser Zwang ergab sich weniger aus der Japan aufgenötigten Neutralität − mit der kommt es vorzüglich zurecht − als aus seinem Vorzugsverhältnis zu den USA, das zugleich belastend ist. Für Japans regionale Politik hat diese Allianz lange Zeit ein schweres Handikap dargestellt: sie blockierte jegliche Initiative gegenüber seinen beiden natürlichen Partnern China und Sowjetunion. Während dieser langen Nachkriegsperiode hat Japan seine Wirtschaftsmacht geschmiedet. Doch es kann sie in der Region nur nach Süden, zu den ASEAN-Ländern hin entfalten: Indonesien, Malaysia, Singapur, Hongkong. Man versteht durchaus, daß diese Zone für Japan nur eine Hungerration darstellt. Sobald 1972 eine Bresche zu China geschlagen ist, dringt Japan tief in das Land ein. Es wird nach und nach zum größten Handelspartner Pekings. Ebenso kann es dank Perestroika sehr rasch einen Zuwachs seines Handels mit der Sowjetunion erzielen und vor allem neue Vorschläge für die Gestaltung und Ausbeutung Sibiriens machen.

Japan ist dabei, in aller Stille eine echte politisch-ökonomische Revolution in der Region herbeizuführen. Es macht sich allmählich frei von seinen früheren Bindungen an die »Inselmächte« (Indonesien, die Philippinen, Taiwan) und setzt sich nachhaltig auf dem Kontinent fest: durch die Wahl Thailands als Land für Investitionen und Produktionsauslagerung; durch neue Handelsbeziehungen zu Vietnam und seinen Satelliten; durch Stärkung der Verbindungen zu China; durch rasche Normalisierung des Verhältnisses zur Sowjetunion. Im Gegensatz zur Ost-West-Konfrontation, in der Japan wider eigenen Willen Partei ergreifen mußte, braucht es sich hinsichtlich des Nord-Süd-Limes nicht zu entscheiden. Unter regionalem Gesichtspunkt kann er nur vorteilhaft für Japan sein: Die Stabilität − und sei es auch eine autoritär begründete − der Regime in der Region ist eine Voraussetzung für die Festigkeit der ökonomischen Bande, die sich mit ihnen flechten lassen. Die Rivalitäten − oder der Argwohn −, die auf beiden Seiten des Limes zwischen der Sowjetunion und China herrschen, können nur dazu führen, daß beide Länder sich in ihren Anforderungen an Japan auszustechen suchen. Mit anderen Worten, Japan macht sich dadurch, daß es nicht Partei ergreift, um so unentbehrlicher. Übrigens fällt auf, mit welcher Vorsicht Japan sich vor jeglichem brutalen Eingriff in die heikle Angelegenheit der koreanischen Wiedervereinigung hütet.

Das Resultat dieser Revolution ist die Verheißung einer sagenhaften Steigerung der japanischen Wirtschaftsmacht. Sowohl im Hinblick auf den Zugang zu Rohstoffen wie auch als potentieller Markt und äußeres Arbeitskräftereservoir bieten die Bündnisse mit den großen Festlandsmächten dem japanischen Staat die Hoffnung, zu regionaler Autonomie vorzustoßen.

Und ebendies ist ohne Zweifel eine der ältesten und beständigsten Bestrebungen des modernen Japan: die Mittel und die Wirkungsfelder seiner Macht um sich zu konzentrieren, sich von jeglicher Unterordnung unter die anderen Zentren, Europa und die USA, freizumachen und deren Präsenz in der Region zu beenden.

Während des Zweiten Weltkrieges zielte der japanische Plan eines Groß-Ostasien eindeutig darauf ab, alle Fremden aus diesem Raum zu vertreiben und den früheren Kolonien eine neue asiatische Ordnung unter der Herrschaft Japans anzubieten. Fünfzig Jahre später, nachdem sich mehrere kommunistische Revolutionen, Entkolonialisierungskriege und Ost-West-Kriege ereigneten, und zwar ohne jedes unmittelbare Eingreifen Japans (allerdings den Samenkörnern entsprossen, die es in China und Indochina ausgestreut hatte), ist Japan der Verwirklichung dieses Ehrgeizes so nahe wie noch nie.

Die Ideologie des Limes bietet Japan eine Chance, sein Werk regionaler Autonomie rasch zu vollenden. Indem es diese Ideologie übernimmt, rechtfertigt es die zunehmende Zweigleisigkeit seines Verhaltens. An den weit entfernten Abschnitten des Limes (Lateinamerika, Afrika, Mittlerer Osten) ist die japanische Präsenz politisch inexistent: Japan verläßt sich hier offenbar vollständig auf die anderen Mächte des Nordens. Selbst im Nahen Osten, aus dem es immerhin fast sein gesamtes Erdöl bezieht, hat Japan keine seiner Macht entsprechende Diplomatie entwickelt. Hat es dort versagt, wie manche behaupteten, oder hat es diese entfernten Gebiete bewußt der Obhut der USA überlassen, um seine eigenen Anstrengungen auf Asien zu konzentrieren?

Die Präsenz Japans in der Dritten Welt ist im wesentlichen kommerzieller Natur; seine quantitativ erhebliche Entwicklungshilfe findet unter so gewissenhafter Wahrung der Neutralität statt, daß es schon an Gleichgültigkeit grenzt. Praktisch mischt sich Japan in die Angelegenheiten der südlichen Hemisphäre nicht ein (außer über die sehr indirekte Vermittlung durch Gruppen japanischstämmiger Einwanderer in Lateinamerika, die anfangen, sich aktiv an den lokalen Regierungen zu beteiligen – wobei sie ständig und vorrangig darauf bedacht sind, ihre japanische Herkunft vergessen zu machen).

Dies kontrastiert mit der großen Aktivität, politischen Beharrlichkeit und dem diplomatischen Geschick, die Japan in der eigenen Region an den Tag legt. Bei der neuen Verteilung der Sicherheitslasten mag es jetzt in die Versuchung kommen, seinen Anteil an diesem fernöstlichen Abschnitt des Limes einzufordern. Gestützt auf seine maßvolle, aber doch bedeutsame Aufrüstung und seine Rolle als ökonomische Schiedsmacht, kann es regional die USA ablösen, die ihre militärischen Stützpunkte in Asien (vor allem die Basen auf den Philippinen) nach und nach einbüßen und außerdem ihre Operationen in dieser Region in schlechter Erinnerung behalten haben.

Mit der Verteidigung des östlichen Limes betraut, vermag Japan seinem Wiederaufstieg als Militärmacht einen beruhigenden Anstrich zu verleihen. Es handelt sich nicht mehr darum, eine regionale Herrschaft zu etablieren, sondern an dieser Stelle wie andernorts auch einen instabilen Süden in seinem Vorwärtsdrang zu stoppen.

Falls es Japan gelingt, diese Verantwortung zu übernehmen, hätte es die letzte nichtasiatische Macht aus diesem Raum verwiesen: die Vereinigten Staaten. Dann hätte sich die Rückkehr vollzogen von Ikedas Streben in den siebziger Jahren nach einem »Neuen Zeitalter des Pazifik« (und das heißt, weil Kalter Krieg verpflichtet, der Paarung USA/Japan) zur ursprünglichen Idee eines Groß-Ostasien, in dem Japan die einzige regionale Großmacht wäre.

Die Erkenntnis frappiert: Japans Position zum Limes verhält sich radikal umgekehrt zu der der übrigen Länder des Nordens. Während sie alle – die USA, Europa, die UdSSR – sich dem Süden gegenüber in einer defensiven Position befinden, ist Japan das einzige Land, das in einer expansiven Ausgangsstellung verbleibt. Dies hängt in erster Linie damit zusammen, daß es die Gefahr der Migration nicht kennt – auch wenn es gegenwärtig wegen der illegalen Einwanderung von ungefähr 400000 Koreanern in Hitze gerät, bleibt das Land doch insgesamt homogen und, was die Nationalität angeht, stark abgeschottet. Vor allem aber hängt es dem zweifachen Traum der Macht und der Autonomie nach, und darum zieht es die regionale Kontrolle durch die eigene Macht jeglicher fernen Abhängigkeit vor. Japan ist im Gegensatz zu den anderen eine weltweit operierende Wirtschaft, die davon träumt, eine regionale Wirtschaft zu sein.

Die japanische Strategie wird morgen die Ideologie des Limes übernehmen, so wie sie gestern den schmalen Geleisen folgte, die ihr die Ost-West-Streitigkeiten offenließen. Soll man darin, als eine eigenartige Wiederholung der Geschichte, den Ansatz zu einer Reichsteilung erblicken? Sollten wir abermals den Keim eines Ostreiches vor uns haben, das, anfangs mit seinem westlichen Zwillingsbruder vereint, sich später entschlösse, ihn zu überleben und die Prinzipien seiner Gründung in eine höhere und weitere Dimension zu heben?

10

Die Politik des heiligen Ambrosius

Wenn denn die Stämme der Germanen uns nicht lieben wollen, so sollen sie sich wenigstens untereinander hassen, und dieser Haß möge ewig dauern − das ist mein Gebet. Denn das Schicksal kann uns, wenn es einmal den Bestand unseres Reiches bedroht, nichts Köstlicheres schenken als die Zwietracht unserer Feinde.

Tacitus, *Germania, XXXIII.*

Die meisten lateinischen Geschichtsschreiber treffen eine Unterscheidung unter den Barbaren je nach ihrer Nähe zum Limes. »Die tapfersten unter allen sind die Belgier, weil sie sich von der feineren Lebensweise und Bildung im Römischen Gallien ganz fern halten und durchaus nicht in häufiger Berührung mit fremden Kaufleuten stehen und diese ihnen keine Gegenstände zuführen, die eine weibische Erschlaffung der Kraft bewirken könnten.«[1] Tacitus, Plinius, Strabo, sie alle betonen, welche Wandlungen die römische Zivilisation bei den mit ihr in Berührung stehenden Völkern verursacht. Ausgrabungen in jüngster Zeit bestätigen das: Die nahe dem Limes siedelnden Stämme begnügen sich mit Viehzucht und bauen nicht länger jene Produkte an, die sie sich durch den Handel mit den Römern oder deren Unterstützung beschaffen können. Tacitus, der die Geringschätzung der Germanen für Gold und Silber hervorhebt, stellt dennoch fest: »Und doch wissen die Stämme, die nahe unseren Grenzen wohnen, wegen des regelmäßigen Handelsverkehrs Gold und Silber wohl zu schätzen.« Als einen Gegensatz zu diesen Anrainern erwähnen die Geschichtsschreiber auch weit entfernt lebende, unbekannte, geheimnisumrankte Barbaren. Von ihnen hat man keine sichere Kunde – *cetera iam fabulosa* – außer der, die Erkunder heimgebracht haben und der sich bisweilen nur schwer Glauben schenken läßt. Pomponius Mela berichtet zum Beispiel aus der Gegend Afrikas von einer riesigen Insel: »Auf dieser soll es nur Weiber geben, die am ganzen Körper behaart sind und, ohne sich mit Männern zu begatten, von selbst fruchtbar sind; ihr Wesen ist so wild und unbändig, daß manche auch durch Fesselung nicht dazu gebracht werden können, ihren Widerstand aufzugeben.« Unser Autor zweifelt sichtlich an dem, was er berichtet. Trotzdem ist er gezwungen, sich an die Worte des einzigen Augenzeugen dieser seltsamen Vorgänge zu halten. »So berichtet Hanno, dem man Glauben schenken muß«, versichert er, »da er Häute mitgebracht hatte, die diesen Weibern abgezogen waren.«[2]

Seltsam und fabulös sind diese entfernten Barbaren und dazu wild, grausam, gefährlich. Der Verkehr mit ihnen ist so bedrohlich, daß jedwede Härte gerechtfertigt ist. Aus diesen fernen Tiefen können jederzeit unbekannte neue Völker auftauchen. Unter der glatten Oberfläche der grenznahen, vertrauten Barbaren erahnt man einen Abgrund, und die Zivilisation ragt über diesen schreckenerregenden Welten.

Der Limes bildet gewissermaßen ein Magnetfeld aus, kraft dessen sich in der Welt der Barbaren mehrere Kreise abzeichnen. Je nach der Stärke der römischen Anziehungskraft kann man drei Zonen unterscheiden. Die erste steht in unmittelbarem Kontakt mit dem Limes, in ihr walten Handel, Stabilität, wechselseitige Kenntnis. Eine zweite, weiter entfernte Zone wird nicht mehr direkt von Rom kontrolliert, aber römische Kaufleute und Reisende verkehren dort noch. Die letzte schließlich ist unerschlossen, gefahrvoll, zweifellos unendlich, aber Rom relativ gleichgültig.

Der heutige Limes verursacht im Süden eine gleichartige Polarisierung. Die erste Zone, die im direkten Kontakt mit dem Norden steht, wird von Staaten wie Mexiko,

Kuba, den Nationen des Maghreb, der Türkei, dem Iran, China gebildet. An all diesen Punkten findet ein direkter Kontakt zwischen beiden Welten statt, die Gefahr ist maximal groß. In weiterer Ferne nach Süden hin gibt es Ableger, Faktoreien, Gebiete, in denen der Norden Interessen besitzt, entweder ökonomischer Natur oder weil dorthin eine aus der eigenen Nation stammende soziale Gruppe ausgesiedelt ist (Südafrika, Israel). Die letzte Zone schließlich wird gebildet vom tiefen Innern der Kontinente, von den *terrae incognitae*, die geheimnisvoll und gefahrenträchtig sind, aber offenbar von geringer Bedeutung.

DIE PUFFERSTAATEN

Die erste dieser Zonen, die an den Limes angrenzende, ist Gegenstand jeder denkbaren diplomatischen, ökonomischen und militärischen Aufmerksamkeit. Der Vorläufer dieser Limesdiplomatie ist unbestreitbar Augustus. Sobald die römische Welt durch sein Wirken vereinigt ist, geht er daran, die Eroberungen einzuschränken, die äußeren Grenzen des Imperiums zu stabilisieren. Seine Politik ruht auf zwei Pfeilern: Heer und Diplomatie. Das Heer stationiert Augustus an den Grenzen rings um das Reich. Ein großer Teil dieses äußeren Umkreises besteht aus natürlichen Grenzen (Flüssen, Gebirgen), andere Abschnitte indes bleiben unscharf, instabil. Imperium und barbarische Welt sind, wie Tacitus es ausgedrückt hat, geschieden durch wechselseitige Furcht oder durch Gebirge. Doch diese erzwungene Abgrenzung reicht nicht aus. Augustus weiß, daß die Reichsgrenze jetzt zu ausgedehnt ist, um sie als eine Front zu behandeln: Die Gebiete, durch die der Limes führt, müssen zu Pufferzonen werden. Gegenüber den sie bevölkernden Stämmen wird eine Diplomatie entfaltet, die Stabilität anstrebt, Stabilität beruhend auf ökonomischer Abhängigkeit und Bestechung, auf Kontrolle der Bevölkerung und fruchtbarem Austausch.

Die Festigkeit des heutigen Limes beruht auf einer gleichartigen Diplomatie, gerichtet auf die Schaffung und Erhaltung von Pufferstaaten.

Was ist heutzutage ein Pufferstaat? Ein Staat, der an den Limes angrenzt, sich in der Nachbarschaft dieser Linie befindet, sie physisch berührt. Ein Pufferstaat ist Teil der barbarischen Welt, er liegt stets *jenseits* des Limes, auf dessen südlicher Seite. Zwischen dem Norden und der Tiefe der barbarischen Welt gelegen, ist der Pufferstaat ein Ort größter demographischer, wirtschaftlicher und politischer Gegensätze. Seine Funktion ist es, diese Spannungen aufzunehmen und somit zu dämpfen, die Unterschiede aufzulösen. Der Pufferstaat soll die Massen des Südens binden und ihre Fähigkeit, die Limeslinie zu überfluten, abschwächen. In politischer Hinsicht ist er gehalten, dafür zu sorgen, daß seine Bevölkerung unter ordentlicher sozialer Kontrolle verbleibt, und er soll mit dem Norden friedliche Beziehungen pflegen. Seine politische Couleur und die Rhetorik seiner Führer sind ohne Belang, sofern nur die wesentliche Bedingung erfüllt ist: kein Angriff auf den Norden und Bewahrung eines echten Einvernehmens mit ihm − mag dieses auch geheimbleiben.

Diese theoretische Definition des Pufferstaates läßt sich in ein Wort fassen: Stabilität. Unabhängig von seiner Größe, seinen Ressourcen, seiner Geschichte, seinem politischen Regime, der Achtung, die er den Menschenrechten erweist, hat ein Staat des Südens, sobald er den Limes berührt, nur eine Sache zu verkaufen, eine unbezahlbare Sache, einen unerschöpflichen Schatz: seine Stabilität.

Konkreter betrachtet gibt es heute mehrere Typen von Pufferstaaten. Zuerst jene wie Mexiko oder die Türkei, die in hinlänglich enger Beziehung zum Norden stehen, daß das Gebot der Stabilität sich mit einem demokratischen Leben in Einklang bringen läßt. In der Türkei ermöglicht es die Wachsamkeit der Armee, alle zehn Jahre zu einer Säuberung von den Extremen und zu einer raschen demokratischen Restauration zu schreiten. In

Mexiko wird die politische Stabilität in einem formellen Rahmen von dem unverwüstlichen Partido Revolucionario Institucional gewährleistet. Das Gewicht der Vereinigten Staaten ist stark zu spüren, sowohl durch die kulturellen Bindungen der politisch führenden Klasse an die USA als auch in deren Einfluß auf Armee, Presse und Wirtschaft.

In den weiter entfernten und weniger direkt vom Norden kontrollierten Pufferstaaten kann die Stabilität nur um den Preis eines häufig gewalttätigen autoritären Regimes gesichert werden. Ein hervorragendes Beispiel dafür ist Marokko. Die guten Beziehungen dieses Landes zum Norden (insbesondere zu Frankreich, Spanien, den USA) haben nur sehr wenig mit Respektierung der Menschenrechte zu tun. Jedes Anprangern der Hinrichtungen, der willkürlichen Inhaftierungen, der Korruption, der Blockierungen der Demokratie gilt als ein Versuch zur Destabilisierung. Und zwar mit gutem Grund. Denn tatsächlich sind die Stabilitätspfeiler dieses Staates die Geheimpolizei, die Armee, die Überwachung der Freiheit der Meinungsäußerung, das monarchische Gerüst. Nichts fürchtet der Norden so sehr wie die Erschütterung eines solchen Pufferstaates: um sich davon zu überzeugen, braucht man nur die Situation in Algerien und in Tunesien zu betrachten, wo das Vordrängen der islamischen Bewegung einhergeht mit der Schwäche der herrschenden Einheitsparteien und die Furcht vor tiefgreifenden und gewaltsamen Veränderungen auslöst. Die regelmäßig vorgelegten »Explosionsszenarien« rufen die Furcht vor einem »Ausströmen von Barbaren«, einer massenhaften Wanderung wach, die durch solche Zerstörungen des Gleichgewichts am Limes ausgelöst werden könnte. Im Vergleich zu dieser Gefahr erscheint jedwede, wie auch immer geartete Stabilität als akzeptabel.

Die rasche Rückkehr des Iran auf die diplomatische Bühne hängt nicht allein mit dem Golfkrieg zusammen. Durch seine Lage ist der Iran mehr denn je zum Pufferstaat bestimmt. Er hat es prachtvoll verstanden, seine Stabilität zu verkaufen, die nach dem Tod von Ayatollah Chomeini und dem Krieg gegen den Irak abgebaut worden war. Seine Fähigkeit, die eigene Bevölkerung zu kontrollieren, festgefügte, nicht von brutalem Wechsel bedrohte Institutionen zu erhalten, seine Position als Träger wirtschaftlicher Nachfrage und seine – trotz heftiger Rhetorik praktizierte – Öffnung für Absprachen mit dem Norden, all das bringt ihn international in hohe Gunst.[3] Es mußte sich ohne Zweifel etwas ändern – der Schah –, damit alles so bleiben konnte wie zuvor. Die Mißachtung der Menschenrechte, die politische Gewalt, der Obskurantismus und Archaismus der gesellschaftlichen Sitten, die geringeren Bürgerrechte der Frauen, die wirtschaftliche Ineffizienz, all das ist kein Hindernis für neue internationale Anerkennung: es sind lediglich Mittel, um das Juwel Stabilität zu fabrizieren.

Bei den von einem hohen Risiko begleiteten Übergangsprozessen, die sich in Algerien abzeichnen, lassen sich bereits die Elemente eines künftigen Übereinkommens erkennen. Wären da nicht die Ungewißheiten der revolutionären Periode, der Norden würde sich zweifellos ganz gut damit abfinden, wenn in Algier eine starke und stabile Macht am Ruder wäre, sei sie auch islamisch. Angesichts des gefahrenträchtigen Zerfalls der FNL können die Religiösen bereits im vorhinein auf den iranischen Präzedenzfall verweisen. Scheich Madani erklärt jedem, der es hören will, daß er »die französischen Muslime zurückholen«[4] wolle. Wo wäre ein schöneres Unterpfand für künftige Stabilität und soziale Beherrschbarkeit zu finden?

Hier wirkt eine Propaganda, die der Lenins in den zwanziger Jahren sehr nahekommt. Um das kommunistische Regime zu retten und seine kommerzielle und dann auch diplomatische Anerkennung zu erlangen, schürte er, zumal bei den Engländern, die Furcht vor dem vollständigen Auseinanderbrechen Rußlands. Inmitten des offensichtlichen ökonomischen Bankrotts konnte er nur noch mit einem Trumpf aufwarten: mit dem stabilen Erhalt seiner Macht und dem Risiko einer anarchischen Entwicklung des Landes, falls er beiseite gefegt werden sollte.[5] Lenin hatte zumindest in einem Punkt recht: man kann dem kommunistischen Sowjetregime vielerlei vorwerfen, nur nicht Instabilität.

So wie wir es schon bei den Ideologien des Bruchs beobachtet haben, sehen wir in den Pufferstaaten auch den Marxismus am Werke, nicht als Ideologie, historische Perspektive und strahlende Zukunft, sondern als eine Technik: Beherrschung der Massen, kafkaeske Organisation des politischen und gesellschaftlichen Lebens, Unterordnung des Individuums unter den Staat. Der totalitäre Kern ist nach wie vor nutzbar. Als Werkzeug bekennt der Marxismus nicht immer seinen Namen, aber er bleibt der unüberschreitbare Horizont unseres und ohne Frage auch des nächsten Jahrhunderts. Die religiöse Einfärbung der Ideologien, die ihn umkleiden, sollte nicht übersehen lassen, was alles sie ihm verdanken.

Denn was wäre genaugenommen wirksamer, um die gewaltigen, vom Norden weit entfernten, unerreichbaren Massen zu kontrollieren, als der totalitäre Staat, insbesondere in seiner marxistischen Version? China ist dafür das ergiebigste Beispiel. In einer von der Perestroika in Unruhe versetzten Welt wird Chinas Immobilismus und Stabilität fruchtbar dank der Lage des Landes am Limes, welcher Preis auch immer dafür zu zahlen sein mag. Wer hätte denn ein demokratisches China gewollt? Mit was für einer Welt bekämen wir es zu tun, wenn Chaos in China und die Wanderung seiner Menschenmassen zu den vorhandenen unkontrollierbaren Wirren hinzukämen? Tatsächlich besitzt das totalitäre China alle Qualitäten eines Pufferstaates im höchsten Grade. Es kann sich eine effiziente Geburtenkontrolle zugute halten: China hat eine wahrhafte Politik malthusianischer Verstümmelung realisiert. Das Land versteht es, seine Grenzen verschlossen zu halten, und hat, nach den Worten von Alan Dowty[6], seine Bevölkerung methodisch in Leibeigene verwandelt. Infolge seiner bescheidenen Wirtschaftsleistungen befindet es sich den nördlichen Ländern gegenüber in einer

Position als Bittsteller, und das setzt seiner Macht Grenzen. Es betreibt eine relativ gemäßigte Aufrüstung. Die politische Opposition im Lande ist äußerst schwach, sie kann im Norden nur auf geringe und wenig aktive Stützen bauen. Die hohe Machtkonzentration innerhalb des Apparats ermöglicht den Dialog zwischen dem Norden und einer kleinen Zahl vertrauenswürdiger Führer. Das eben ist es, was die Chinesen zu verkaufen haben: eine bombensichere Stabilität.

Welch sonderbare Eile. Jene, die den Kommunismus für ewig hielten, sehen ihn heute allenthalben zum Untergang verdammt. Doch im Widerspruch zu den voreiligen Hoffnungen, die ein kurzlebiger Frühling weckte, ist in dem totalitären chinesischen Monolith kein Anzeichen für einen Zusammenbruch zu bemerken. Seit 1971 ist China wegen seiner Pufferposition gegenüber der Sowjetunion in den Genuß westlicher Hilfe gekommen. Jetzt kann es als Pufferstaat zwischen Norden und Süden eine gleiche, wenn nicht größere Unterstützung beanspruchen. Die Pressionen in Richtung auf eine Liberalisierung des Regimes sind spärlich und äußerst sanft. Den chinesischen Dissidenten wird nicht die gleiche Fürsorge zuteil wie den osteuropäischen, ja nicht einmal wie den vietnamesischen, und das wird weiterhin so bleiben. Ihr Exodus wird nicht gegen China ausgeschlachtet. Es braucht nur ein etwas stärkerer Protest zu ertönen, und die chinesischen Führer sind in der Lage, rasch vorzuführen, welcher Preis für ihre Destabilisierung zu zahlen wäre. Die Affäre Yang Yang ist dafür ein Beispiel: »Als der chinesische Schwimmer Yang Yang auf Durchreise in Hongkong die Genehmigung bekam, um Asyl in den USA nachzusuchen, bekundete China seine Verärgerung, indem es sich weigerte, die von der Kolonie abgewiesenen illegalen Einwanderer wieder hereinzulassen, wie es seit einem 1982 geschlossenen Abkommen Brauch ist. (...) Nach fünfzehn Tagen Sperre waren tausend Festlandchinesen in der Obhut der Polizei zusammengepfercht, in Erwartung ihrer Abschiebung nach China. Der Kommentar, mit dem die Nachrichtenagentur Neues China die Hongkonger Behörden zum Nachgeben zu veranlassen suchte, klingt wie ein Echo jener Antwort, die zehn Jahre früher Deng Xiaoping Carter gab, als der ihn aufforderte, in China die Freizügigkeit der Menschen zu achten: ›Wieviel Millionen wollen Sie denn haben?‹ Nach angestrengten Verhandlungen erklärte China sich einverstanden, seine verirrten Staatsbürger zurückzunehmen, legte aber Wert auf die Feststellung, daß London sich ihm gebeugt habe. Es wurde ein Brief veröffentlicht, in dem der politische Berater des Gouverneurs den chinesischen Behörden zusicherte, ›daß die Regierung von Hongkong nicht zuzulassen beabsichtigt, daß ihr Territorium als Basis subversiver Aktivitäten gegen China benutzt wird‹.«[7]

China hat es verstanden, die Wende der neunziger Jahre zu nehmen. Es befindet sich durchaus wohl in seiner Rolle als Pufferstaat und ist keineswegs eine übriggebliebene Schlacke der im Verschwinden begriffenen sowjetischen Welt. Es ist sogar, was die Technologie der Stabilität angeht, ein Modell: das Modell der künftigen Pufferstaaten, die längs des Limes entstehen. Die Eigenart dieses Modells ist eine ganz erstaunliche Mischung von politischer Effizienz — bei der Kontrolle und Unterdrückung — und ökonomischer Stagnation. In der Sowjetunion der Breshnew-Ära war diese selbe Mischung am Ende aus einem ganz einfachen Grund nicht mehr aufrechtzuerhalten: Die UdSSR war in eine Konfrontation, zumal in eine militärische, mit dem Westen verstrickt. Doch für den Pufferstaat ist die Mischung von Effizienz und Versagen nicht der Garant eines kommenden Zusammenbruchs: in dieser Position ist der Westen nicht mehr Gegner, sondern Stütze. China erfährt dies in erfreulicher Weise: es genießt eine Vorzugsprämie vom Norden, eben weil es diese neue Funktion erfüllt.[8] Außerdem sind dem Norden als Anrainer des Limes stabile, aber ökonomisch abhängige Partner lieber als hochleistungsfähige Staaten. Abhängigkeit heißt Kontrolle: Für den Norden ist es wesentlich, daß er über diese unmittelbaren Nachbarn eine Kontrolle ausübt, vor allem im militärischen Bereich. Die irakische Erfahrung demonstriert es: Reichtum schickt sich nicht für allzu nahe, allzu gewalttätige, allzu ehrgeizige Staaten.

Stabilität, Abhängigkeit, das genau ist es, was der Norden von den Pufferstaaten verlangt. Ansonsten schert ihn ihr Wortgetöse wenig. Im Falle der marxistischen Totalitarismen vom chinesischen Typ mag die antikapitalistische Rhetorik sich unbeschadet entfalten. Im Gegenteil, sie dient dazu, all das zusammenzubinden, was an internationalen revolutionären Bewegungen allerorten in der Welt noch übrig ist, damit ihre anarchische Zersplitterung vermieden wird. Die wirtschaftliche Ineffizienz indes ist die Garantie dafür, daß die Zähne und Klauen des Tigers stumpf bleiben. Mag er ruhig zubeißen, mag er brüllen. Er steht fest auf seinen Beinen, und das ist alles, was man von ihm verlangt.

FAKTOREIEN, HANDELSPLÄTZE, VERIRRTE BRÜDER

Hinter den Pufferstaaten, die sich hinsichtlich des Limes sozusagen in vorderster Linie befinden, zeichnet sich eine zweite Zone ab: die der Comptoirs, der Faktoreien. Sie ragt tiefer in den Süden hinein, der Kontakt mit dem Limes geht ihr verloren, sie ist nur durch ein Interessengeflecht mit ihm verbunden. Für diese Ableger des Nordens gibt es keine geregelte Ordnung: sie sind überall verstreut. Die Bedeutung des Südens ist im übrigen erheblich gesunken, ausgenommen der Mittlere Osten, wo der Limes unscharf bleibt. Die Ableger im Süden beruhen heutzutage entweder auf einer isolierten, aus dem Norden stammenden Ansiedlung (Südafrika) oder auf einem Ort kommerziellen oder strategischen Interesses (Panama) oder auch auf einer Region, in der Bedrohungen für den Norden erwachsen (Anbaugebiete für Koka, Mohn). Und schließlich bildet ein ziemlich schlaffes Netz von städtischen Ballungsräumen − oder zumindest ihre Industrie- und Geschäftszentren − finanzielle Niederlassungen des

Nordens. Manche sind stark in ihn integriert: z. B. Singapur; andere sind von geringerer Bedeutung: die Regionen von São Paulo, Rio, Montevideo, Manila, Djakarta.

Das Leben dieser Comptoirs wird sehr stark von »spontanen« ökonomischen und kommerziellen Strömen in Schwung gehalten. Die Staaten haben damit nur wenig zu schaffen: die Unwirksamkeit der Wirtschaftssanktionen gegen Südafrika zeigt zur Genüge, daß die Faktoreien aus vielfältigen Verbindungsnetzen gespeist werden, die weitgehend selbständig, ja sogar verdeckt sind.

Bisweilen sehen sich die Staaten des Nordens veranlaßt, zum Schutz gewisser eigener Interessen sichtbar zu intervenieren. Dabei respektieren sie die traditionellen Einflußzonen. Die Wirtschaftshilfe für die lateinamerikanischen Regime ist weitgehend Sache der USA, während Frankreich hauptsächlich in Afrika agiert und England im Commonwealth. Schließlich kann der Norden, wenn die Stabilität einer Faktorei unmittelbar bedroht ist, Militäraktionen starten: die Landungsoperation in Panama, die bewaffnete Unterstützung des Präsidenten von Gabun durch Frankreich, gemeinsame Operationen der USA und Kolumbiens gegen den Rauschgifthandel.

Die Faktoreien sind wertvoll, allerdings nicht so sehr, daß sie um jeden Preis verteidigt würden. Am Limes selbst geht der Kampf um Leben oder Tod; bei den Faktoreien dreht er sich lediglich um einen Haufen Geld. Der Norden wird es vermeiden, ihretwegen kostspielige oder zweifelhafte Kämpfe zu führen: England hat sich die Falkland-Inseln um den Preis eines Krieges erhalten, den es gegen Argentinien zu gewinnen vermochte. Doch es macht sich bereit, Hongkong an China zurückzugeben, ohne irgendwelche Garantien für die Zukunft der Kolonie erlangt zu haben ...

Die dritte Region, die letzte und am tiefsten ins Innere reichende, entfernt sich am weitesten vom Limes. Hier ist der Kontrast zum Norden extrem. Diese tiefen Räume der Barbarei entstehen durch Explosionen, durch Rückfall in den wilden Zustand, wie in Liberia, im Sudan, in Somalia ... Die Gewalt, die hier entfesselt wird, entzieht sich der Kontrolle. Der wirtschaftliche Mißerfolg gewinnt den Anstrich von Bankrott; es entwickeln sich in raschem Tempo geheime und verbrecherische Machtstrukturen. Ein malthusianisches Gleichgewicht des Mangels stellt sich her zwischen einer nach wie vor hohen Geburtenrate und Katastrophen: Krankheiten, Kriegen, Lebensmittelknappheit.

In Afrika ist diese Entwicklung besonders sichtbar, weil dort Staaten schnell zerfallen.[9] Doch die Entwicklung in Lateinamerika erweckt nicht weniger Besorgnis, nachdem in Brasilien wie in Argentinien alle Pläne zu einer Inflationssenkung gescheitert sind – und dabei waren sie weiß Gott mit großer Energie ins Werk gesetzt worden. Auch der indische Subkontinent gerät in eine Periode arger Turbulenzen.[10]

Diese Entwicklungsprozesse sind gleichzeitig tragisch und belanglos. Tragisch, weil durch sie Dramen entfesselt werden; belanglos, weil die Toten in diesen fernen, abseits des Limes gelegenen Gebieten, welche für die Faktoreien des Nordens so gut wie gar nicht bedrohlich sind, niemanden erregen.

Während des Kalten Krieges war die Politik eine Art Blutgruppe: es gab Ostblut und Westblut. Beiden Lagern war es sehr darum zu tun, die eigenen Opfer zu kennen, zu beklagen, zu rächen. Um sich gegenseitig in der Zahl der Toten zu überbieten, wurde fast jede Katastrophe einbezogen, auch solche mit natürlicher Ursache. Damals wurden die makabren Auflistungen bedauert. Heute erscheint es fast, als habe dabei noch eine gewisse Fürsorge gewaltet. Wenn die Toten niemandem gehören, Tote des

Südens, Söldner einer nichtigen Sache, dann fließt immer mehr Blut und erweckt immer weniger Interesse. Der Karikaturist Plantu hat diesen Zustand großartig verknappt, wenn er am Vorabend des Golfkrieges den Großvater im Schlafrock beim Anblick eines Massakers im Fernsehen zeigt und ausrufen läßt: »Endlich ist es soweit!« − »Ach was«, entgegnet ihm eine Stimme, vermutlich aus der Küche, »das ist bloß Liberia!«

Damit es »endlich soweit« kommt, müssen Nord und Süd in einen Konflikt eintreten, muß unser Fleisch und Blut beteiligt sein. Sonst zählt es nicht. Die Zeitungen beten Tag für Tag eine Litanei von bedeutungslosen Todesfällen her, die in immer umfangreicheren Paketen zusammengefaßt werden: zu Dutzenden, ja zu Hunderten, und alle in einer einzigen Notiz verpackt, vorausgesetzt, es handle sich bei diesen Toten um Bauern und Peruaner.

Es ist in unseren Ländern gang und gäbe, eilends zu bedauern, daß »das Menschenleben in der Dritten Welt so wenig zählt«. Es ist eine wohlbekannte und anscheinend unumgängliche Tatsache, daß der Tod zweier weißer Nonnen oder eines amerikanischen Journalisten eine Entrüstung hervorruft, die Tausende von eingeborenen Toten nicht auszulösen vermochten.

Das Leben in der Dritten Welt erschien uns immer übertrieben niedrig bewertet: dennoch trug die Ost-West-Rivalität bislang dazu bei, seine Quotierung entschieden zu stützen. Heute bricht der Kurs zusammen. Das Leben gilt im Süden nichts mehr, nichts am Ort selbst − das ist keineswegs etwas Neues − nichts mehr aber auch hier.

Dies ist ein spürbarer Rückschritt. Mag das Leben der Menschen im Süden auch niemals sehr viele Leute interessiert haben, so unterbrach doch zumindest ihr Tod für einen Augenblick das Kauen. Die ständigen Mitarbeiter der internationalen Hilfsaktionen erklären klipp und klar: Wenn die humanitäre Hilfe in Biafra geboren wurde, so ist sie in Liberia gestorben.[11]

Im Abstand von zwanzig Jahren haben diese beiden

Kriege fraglos ähnlich viele – auf grausige Weise umgekommene – Tote aufzuweisen, ähnlich viele Kinder mit Hungerbäuchen, ähnlich blindwütige Zerstörungen. Die Reportagen über Biafra lösten noch einen gewaltigen Schock aus; Liberia tauchte auf den Bildschirmen allenfalls kurz auf. Man mag einwenden, daß ein anderes aktuelles Ereignis den Blick beherrschte. Dabei vergißt man aber, daß 1971 der Vietnamkrieg tobte. Liberia illustriert, welche Abklärung in der öffentlichen Meinung zwischen dem Schauspiel und der Emotion eintritt. Die Emotion ist verschwunden, die »ferne« barbarische Welt versinkt heute in tiefer Gleichgültigkeit. »Der Mensch ist ein kostbares Gut«, heißt es in einer Werbung. Ja, denn er ist nur im Norden anzutreffen. Jene Statisten aber, die wir anderswo in den Trümmern untergehender Länder umherirren sehen, sind keine Menschen, sondern Bilder. Der Anblick ihrer Not bleibt, denn der Norden hat einen enormen Bilderkonsum, und dabei werden Wirbelstürme, Hungersnöte, Bürgerkriege stets einen Platz als visuelle Dramen behaupten. Aber sie lösen nicht mehr die emotionalen Impulse zur Solidarität aus wie in jüngerer Vergangenheit; hinsichtlich der Dritten Welt ist jene berüchtigte Teilnahmslosigkeit der Öffentlichkeit entstanden, deretwegen die humanitären Organisationen so besorgt sind.

Dennoch hat sie nicht die befürchtete Form angenommen: das Versiegen der Spenden. Die Franzosen spenden nach wie vor mit zuverlässiger Regelmäßigkeit und Freigebigkeit. Doch ist dies eher ein schlechtes Zeichen. Einstmals war die stoßartige Spendenaktion anläßlich dieses oder jenes Aufrufs zur Hilfe für die Opfer einer Katastrophe das Merkmal einer aktiven und konkreten Freigebigkeit, eines Gefühls. Heute spendet man, um zu spenden; im Norden eine notwendige Funktion, ein soziologischer Vorgang. Doch statt mit dieser Spende Interesse für die weit entfernte Dritte Welt zu bezeugen, erkauft man sich die Gleichgültigkeit, die ihr nun entgegengebracht wird. »Was sich dort abspielt, ist tragisch, mag sein, aber es gibt ernsthafte Leute, die sich darum sorgen.« Unsere Unbe-

224

kümmertheit gegenüber diesen Gebieten einer fernen Barbarei, den sich dort abspielenden Dramen, unser Verzicht auf Eingreifen, unser resigniertes, ja heimlich erfreutes Hinnehmen der Tatsache, daß sich dort ein malthusianisches Gleichgewicht herstellt, das alles wird aufgehoben durch die Absolution, welche wir dank einer abstrakten Mildtätigkeit empfangen. Steckt den Scheck in den Umschlag mit dem Glanzkupon, und eure Sünden sind vergeben.

Die ständigen Mitarbeiter der Hilfsorganisationen schicken sich in diese neuen Spielregeln, aber sie wissen, daß ihre Aktionen angesichts der tatsächlichen Katastrophen eine immer geringere, lachhafte Wirkung zeitigen. Sie mögen noch die Seelen im Norden erlösen, taugen aber immer weniger dazu, Leiber im Süden zu erretten. Die Helfer wissen, daß die Ausbreitung der *terrae incognitae* ihr Eingreifen mehr und mehr erschwert; die Organisation »Ärzte ohne Grenzen« hat sich aus dem Sudan zurückgezogen, in Liberia und Somalia können nur sehr wenige Organisationen arbeiten. Die gegenwärtigen Konflikte lassen humanitäres Eingreifen immer weniger zu. Sie sind zu sehr zersplittert, zu instabil. Ihnen geht die robuste Schlichtheit der klassischen Guerillakriege ab, in denen sich zwei klar umrissene Widersacher gegenüberstanden. Auch in dieser Beziehung bezeichnen Biafra und Liberia die beiden Extreme. In Biafra bestand ein klarer Gegensatz zwischen den Regierungskräften und den aufständischen Ibos in ihrem Reduit im Nigerdelta. In Liberia produzieren Zersplitterung und Anarchie eine Gewalt aller gegen alle.

Lassen wir der humanitären Illusion in einem Punkt Gerechtigkeit widerfahren: sie macht sich lediglich schuldig, unsere Gleichgültigkeit als Hochherzigkeit zu verkleiden. Im übrigen läuft der Apparat der Hilfeleistungen auf vollen Touren, aber er agiert immer mehr am Rande der wahren Dramen: Die explosiven Situationen, in die Teile der Dritten Welt abdriften, sind nicht einmal mehr der Mildtätigkeit zugänglich.

Es müßte versucht werden, präventiv zu handeln, solche explosiven Situationen zu verhindern, solange es noch möglich ist.

Von der Kanonenboot- zur Hubschrauberdiplomatie

Die Mächte des Nordens bewegen sich in diesen Unruhegebieten wie im Nebel: so weit sie gerade blicken können. Sie unterstützen die noch stabilen Regierungen; zumindest tut das Frankreich in Westafrika – wobei es selbstredend die Priorität seinen Faktoreien einräumt, den Gebieten, in denen es Interessen besitzt: Gabun verdient mehr Aufmerksamkeit als Burkina Faso. Die Nordmächte versuchen, friedliche Übergänge zu favorisieren, so etwa die USA in Haiti.

Doch wenn die Anarchie erst einmal ausgebrochen ist, kann niemand mehr dagegen an. Die Ausländer ergreifen als erste die Flucht. In den verheerten Gebieten wenden die Nordmächte nicht mehr eine Kanonenboot-, sondern eine Hubschrauberdiplomatie an.

Angesichts der Gefahr evakuiert man die eigenen Staatsbürger und schaut von weitem zu, was sich tut. Eine solche Evakuierung ist stets ein sehr schlimmes Zeichen. Die Regierungen wissen das und wehren sich dagegen, daß auf diese Weise vorzeitig ihr politischer Tod verkündet wird. Omar Bongo hat die Franzosen, die während der Aufstände in Port-Gentil evakuiert worden waren, mit Macht zur Rückkehr veranlaßt...

Denn wenn die »Staatsangehörigen« fort sind, ist die *terra incognita* komplett: dann kämpfen die Eingeborenen untereinander. Das pure Spektakel: Zulus und ANC-treue Schwarze schlachten sich in den Townships gegenseitig ab. Das stumme Spektakel: Die bizarre Gestalt des Prince Johnson in Liberia führt den Kampf gegen den nicht minder exzentrischen Charles Taylor, ohne daß irgend jemand genau weiß, worum es geht. Gar kein Spektakel: Der somalische Bürgerkrieg hat sich ganz ohne Augenzeugen abgespielt. Die anonymen Depeschen der Nachrichtenagenturen melden das Vorrücken eines gewissen MNS oder eines gleichermaßen unbekannten SPM...

Hinter dem humanitären Schleier, in den der Norden seine angebliche Tugend hüllt, erleben wir ohne Frage ein unerhörtes Anwachsen des politischen Zynismus. Ist es denn im Grunde genommen nicht auch besser, diese gefährlichen, fernen, gleichgültigen Gebiete zerstückelt zu wissen, zerrissen von Clankämpfen, ermattet nach mörderischen Katastrophen, durch die ihre bedrohliche Expansion kompensiert wird? Hier rühren wir zweifellos an den innersten Kern der Limesideologie.

Die Ungleichheit zwischen Nord und Süd ist seit langem offenkundig: die Entwicklungsideologie hatte sich ihre Verminderung zur Aufgabe gemacht. Die Wunden der Dritten Welt stellten Niederlagen, Herausforderungen auf diesem Wege des allgemeinen Fortschritts und der Solidarität dar. In der Limesideologie sind diese Wunden nützlich, unumgänglich: sie wahren die Ordnung der Dinge, die der Teilung in zwei Welten. Das Ziel heißt nicht mehr, sie zu vereinigen, sondern sie getrennt zu halten, zu verhindern, daß die Zivilisation der einen Schaden nimmt durch die Barbarei der anderen. Zu dieser Abwehr taugt jedes Mittel. Die Römer formulierten diese Ideologie erstaunlich schamlos. Der heilige Ambrosius etwa ermunterte dazu, den Barbaren Wein zu verkaufen, »damit sie sich im Rausch vernichten und dadurch geschwächt werden«. Sehr interessant ist auch die Stellungnahme dieses heiligen Mannes zum Wucher, einer den Christen verbotenen Betätigung. »Da wo ein Kriegsrecht besteht, besteht auch das Recht zum Wucher.«[12] Anders gesagt, für Leute, die uns bedrohen, die wir bekämpfen müssen, gelten die gewöhnlichen Gesetze nicht. Was innerhalb des Imperiums nicht erlaubt ist, wird jenseits des Limes zulässig. In jenem barbarischen Raum wird hingenommen, was in zivilisierten Landen nicht toleriert werden kann.

In moderne Begriffe übersetzt, lehrt uns der hl. Ambro-

sius: Alles, was im Norden unannehmbar ist, der Einsatz
von Gewalt, totalitärer Zwang, gewaltsamer Malthusianismus, mörderische Anomie, wird jenseits des Limes zu
einem legitimen Mittel, die Massen des Südens zu bändi-
gen, also die Zivilisation zu schützen.

Die Ideologie des Limes ist eine Moral der Ungleich-
heit; sie rechtfertigt, benutzt und verschlimmert diese
Ungleichheit. Die Auswirkungen sind in den verschieden-
sten Sphären wahrzunehmen. Vom demographischen
Standpunkt aus legitimiert das unkontrollierte Wachstum
des Südens die Anwendung gewaltsamer malthusianischer
Methoden, die im Norden geächtet wären; es erzwingt die
Errichtung einer Schranke zwischen beiden Welten, wel-
che die Zuwanderung begrenzt. Vom ökonomischen
Standpunkt rechtfertigt die Ungleichheit den selektiven
Einsatz von Hilfe, um die Pufferstaaten in einen besseren
Zustand zu versetzen und die Faktoreien des Nordens zu
erhalten. In Gesellschaften, die nichts von universeller
Entwicklung halten, ist diese Utopie nutzlos oder gar
gefährlich, Quell explosiver sozialer Veränderungen. Poli-
tisch gilt für den Norden das demokratische Ideal, am
Limes aber wie im Rest der Welt hat das Gebot der Stabilität Vorrang vor allem andern. Im Süden kann der Totalitarismus hingenommen werden.

Als Ost und West in der Dritten Welt miteinander konfrontiert waren, war es ihnen darum zu tun, sich gegenseitig in demokratischer Gesinnung zu übertreffen und dem
jeweils anderen seine hinsichtlich der Menschenrechte
zweifelhaften Bündnispartner unter die Nase zu reiben.
»Afghanistan!« sagten die einen, »Chile!« riefen die anderen zurück. Auf den Vorwurf »Äthiopien!« entgegneten
sie »Südafrika!« Dieses gegenseitige Ausstechen führte
schließlich dazu, daß jedermann darauf achten mußte, mit
wem er Umgang pflegte. Die Rückkehr Lateinamerikas
zur Demokratie am Anfang der achtziger Jahre hatte
durchaus etwas mit dieser Sorge um den guten Ruf zu tun.
Heute kann der Süden, von dieser Auseinandersetzung
und ihren moralischen Anforderungen befreit, ins Chaos

zurückfallen, ohne irgend jemandem zu schaden. Auch die Anarchie ist eine Form von Gleichgewicht: auf seine Weise hatte Beirut im Schrecken eine Art Routine entwickelt, die niemanden bedrohte. An den (sehr wenigen) Orten, die man unbedingt schützen will, in jenen fernen, aber den Banken und dem Herzen teuren Faktoreien läßt sich stets irgendeine Methode finden, um die Sache mit starker Hand in den Griff zu bekommen. Diese Methoden werden heute von niemandem mehr kritisiert. Jede der Großmächte behält sich ihren Gebrauch vor: die USA haben in Panama nicht darauf verzichtet, die Russen nicht in Aserbaidschan und die Franzosen nicht in Gabun. Auch die Unterstützung autoritärer Regime ist nicht mehr tabu, wenn sie sich angesichts eines unkontrollierbaren Südens als die letzten Bastionen der Ordnung darstellen.

Die Ideologie des Limes eröffnet einen Ausnahmeraum: war Christus einst nur bis Eboli gekommen, so verharren heute Demokratie, Entwicklung und Recht vor den Gestaden des Mittelmeers, am Rio Grande oder längs des Himalaja.

Während es der Mythologie der universellen Entwicklung darum zu tun war, die divergierenden Welten des Nordens und des Südens einander anzugleichen, setzt sich die Limesideologie das Ziel, sie noch schärfer zu trennen. Sie tut dies im Namen der Sicherheit des Nordens, um ihn vor der Gefahr durch die Barbaren zu bewahren. Die alte Versuchung zur Abschottung schleicht sich heute unter einer moralischen Maske erneut ein.

11

Die weltweite Apartheid

> *Dies also ist eine erste Definition des tragi-*
> *schen Helden: er ist eingesperrt, er kann*
> *nicht heraus, ohne zu sterben: sein Privi-*
> *leg ist seine Begrenzung, seine Auszeich-*
> *nung die Gefangenschaft.*
>
> Roland Barthes, *Über Racine*

Wohlhabend und alternd, strebt das nördliche Imperium dem gleichen Ziel nach wie die Individuen, aus denen es besteht: sich nicht vermehren, sich nicht reproduzieren, sondern dauern, dauern so lange wie nur möglich, allezeit fortdauern in der süßen lauen Wärme des Reichtums und Friedens.

Die Limesideologie bietet dem Menschen des Nordens, was er auf der Welt am meisten begehrt: Sicherheit. Aber es handelt sich um einen Pakt. Der Norden, dieser neue Faust, muß, wenn er das ewige Leben will, dies mit einem Verzicht bezahlen. Keine Angst, sagt die Stimme des Versuchers, es ist nicht viel. Das geforderte Opfer ist durchaus nicht beträchtlich, denn was der Pakt im Tausch dafür verlangt, das ist das Glück, die Gesundheit, das Leben der anderen, derer im Süden. Wer würde nicht verschwenderisch umgehen mit einer Summe, die er auf Kosten eines Unbekannten ausgeben kann? Wenn sich da Skrupel melden, dann können sie lediglich moralischer Natur sein. Dies genau ist der Pakt. Auf der einen Seite Sicherheit für den Norden, eine Art Ewigkeit, und auf der andern lediglich der Verzicht auf Gerechtigkeit.

Sicherheit und Gerechtigkeit dünkten uns bislang vereinbar, mehr noch, schienen sich gegenseitig zu ergänzen. Während des Kalten Krieges zum Beispiel beanspruchte der Westen, mit seinem Kampf gegen den Kommunismus die Gerechtigkeit und gleichzeitig seine eigene Sicherheit zu verteidigen. Als MacArthur in Korea landete, kam er, um einen Feind zurückzudrängen und zugleich der Demokratie und dem Recht in jenen fernen Landen zum Triumph zu verhelfen. Als John F. Kennedy die »Allianz für den Fortschritt« ausrief, das Hilfsprogramm für Lateinamerika, wirkte er für Solidarität und Gerechtigkeit auf dem amerikanischen Kontinent: doch im selben Atemzug verhinderte er, daß die Subversion um sich griff.

Bei dem neuen Pakt heißt es nun wählen. Der Norden muß darauf verzichten, sein demographisches Modell, seine demokratischen Ideale, seinen Produktivismus auf die ganze Welt auszuweiten. Er muß jenseits des Limes andersartige Methoden und spezifische Regeln anwenden. Er muß die Gewalt akzeptieren, falls sie notwendig ist, Elend und mörderische Katastrophen, wenn sie zweckmäßig sind, den Krieg, sofern es ein weit entfernt stattfindender Bruderkrieg ist. Wenn er Tien An Men hört, darf er nur den Kopf abwenden. Falls man ihm die hungerleidenden Kinder Liberias zeigt, genügt es, wenn er einen Geldschein in einen eigens aufgestellten Opferstock steckt; um dessen Verwendung braucht er sich nicht zu kümmern. Wenn ein Magazin ihm das Wüten von AIDS in Afrika illustriert, darf er nur klagen, und vor allem, vor allem darf er nichts tun. Was wäre denn auch zu tun? Führt man ihm nicht Tag für Tag vor, daß sich der Süden jeglichem Einfluß entzieht und danach verlangt, allein gelassen zu werden; sieht er nicht, mit welcher Heftigkeit jene fernen Völker das griechisch-lateinische Ideal ablehnen und auf unsere Gesellschaft speien?

Nun, das ist schon alles: der geforderte Verzicht betrifft eine Utopie, den absurden Anspruch auf universelle Gerechtigkeit. Und was bekommt er im Tausch für dieses Nichts, andere würden sagen, für diese Kleinigkeit? Die Gewißheit, in Frieden zu leben.

Natürlich wird es anfangs einige Unruhe geben, diesen Golfkrieg zum Beispiel, der dazu beiträgt, den Limes in einer Region zu errichten und zu konsolidieren, wo er noch ungenau definiert ist. Doch ist die Trennung der beiden Welten erst einmal abgeschlossen, wird eine neue Ordnung einziehen, die vom Norden bestimmt wird und ihm den Frieden gewährleistet. Danach werden Nord und Süd sich getrennt entwickeln.

Diesen Pakt, diese Ideologie der Trennung zu akzeptieren, bedeutet, ganz legitim eine weltumspannende Apartheid zu errichten. Es handelt sich nicht darum, die Moral ohne allen Sinn und Zweck zu verhöhnen. Der vorgeschlagene Tausch ist ausgeglichen: Moral und Utopie werden gegen die Hoffnung vertauscht – die Hoffnung, in Frieden und Sicherheit zu leben, unter uns.

Wenn Faust angesichts eines solchen Vorschlags zum Widerstehen neigen sollte, dann wird er zunächst einmal das Verheißene in Zweifel ziehen. Ist es auch kein Dummenfang? Wird die im Tausch für dieses Opfer erlangte Sicherheit auch tatsächlich existieren? Ist dies nicht eine vergebliche Hoffnung? Ist in der Klarheit dieses Diamants nicht todsicher die »Kröte«, wie die Juweliere sagen, zu sehen, also der Fehler, der seinen Wert mindert? Alles wäre offensichtlich viel einfacher, wenn man a priori beweisen könnte, daß der Limes keine Figur des Gleichgewichts und die von ihm herbeigeführte Ordnung nicht lebensfähig ist. In diesem Fall wäre der Pakt nicht mehr vorhanden: die Ungerechtigkeit wäre weiterhin mit der Unsicherheit gekoppelt. Die Entscheidung wäre nicht mehr nötig.

Die Historiker, die gar zu oft aus der Vergangenheit eine Moral ableiten möchten, bemühen Argumente in diesem Sinne. Die Untersuchung des römischen Limes und einiger anderer Grenzen würde den Schluß erlauben, daß die Sache immer schlecht ausgeht. Es läge gewissermaßen in der Natur dieser Grenze, daß sie zerbricht und der Invasion, dem hereinflutenden Strom weicht. Toynbee hat diese Ansicht auf die dichteste und bildkräftigste Weise gefaßt. »Der Bruch dieses militärischen Damms (des Limes) unter der unaufhaltsamen Flut der barbarischen

Eindringlinge hat sich anscheinend im Falle jedes Limes in jedem in der Geschichte bekannten Universalstaat wiederholt.«[1]

Unsere lange römische Metapher müßte uns also dahin bringen, die Ideologie des Limes im ganzen und mit Leichtigkeit abzulehnen, indem wir herausstellen, zu welchem Drama sie führt.

Leider sind die Dinge nicht so unausweichlich. Die Lehren der Geschichte reichen nicht aus, uns dieser Entscheidung zu entheben.

Toynbee hat recht, aber nur von seinem Standpunkt. Zu der Zeit, in der er schreibt, sind sämtliche Limeslinien verschwunden; er betrachtet sie von ihrem Ende her. Unbestreitbar wird dieses Ende von den Invasionen herbeigeführt (welche im übrigen nicht immer Zerbrechen des Limes bedeuten). Die nachträgliche Betrachtung verzerrt. Man stelle sich einen Menschen vor, der über die Produktion eines Autowerkes urteilen wollte, nachdem er in den Trümmern eines Autofriedhofs wühlte: er würde schlußfolgern, daß der Bau eines Fahrzeugs immer ein Mißerfolg ist, weil er stets mit dessen Stillegung, mit dem Verrosten, dem Verfaulen der Sitze usw. endet. Er würde schlicht und einfach jene Jahre des Gleichgewichts übersehen, die das Auto während seines Betriebes erlebt hat. Die große Neuheit ist gegenwärtig, daß wir den Limes nicht mehr vom Ende, sondern vom Anfang her betrachten: Wir erleben heute, wie ein Limes in den Köpfen entsteht. Für uns fängt er gerade an. Wenn man auch die Limesgrenzen der Vergangenheit im selben Stadium ihrer Entwicklung ins Auge faßt, dann ändert sich die Sichtweise. Gewiß, die römische Welt wird von der Völkerwanderung hinweggefegt; doch zwischen den Barbaren und dieser Welt hat zunächst einmal über sechs Jahrhunderte* ein Gleichgewicht bestanden. Unsere Sorge ist es nicht, zu wissen, ob der zeitgenössische Limes ewigen Bestand haben wird:

* Von 146 v. u. Z. (dem Untergang von Karthago), da wir uns entschieden haben, den Akt der (noch theoretischen) Erfindung des Reiches in diesem Ereignis zu sehen, bis 476 (dem Untergang des Westreiches).

zweifellos wird langfristig der Tag kommen, an dem er, wie jede historische Figur, sein Ende findet. Für den Augenblick ist die einzige Frage, ob er zunächst ein dauerhaftes Gleichgewicht herzustellen vermag. Um über den Ausgang zu urteilen, sind keine sechs Jahrhunderte nötig: Die nukleare Abschreckung zwischen Ost und West hat dem Norden nur für fünfundvierzig Jahre Frieden verschafft. Und niemand bestreitet, daß es sich dabei, nach dem Maßstab moderner Zeiten, um eine lange Phase von Gleichgewicht handelt.

Wenn die Ideologie des Limes, die neue Nord-Süd-Trennung, eine ebensolange während Stabilität garantieren würde, dann kann man sagen, daß der Pakt seine Verheißung bereits eingelöst hätte. Fünfundvierzig Jahre Frieden: Ist das nicht die Ewigkeit für einen Menschen, die ihn ernstlich in Versuchung führen könnte?

Die historische Metapher ist heute nur dann von Interesse, wenn sie, statt an das zwangsläufige Ende des Limes zu gemahnen, im Gegenteil die Bedingungen für seine langwährende Stabilität aufführt. Im Lichte der römischen Erfahrung läßt sich sagen, daß dies drei Bedingungen sind.

Das Imperium muß zuerst ein militärisches Gleichgewicht am Limes herstellen können. Es muß sich alsdann vor ferneren Gefahren absichern können, den Gefahren, die sich im tiefen Innern der barbarischen Welt zusammenbrauen. Und schließlich muß es lernen, am Limes eine Diplomatie der Ungleichheit zu entfalten.

Zum Pech für jene, die der Wahlentscheidung Fausts enthoben sein möchten, erscheinen diese drei Bedingungen beim heutigen Limes nicht unerfüllbar.

DIE WAFFEN DES SÜDENS

Kann der Norden ein militärisches Gleichgewicht längs des Limes herstellen? Auf den ersten Blick erscheint nichts ungleicher als die militärischen Verhältnisse des Nordens und des Südens. Hinsichtlich der ökonomischen und technologischen Stärke ist die Überlegenheit des Nordens absolut offenkundig. Dennoch ist die reale Situation sehr viel ausgeglichener, als es die quantitativen Angaben naheliegen könnten.

Zunächst einmal verfügt der Schwache über Waffen, die ihm eigen sind und ihre Erprobung bestanden haben. Man hat es erlebt, von den kurdischen oder salvadorianischen Guerillazonen bis zu den von Israel besetzten Gebieten, daß gutgerüstete Armeen nicht imstande waren, mit Kämpfern fertig zu werden, die nur mit einfachen Waffen versehen, jedoch mit der Bevölkerung eng verbunden sind und ständige Störangriffe inszenieren. Diese Guerillatechniken stellen die Überlegenheit des Nordens nicht in Frage, aber sie können, nach leichten Eroberungen, einen »schlechten Frieden«[2] herbeiführen, das heißt eine nicht aufrechtzuerhaltende Besetzung. Innere Zerrüttung, Verschleiß sowie Propagandakrieg, weitere Waffen der Schwächeren, verlagern den Konflikt auf das politische Feld und gewinnen auf lange Sicht die Oberhand über die Gewalt.

Der Süden kann außerdem Vorteil ziehen aus seiner Masse. Die Vielzahl an Menschen ist eine Waffe, welche die technologische Unterlegenheit teilweise zu kompensieren vermag. Sie wurde erprobt von China, das 1979 seine Menschenmassen zum Sturm auf Vietnam losließ, vom Iran, der seine Pasdaran zu Hunderttausenden ins irakische Feuer schickte.

Doch dieses Bild eines Südens, der auf den Guerillakrieg und auf indirekte Kampfmittel beschränkt bleibt, wurde durch den Golfkrieg getrübt. Der Irak hat vorgeführt, daß der Süden, mag er auch insgesamt schwach sein, an bestimmten Orten »starke Positionen« bergen kann, militärisch höchst gefährliche Zonen, wo er die Stärke des Nordens auf der Ebene des Krieges und nicht mehr nur der Guerilla herauszufordern imstande ist. Diese lokale Hochrüstung hat vielfältige Ursachen, von denen manche leichter kontrollierbar sind als andere. Die erste war bislang die Ost-West-Rivalität. Der Irak ist wie Vietnam oder Kuba von den Sowjets im Rahmen einer Strategie des weltweiten Einflusses aufgerüstet worden. In gleicher Weise statteten die USA den Iran des Schah mit Waffen aus, um ihn zu einer regionalen Schiedsmacht und einer Frontbastion an der Flanke der Sowjetunion zu machen. Man kann die Hoffnung hegen, daß dieser erste Quell der Hochrüstung heute, wo nicht verschwunden, doch zumindest durch die Schwierigkeiten der Sowjets und ihren Rückzug von weit entfernten Schauplätzen gemindert ist. Doch auch unter der Annahme, daß dieser erste Quell versiegt, besteht die Gefahr, daß ein anderer an seine Stelle tritt: der kommerzielle Quell. Wer zahlt, kann heute alles bekommen, was er will, oder doch beinahe alles, ohne daß er irgend jemand Rechenschaft ablegen muß.

Die Proliferation der Rüstungen im Süden und zumal in der Pufferzone ist praktisch unkontrollierbar. Zur kommerziellen Logik des Nordens kommt noch die des Südens hinzu, wo heute mehrere Länder Waffen produzieren und exportieren, einige schon recht hochentwickeltes Gerät (z. B. Brasilien, Argentinien, China, Indien, Ägypten). Es liegt ein offenkundiger Widerspruch darin, einerseits die Errichtung einer relativ stabilen und entwickelten Pufferzone zu fördern und andererseits zu hoffen, daß sie nicht hochgerüstet wird. Rüstung und Entwicklung sind durch eine unerbittliche Logik aneinander gekoppelt. Diese harten, aber bedrohten Regime, die dank Gewalt stabil sind, werden die Mittel zu ihrer Stärke nicht zuletzt in der Rüstung suchen. Für diese »mittelreichen« Kunden ist eine sehr breite Palette von Produkten im Angebot: chemische Waffen, Kurz- und Mittelstreckenraketen, klassische Waffen und sogar die nukleare »Basic«-Technologie sind aus dem Katalog abrufbar.[3]

Mag der Süden global gesehen auch schwächer sein, so ist jedenfalls die Pufferzone zwischen Nord und Süd in eine Rüstungsdynamik verstrickt, die tendenziell die Kräfte am Limes zum Ausgleich bringt.

Der Golfkonflikt hat gezeigt, daß die Staaten des Südens, sobald sie einen gewissen Grad der Stärke erreicht haben, über zwei zusätzliche Trumpfkarten verfügen: die Instabilität ihrer Völker und ihre Unempfindlichkeit für Abschreckung.

Der Instabilität der Pufferzone gelten die Befürchtungen aller Staaten in dieser Zone: Sie bemühen sich, wie wir gesehen haben, diese zentrifugalen Kräfte auf ihrem eigenen Territorium zu bekämpfen. Aber sie scheuen sich nicht, dieselbe Instabilität bei ihren Nachbarn zu ihrem Vorteil auszuschlachten. Der Irak hat mit dieser Strategie eines regionalen Flächenbrandes und mit seinen Bemühungen, die arabischen Massen gegen ihre Regierenden aufzuhetzen, einen relativen Schiffbruch erlitten. Doch eine solche Entwicklung wurde während des Konflikts von den Alliierten ständig befürchtet. Die Stabilität wurde nur durch große finanzielle Anstrengungen zugunsten der Nachbarstaaten (z. B. Ägyptens, der Türkei, Israels, Syriens) erzielt. Vor allem die Natur des Konflikts, in dem nicht unmittelbar Norden und Süden, sondern auch arabische Mächte gegeneinander standen, hat es gestattet, die Öffentlichkeit der verschiedenen Länder zu spalten und ihre Reaktionen zu dämpfen. Eine solche Eindämmung wird vielleicht nicht immer möglich sein. So klar und deutlich umrissen die Ost-West-Front war, so ausgedehnt, zerstückelt und unberechenbar ist die Berührungsfläche, die der Süden bietet.

Die weitere Stärke des Südens liegt in seiner Unempfindlichkeit für Abschreckung. Der Irak hat dafür einen partiellen Beweis geliefert: Es stand niemals die Frage, auf diesen Staat einen echten Abschreckungsdruck auszuüben (im Sinne einer massiven Zerstörung durch nichtkonventionelle Waffen). Dennoch zeigt Saddam Husseins Rhetorik während der gesamten Krise zur Genüge, daß er wahrscheinlich für ein solches Druckmittel kaum empfänglich gewesen wäre.

Die Generalstäbe denken heute über die sogenannte Abschreckung »des Starken gegenüber dem Schwachen« nach. Man kann sich fragen, ob dieses Konzept zwischen Nord und Süd die geringste Geltung besitzt. Wenn man sieht, wie die äthiopischen Führer einen Teil ihres Volkes bewußt dem Hungertod opfern, um den Westen zu zwingen, ihre größenwahnsinnige Politik zu finanzieren, dann mag man bezweifeln, ob sie einer Logik der Abschreckung zugänglich sind. Noch beunruhigender war es, mit welcher Entschlossenheit die großen lateinamerikanischen Schuldnerländer ihre Verschuldung so weit verschlimmerten, bis sie ganz bewußt das internationale Finanzsystem gefährdeten. Alsdann konnten sie mit ihren Gläubigern von einer Position der Stärke aus verhandeln. Hier war eine echte Logik der Abschreckung des Schwachen gegenüber dem Starken am Werke. »Ich habe nichts zu verlieren; ich kann das Haus in die Luft sprengen; ihr müßt euch meinen Forderungen beugen.« Man mag sich fragen, ob es jemals möglich sein wird, auf derart entschlossene Machthaber irgendeine Abschreckung wirken zu lassen.

Der Süden steht also dem Norden keineswegs ungewappnet gegenüber: ein neues Gleichgewicht ist möglich. Es setzt von nördlicher Seite die Revision aller strategischen Konzepte, die Überwachung einer sehr breiten und sehr zerstückelten Linie voraus, auch wenn manche Zonen wohl instabiler als andere bleiben und die Gefahr in sich konzentrieren müssen. (Während der gesamten römischen Geschichte waren die berühmten *Decumates agri* zwischen Rhein und Donau Ziel vielfacher Feldzüge und Gegenangriffe. Der Mittlere Osten wird möglicherweise die *Decumates agri* des heutigen Limes bilden.)

In dieser nie dagewesenen Situation wird es vor allem gelten, neue Waffen zu erfinden, und die Industrie des Nordens wird davon um so stärker prosperieren. Es ist interessant zu sehen, daß die der Sowjetunion gegenüber ins Gefecht geführte SDI (Strategische Verteidigungsinitiative), auch Sternenkrieg genannt, heute erneut gestartet wird: Sie ist zweifellos für den Norden das einzige Mittel, einen Schutzschild aufzurichten gegen eine gutgerüstete Pufferzone, in der die Nichtverbreitung von Kernwaffen nicht gesichert ist.[4]

Die erste Bedingung für die Stabilität des Limes, die

Errichtung eines dauerhaften militärischen Gleichgewichts, ist ohne Frage erfüllt: Jede Seite verfügt über ihre
Waffen und ihre strategischen Trümpfe. Die Doktrinen
werden sich verfeinern, die Forschungen sich entwickeln,
und der Handel wird sich ausweiten: Die Balance wird
vielleicht lokal und zeitlich instabil sein; aber nichts kann
sie verhindern.

RÜCKKEHR DER DISTANZ

Die zweite Bedingung ist komplexerer Natur: Damit der
Limes stabil bleibt, darf das Imperium nicht berührt werden von den Ereignissen, die sich im tiefen Innern der
barbarischen Welt abspielen. In der römischen Geschichte
haben sich, *a contrario*, die größten Wirren in der Folge
tiefgreifender Eruptionen in der Ferne ereignet: Die Wanderung der Hunnen gen Westen hat eine Verschiebung
aller barbarischen Völker nach sich gezogen und das herbeigeführt, was wir die Völkerwanderung zu nennen pflegen. Gegenwärtig stellt sich folgende Frage: Kann der
Norden vernünftigerweise ignorieren, was sich im Süden
tut? Kann er Vorteil ziehen aus der Anarchie, von der
manche Staaten paralysiert sind, aus der Diktatur, durch
die andere sich stabilisieren, aus den Katastrophen, von
denen beinahe alle dezimiert werden. Die Moral möchte
dazu nein sagen. Der Gedanke der Solidarität basiert in
vielen Köpfen noch auf einer Art gegenseitigem Interesse:
die Dramen in der Ferne müssen eines Tages auch uns in
Mitleidenschaft ziehen.

Geben wir zu, daß dieser Gedanke an Einfluß verliert.
Heute zieht im Norden erneut das Konzept der *Distanz*
ein. In den sechziger Jahren ist mit McLuhan der Mythos
der Nähe, des planetaren Dorfes und der Medien in die
Welt getreten. Das Jahrhundert wird enden mit der Rückkehr der alten Unterscheidung nah/fern. Die Verwandlung der Welt durch die Medien hat die Forderung nach
einer neuen Klassifizierung zur Folge gehabt: auf uns stür-

men so viele Bilder, so viele Dramen ein, daß Prioritäten gesetzt werden müssen.

Man kann nicht im gleichen Maße unter allem leiden.

Von jetzt an gibt es die Vorgänge in der Nähe, die zählen: diese Dörfer des Nordens, aus denen jedes kleine Geschehnis berichtet wird, jene Zonen am Limes, wo jede Spannung als eine Bedrohung empfunden wird; und dann gibt es die Dinge in der Ferne, die vergessenen Hungersnöte, die unbekannt bleibenden Morde, die nicht zur Kenntnis genommenen Katastrophen. Der Liberiakonflikt markiert den Zeitpunkt, zu dem diese neue Distanz entsteht. Die Toleranz gegenüber Leiden und Tod, sofern sie sich nur in der Ferne ereignen, ist keine Gleichgültigkeit. Der Norden hat sich nicht verhärtet, er hat sich organisiert. Die Öffentlichkeit alimentiert weiterhin mit ihren Spenden die humanitären Organisationen, aber sie tut es ohne unmittelbare Anteilnahme. Die Wiedereinkehr des religiösen Moments ist ein Phänomen gleicher Natur: es handelt sich um ein Wiederaufleben der Mittlerschaft. Man strebt nicht mehr auf unmittelbare Weise nach dem Glück, sondern durch Vermittlung eines Gottes; man schaltet sich nicht selbst ein, um einem Menschen oder einem Volk Hilfe zu erweisen, man beauftragt eine Organisiation damit. Die Spende ersetzt das Handeln. Sie ist ein Zwischenglied zwischen dem Leiden und einem selbst; dadurch läßt sich das Drama *auf Distanz* halten.

Was wird also aus dem Gedanken der wechselseitigen Abhängigkeit im planetaren Maßstab, welcher den achtziger Jahren so teuer war: Existiert für ein nicht unmittelbar am Limes gelegenes Land kein Mittel mehr, die Interessen des Nordens trotzdem zu gefährden? Es existiert in Wahrheit kaum noch eines. Der Norden schützt sich immer besser. Der Terrorismus? Es ist klar, daß sein Aufblühen nur dank der Komplizenschaft der Polizei in den Staaten des Ostens möglich war. Die Staaten der Dritten Welt sind ziemlich schlecht gerüstet für einen wirklich bedrohlichen Terrorismus, also einen, der der Dimension der technologisch hochentwickelten Gesellschaften entsprechen würde. Die Zuwanderung? Sie bleibt ein Phänomen der Nähe. Auch wenn wir eine weltweite Ausdehnung der Wanderungsströme nach Europa erleben, bleibt die Erscheinung doch weitgehend auf die unmittelbare Nachbarschaft bezogen. Die von manchen Ländern als Waffe eingesetzten Auswanderungsströme aus fernen Gebieten berühren den Norden nicht, da er sich ihrer zu erwehren vermag, vor allem durch das Mittel des Flüchtlingsstatus. Fünf Millionen Afghanen sind geflüchtet: wie viele davon sind nach Europa oder in die USA gelangt?

So bleiben zwei Mittel übrig, um den Norden »aus der Ferne« zu treffen: Drogenhandel und ökologische Bedrohungen.

Der Drogenhandel ist einer der letzten großen Austauschströme zwischen Nord und Süd. Der Kampf gegen diese Aktivität trägt sogar noch ein wenig zur Teilung bei. Er hat Anteil an der Errichtung und der Kontrolle des Limes: polizeiliche Überwachung der Menschen, Einschränkung der Kapitalbewegungen, Eingriffe der Zollbehörden. Das Vorgehen des Nordens richtet sich mehr und mehr gegen den Schmuggel und weniger gegen die Produktion. Die selektiv gewährte Hilfe für die Herstellerländer des Rauschgifts, mit der diese ihre Landwirtschaftspolitik verändern und die Bauern vom Koka-Anbau abbringen sollen, ist gering im Vergleich zu den illegalen Gewinnen. Auf den weiten und unzugänglichen Flächen Lateinamerikas, in den versteckten Gebieten des Goldenen Dreiecks erweist sich der Kampf gegen die Produktion als schwierig. Die Hauptanstrengung wird darum jetzt der Kontrolle des Handels gewidmet. Dabei wurden in jüngster Zeit Erfolge verzeichnet. Die neue Politik der ehemals kommunistischen Staaten hat es ermöglicht, bestimmte Verbindungswege zu unterbrechen, die sich zuvor ihres Wohlwollens erfreuten. Sie macht auch direkte Militärinterventionen möglich, wie die Operationen in Panama oder Kolumbien.

So ist das Rauschgift nicht nur eine Bedrohung für die Staaten des Nordens, sondern zählt auch zu den Faktoren, die am wirksamsten zur Verstärkung des Limes beitragen.

Die ökologischen Gefahren sind scheinbar ein weiterer Faktor, der die wechselseitige Abhängigkeit auf dem Planeten vor Augen führt und darauf verweist, daß es unmöglich ist, mehr als dessen Hälfte ihrem Schicksal zu überlassen. Die Vernichtung der Amazonaswälder, die Verwandlung der Sahelzone in Wüste, die Umweltverschmutzung durch Kohlenwasserstoffe sind Schäden, die im Süden verursacht werden, aber den gesamten Planeten gefährden. In der Theorie vereint die Ökologie den Norden mit dem Süden. In der Praxis gehört sie zu den Faktoren, infolge derer sie am weitesten auseinanderdriften.

Wenn man die hauptsächlichen Anschuldigungen genau untersucht, die wegen der Umweltverschmutzung in der Dritten Welt erhoben werden, dann haben wir es immer mit ein und derselben Angeklagten zu tun: der Entwicklung. Die Schäden an der Landwirtschaft in der Sahelzone? Sie rühren von einem Mißverhältnis zugunsten der für den Export bestimmten intensiv angebauten Produkte her. Die Erzeugung von Kohlenwasserstoffen? Wer außer den großen multinationalen Gesellschaften, die für ihren Abbau und Absatz sorgen, profitiert davon? Die Zerstörung Amazoniens? Sie ist der kombinierte Effekt des Größenwahnsinns brasilianischer Entwicklungsprojekte (Transamazonas-Straße) und der Habgier der Holzhandelsunternehmen sowie einer überschuldeten Wirtschaft, die sich gezwungen sieht, ihren Urwald zu »verkaufen«. Diese Vorwürfe sind zum Teil begründet. Dennoch sind sie Quell eines zunehmenden Mißverständnisses. Die Umweltschützer machen der unangemessenen Entwicklung den Prozeß; die Länder der Dritten Welt begreifen das so, als ob es sich gegen ihre Entwicklung überhaupt richte. Im Süden sind viele der Ansicht, die Ökologie sei ein Luxus, den sich nur der Norden leisten könne. Und es ist wahr, sie nimmt, auf den Süden gemünzt, häufig einen Beiklang von »Nullwachstum« an, den sie hier im Norden eingebüßt hat. Im Norden wird unterdes eingeräumt, daß Umweltschutz mit Wirtschaftswachstum einhergehen kann und muß.

Im Süden sind die ökologischen Investitionen häufig zu belastend. Die Alternative lautet des öftern, eine Arbeit schmutzig zu machen oder gar nicht. In Brasilien konnte man in der großen Zeit der Amazonas-Affäre eine lebhafte und ziemlich allgemein (bei der Regierung wie beim einfachen Bürger) verbreitete Reaktion hören, in der verletzter Stolz schwang: »Man hat es auf unser Land abgesehen. Der Norden möchte uns lieber nackt im Urwald sehen als am Lenkrad von Raupenschleppern. Ihr macht uns zu bösartigen Wilden und verfolgt dabei nur eine Absicht: wir sollen gut werden, aber Wilde bleiben.« Diese Sichtweise wird häufig noch verschlimmert durch die große Ungeschicklichkeit, mit der die »hochherzigen« Initiativen des Nordens auftreten. Das Tribunal der Völker hat es für richtig erachtet − durch den Mund eines Abgeordneten aus dem Departement Allier, was schon etwas heißen will −, Brasilien offiziell für das zu verurteilen, was es den Indianern antut. Die Absicht ist lobenswert, doch da ich Brasilien ein bißchen kenne, glaube ich sagen zu können, daß eine solche, zugleich feierliche und lachhafte Anklage zweifelsohne nicht die geeignetste Aktionsform war. Hat dieses Tribunal das Leben eines einzigen Brasilianers gerettet? Ich bezweifle es, wahrscheinlich ist es höchstens daran schuld, daß sich etliche totgelacht haben...

Die Ökologie ist ein zusätzlicher Grund für Unverständnis und Spaltung zwischen Nord und Süd. In einem Kontext des Mangels und der Unsicherheit sind die für eine »saubere« Entwicklung erforderlichen Investitionen schwerlich verfügbar; die Verschuldung veranlaßt die Länder der Dritten Welt zu einer unausgeglichenen, auf den Export und eine exzessive Ausbeutung ihrer natürlichen Umwelt orientierten Politik. Von da kommt man leicht auf den Gedanken, daß sie innerhalb der neuen internationalen Arbeitsteilung zu »Reservaten«, zu Naturschutzparks gemacht werden sollen, in denen das Leben in seiner urtümlichen Harmonie erhalten werden soll.

Auch die Frage nach der Fähigkeit, die aus der Ferne

kommenden Bedrohungen abzuhalten (zweite Bedingung für das Überleben des Limes) verlangt eine undogmatische Antwort: Zur Zeit existiert keine aus der Tiefe der südlichen Länder herrührende tödliche Bedrohung. Bemerkbare Gefahren wie Terrorismus, Drogenhandel oder die ökologische Bedrohung sind weit davon entfernt, dem Limes zuwiderzulaufen, ja sie sind zusätzliche Argumente für seine Verstärkung.

EINE GESCHICHTE OHNE MORAL

Und die letzte Bedingung, damit die neue Ordnung stabil bleibt: Kann man zwischen Nord und Süd auf lange Zeit eine Diplomatie der Ungleichheit praktizieren?

Die Untersuchung des römischen Limes zeigt, daß er einen tödlichen Baufehler aufweist, einen Mangel in seiner Konzeption, durch die er zwangsläufig verhärten und zerbrechen mußte. Aber diese Erscheinung tritt ganz allmählich, sehr langsam zutage und ist vereinbar mit einer langanhaltenden Stabilität.

Das neue Konzept, das die modernen Historiker des römischen Limes entwickelt haben, hat paradoxe Gestalt. Ein Limes ist eine Sperre, erbaut, um zwei Gebiete voneinander zu trennen, die sie aber in Wirklichkeit vereint.[5] Der Befestigungswall, der die römische Welt rings umgab, war ein Ort starken Durchgangsverkehrs. In beiden Richtungen wurde er passiert von Menschen – die Barbaren zogen in großer Zahl in das Imperium ein, angelockt von dessen Wohlhabenheit – und von Waren: sehr weit jenseits des Limes wurden Gegenstände (vor allem Waffen) gefunden, die in der römischen Welt hergestellt und exportiert worden sind. Entgegen der von Toynbee vertretenen Meinung ist der Limes kein Zeichen des Verfalls: er verkörpert den gewaltigen Erfolg einer Zivilisation, die auf diese Weise die Barbaren ringsum anlockt.

Wozu dient der Limes also, wenn er die Ströme des Austauschs nicht verhindert? Er markiert einen Statusunterschied. Auf der einen Seite die römische Welt mit ihren Gesetzen, auf der anderen der Raum der Barbaren. Rom weitet im Lauf seiner Geschichte das Recht auf seine Staatsbürgerschaft aus. Ist sie anfangs auf eine Minorität und auf die Stadt beschränkt, so wird sie ausgedehnt auf die anderen latinischen Städte, danach auf die Verbündeten in Italien, dann auf eine wachsende Zahl sozialer Klassen im Reich. Schließlich wird sie mit dem Edikt von Caracalla im Jahr 212 u. Z. für alle innerhalb des Imperiums wohnhaften Freien gelten.

Der Limes ist in dem Maße, wie sich das römische Bürgerrecht erweitert, der Ort zunehmender Ungleichheit. Nach Caracalla trennt er zwei Welten voneinander, die in jeder Hinsicht vereint sind, die unaufhörlich Menschen und Güter austauschen, zwischen denen aber ein erheblicher Rechtsunterschied klafft.

Jetzt schon können wir mutmaßen, daß sich dieser Mechanismus beim zeitgenössischen Limes wiederholen wird. Das ist besonders in Europa zu spüren. Die Völker südlich des Mittelmeers unterhalten mit den nördlichen Ländern enge Beziehungen, viele ihrer Staatsbürger leben hier. Die Statusunterschiede zwischen beiden führen zu ernsten Spannungen: Ein junger Araber kommt in den Genuß der französischen Staatsbürgerschaft, während ein anderer, ihm ansonsten gleich, davon ausgeschlossen bleibt. Die beiden befinden sich gewissermaßen diesseits und jenseits des Limes: der eine ist mit allen Rechten dem Norden zugehörig, der andere dem Süden. Je mehr die Ungleichheit wächst, um so weniger ist der Unterschied zu begreifen. Das ist auch im größeren Maßstab der Staaten bemerkbar. Die Anstrengungen der Pufferstaaten, sich dem Norden anzunähern, bedeuten nicht, daß ihnen gestattet wird, ein Teil des Nordens zu werden. Frankreich begünstigt das Vorgehen Hassans II. von Marokko, seine westhörige Außenpolitik und seinen Wirtschaftsliberalismus. Kurz, es akzeptiert sein Land gern als Pufferstaat. Wer aber würde das Risiko auf sich nehmen, seinem Wunsch entsprechend ein Euro-Maghreb zu gründen,

Marokko den Status eines nördlichen Landes zu geben (vor allem, was den Verkehr von Personen betrifft)? Wird die Türkei, dieser Musterschüler im Nahen Osten, der behutsam im Bereich von Demokratie und ökonomischer Öffnung gehalten wird, es nicht leid werden, jeden Antrag auf EG-Beitritt abgelehnt zu bekommen? Mexiko träumt von einem gemeinsamen Markt mit den Vereinigten Staaten; wann aber wird seinen in Armut lebenden Massen der freizügige Verkehr zugestanden werden?

Je mehr Menschen aus dem Süden in die nördlichen Länder »einsickern«, um so stärker sind die Furcht vor Invasion, die Verstärkung des Limes und die Weigerung, alle Ankömmlinge zu assimilieren. Die Diplomatie des Limes ist eine gefährliche Übung in der Aufrechterhaltung der Ungleichheit. Wenn sie die Pufferstaaten vernachlässigt und im Chaos beläßt, bringt sie den Norden ganz unmittelbar in Gefahr. Wenn sie aber diese Zone entwickelt, dann wirft sie langfristig die Frage ihrer Einbeziehung in den Norden auf. Und die Musterschüler der Pufferzone drohen, falls ihnen ihre Bemühungen um Anpassung nicht vergolten werden, sich den Ideologien des Bruchs zuzuwenden, um das Gewünschte mit Gewalt zu erlangen.

Der Limes ist unbestreitbar ein Ort zunehmender Spannung und Konfrontation, nicht, weil er zwei unterschiedliche Welten voneinander trennt, sondern weil er seine beiden Ufer angleicht und in der Tendenz dem Status der Ungleichheit zwischen ihnen jede Rechtfertigung entzieht. Es handelt sich um eine Diplomatie der Apartheid im Weltmaßstab.

Diese Gefahr ist theoretischer Art. Nichts erlaubt vorherzusagen, wann es zum Bruch kommt. Zum großen Schaden der Moralisten, zu denen ich mich rechne, muß zugegeben werden: die Apartheid funktioniert gut. Man zieht vor, das zu vergessen und zu denken, das System sei von seinem Innern her zum Untergang verdammt. Vielleicht stimmt das auch, aber Südafrika hat die »getrennte Entwicklung« fast ein halbes Jahrhundert ohne größere Behinderung aufrechtzuerhalten vermocht. Mit Polizei-

und Militärtechnik wird die Gewalt im Zaum gehalten. Mit ökonomischen und politischen Mitteln schafft man es, die Volksgruppen und Ethnien zu spalten und somit zu schwächen. Schließlich versetzt die Armut die abhängigen Massen in den Zustand jener »Anpassung«, von der Galbraith spricht; ihr relativer Wohlstand im Vergleich zu den Nachbarländern reicht, sie davon abzubringen, diese kostbaren, wenn auch geringen Vorteile zu gefährden.

Wenn die südafrikanische Apartheid allmählich verschwindet, dann weniger infolge eines Sieges der Außenwelt als aufgrund einer veränderten Einstellung der weißen Macht. Ebenso ist das Römische Reich im Westen nicht unter dem Ansturm der Barbaren zusammengebrochen, sondern durch Zerfall und innere Auflösung. Es wäre heute verfehlt, mit einem schnellen und spontanen Zerbrechen des Nord-Süd-Limes zu rechnen. Wenn sich etwas ändert, dann wird dies im Norden, im Inneren des Systems selbst geschehen. Anders gesagt, und das ist das Wesentliche, es hängt alles von uns ab.

Der dem Menschen des Nordens angetragene Pakt ist ein echter, zuverlässiger und ehrlicher Pakt, obwohl er unmoralisch und anstößig ist: Wenn der Mensch des Nordens auf die Gerechtigkeit verzichtet, wird er dafür Sicherheit bekommen. Die drei Bedingungen sind erfüllt oder können durchaus erfüllt werden. Es ist nicht zu erkennen, wodurch die Errichtung eines militärischen Gleichgewichts am Limes verhindert werden sollte. Ebensowenig läßt sich ausmachen, weshalb es nicht möglich sein sollte, auf dem Planeten Distanzen aufrechtzuerhalten und den Norden vor weit entfernten Kataklysmen zu bewahren. Und schließlich kann eine Diplomatie der Ungleichheit sehr lange währen. Das System ist lebensfähig. Der Gegensatz zwischen dem Reich und den neuen Barbaren ist eine wirkliche, ausbalancierte Weltordnung. Wir dürfen uns nicht dem leichtfertigen Glauben ergeben, sie sei totgeboren, und abwarten. Gegenüber einem solchen Pakt gibt es keine objektive und einzig mögliche Antwort, sondern nur eine moralische, die weder aus der Geschichte noch aus der Gegenwart kommt, sondern aus dem Gewissen eines jeden von uns.

12

DREI ZUKUNFTSPERSPEKTIVEN

Wir treten ein in die Ära des begrenzten Universalismus: Recht, Demokratie, soziale Gerechtigkeit sind legitime Ideale für jedermann, aber nur innerhalb der Grenzen des Imperiums, also des Nordens. Im 19. Jahrhundert vermochte die amerikanische Gesellschaft zugleich egalitär zu sein und Sklaven zu halten, denn die Sklaven wurden nicht als Menschen angesehen. Ebenso können die demokratischen und humanistischen Werte zugleich universell und auf den Norden beschränkt sein: der Süden zählt nicht mehr zu den geschichtlich relevanten Gebieten.

Die Ideologie der Entwicklung erhielt ein Band zwischen den beiden Welten aufrecht: sie postulierte ihre Wesensgemeinschaft und die Möglichkeit, daß die zurückgebliebene Welt die fortgeschrittenere einholen könne. Die Ideologie des Limes zerbricht diese Einheit. Sie scheidet die geschichtliche Welt auf der einen Seite, in der universelle Kategorien gelten, von der Welt der neuen Barbaren auf der anderen, in der kultureller Relativismus herrscht: ethnische Teilungen, Haß zwischen den Volksgruppen und ein gewalttätiger Partikularismus.

Diese Teilung der Welt liegt dem internationalen Leben zugrunde und macht seine neuen Aspekte sichtbar. Sie setzt sich in den öffentlichen Meinungen durch und bestimmt die Denkweise der politischen Führer: der Pakt Sicherheit gegen Gerechtigkeit wird nach und nach allen aufgezwungen. Den Wohlstand durch Eingrenzung zu schützen, die universelle Zivilisation durch ihre Beschränkung auf einen kontrollierten Raum zu bewahren, den Norden mit einem Limes zu umgeben – wir erleben heute, wie all das beschleunigt vor sich geht. Will man diese

Wandlung in Echtzeit festhalten, also während sie sich vollzieht, noch bevor sie abgeschlossen ist, so bedeutet das selbstverständlich, Irrtum, annähernde Schätzungen, Voraussagen zu riskieren, die in der Folge nicht eintreffen mögen. Historiker und Politologen, die mit der Voraussage eines Ereignisses warten, bis es eingetreten ist, gehen geringere Risiken ein.

Das Wesentliche bei dieser Sache ist nicht, lediglich etwas zu erkennen, sondern zu handeln. Sofern diese Entwicklungen und diese Entscheidung von uns abhängen, in welch geringem Maße auch immer, steht es uns nicht zu, sie mit der Neutralität von Wissenschaftlern zu behandeln, die eine Naturerscheinung beobachten. Es gilt zu verstehen, vor allem aber rasch, *vorher* zu verstehen. Endlich ist uns eine Chance gegeben, die so wertvolle, so eigentlich menschliche, so begeisternde Einheit wiederherzustellen zwischen Analyse und Handeln, zwischen der Einschätzung einer Situation und der Weigerung, ihrem Eintreten oder ihrer Fortdauer zuzusehen.

Hier sind drei Antworten auf diese neuen Fragen, drei Wege, drei Zukunftsperspektiven. Eine jede wird anhand einer historischen Gestalt vorgeführt, die lediglich ihr Sinnbild ist. Es handelt sich um potentielle, virtuelle Haltungen. Zweifellos wird keine von ihnen den absoluten Triumph davontragen, und die Zukunft, jene einzige, die sich schließlich herausschälen wird, wird ein Zwittersproß all dieser imaginären Ahnen sein. Doch vielleicht lassen sich in ihr trotzdem manche von deren Zügen wiederfinden.

MARK AUREL: SICHERHEIT

Die erste mögliche Haltung: den Pakt annehmen, die Sicherheit wählen und die Gerechtigkeit gering achten, den Gedanken akzeptieren, daß die Zivilisation des Nordens darauf verzichten muß, universell zu sein, wenn sie fortdauern will. Dies ist der Weg von Mark Aurel.

Dieser Philosoph auf dem Kaiserthron, Bewunderer der griechischen Kultur, hat die Zivilisation unentwegt mit der Waffe verteidigt. Er hat am Limes gekämpft und seine weitere Befestigung betrieben. Er hat sich dafür entschieden, zwischen römischer und barbarischer Welt die Trennung zu verstärken, hoffend, daß er sie zu einer hermetischen machen könnte.

Für Mark Aurel besteht die Verteidigung von Recht, Gerechtigkeit, Freiheit vor allem darin, sie vor der äußeren Gefahr zu beschützen, den Raum zu umgrenzen, in dem sie Geltung haben, und die gegnerischen Kräfte der barbarischen Welt aus ihm fernzuhalten. Auf die heutige Welt übertragen, bedeutet diese Einstellung, den Nord-Süd-Limes im Namen des Überlebens der demokratischen, freiheitlichen und kulturellen Werte des Nordens aufzubauen.

Offenbar setzt sich jeder, der diese Wahl trifft, einem tragischen Widerspruch aus, den er dann leben muß. Dies zeigt die wirkliche Geschichte des Mark Aurel. Er, ein stoischer Philosoph, der die Weisheit und den Frieden liebte, hat im Schlamm der Schlachtfelder ein stumpfsinniges Dasein geführt; dieser verfeinerte Mensch, der das Gleichgewicht der griechischen *polis* bewunderte, hat die meisten Nächte unter Zelten ohne Bequemlichkeit zugebracht, allein inmitten seiner im Felde stehenden Armeen; dieser Dichter, der zarte Aphorismen über die Weltharmonie und die Sanftmut drechselte, hat unablässig Gewalt, List und sogar Grausamkeit anwenden müssen. Er nahm es hin, daß man den Deserteuren seiner Armee geschmolzenes Blei in den Schlund goß.

Die modernen Mark Aurel können sich diesem Paradoxon ebenfalls nicht entziehen. Um den demokratischen Norden zu schützen, unterstützen sie die totalitären Regierungen Chinas oder des Iran, die Autokraten Schwarzafrikas oder der Arabischen Halbinsel. Um eine unkontrollierbar gewordene Bedrohung durch eine Bevölkerungslawine abzuwenden, rechnen sie mit den verheerenden Wirkungen von Kriegen, Hungersnöten und

AIDS. Um die Ideologien des Bruchs zu schwächen, die sich gegen sie richten, sind sie bereit, sich mit weiträumigen Herrschaftszonen von Anarchie, Spaltung und Rückschritt abzufinden. All das, damit der Norden Toleranz, kulturelle Verfeinerung, die Achtung des Individuums und materiellen Wohlstand entfalten kann.

Wenn man eine Grenzziehung für die Zivilisation anerkennt, dann verpflichtet man sich, bei der Behandlung des jenseits dieser Grenze gelegenen Teils der Welt andere Regeln anzuwenden. Die barbarische Gewalt rechtfertigt im Gegenzug die Gewalt des Nordens. Auch der friedfertigste Philanthrop des Nordens wirft stets einen behelmten Schatten.

Mark Aurel erkannte sehr wohl, daß seine Soldaten, mit ihren Gegnern verglichen, an Härte nichts vermissen ließen. Als nach einer Revolte einer seiner Rivalen von seinen Truppen hingerichtet wird, präsentiert man ihm dessen Haupt auf einem Teller. Ich kann mir vorstellen, daß eine solche Szene unerträglich war für den Mann, der von seiner Mutter »Frömmigkeit, Freigebigkeit und Abscheu nicht nur vor bösem Tun, sondern auch davor, auf einen solchen Gedanken zu verfallen« geerbt hatte (1. Buch, 3)[1]. Doch um diese Gewalttätigkeit zu ertragen, beliebte es ihm, sie auf den Limes begrenzt zu glauben. Zumindest im Innern des Reiches, so dachte er, konnten Sanftmut und Gerechtigkeit herrschen.

Ein gewaltiges Mißverständnis. Die Gewalttätigkeit entfaltete sich im Herzen der römischen Welt genauso wie an ihren Grenzen.

Diejenigen, die in Rom auf eine Verteidigung des Limes hinwirkten, taten dies nicht alle aus denselben Motiven. Mark Aurel trat der Barbarei entgegen, um die Zivilisation, das Recht und die Werte des Griechentums hochzuhalten; an seiner Seite aber fanden sich viele, die von genau entgegengesetzten Empfindungen getrieben wurden. Schon Tacitus hatte ein Jahrhundert zuvor, als er von den Germanen sprach, eine heimliche Bewunderung anklingen lassen für ihre Stärke, ihre Geringschätzung des

Reichtums, ihren religiösen Eifer, ihre Freude am Tod, an Bluts- und Stammesbanden. Viele Römer erblicken in den Barbaren einen heilsamen Gegner, der zum Kämpfen zwingt und Rom das Beispiel kraftvoller Schlichtheit gibt und es von dekadenten Verlockungen fernhält.

Sie hoffen, daß Rom, indem es gegen die Barbaren kämpft, zu jener Epoche zurückfinden wird, in der es noch nicht durch die Berührung mit Griechenland verweichlicht war, also zur frühesten Zeit seiner Geschichte, als die Römer nichts weiter waren als ein kampflustiges und von Leidenschaft erfülltes Volk, das getreu seinen Ahnen und seinem geheiligten Boden anhing.

In der Ideologie des zeitgenössischen Limes findet man die Verfechter der Republik, der Menschenrechte und der Freiheit Seite an Seite mit einer extremen Rechten, die für die Trennung der Völker eintritt. In Frankreich sind sich heute alle gemäßigten politischen Parteien einig in der Verdammung der Zuwanderung und in der Forderung nach einer Verstärkung des Nord-Süd-Limes: Sie tun dies, um die Destabilisierung der demokratischen Institutionen zu verhindern. Doch damit treten sie einem Front National zur Seite, dessen Intentionen genau aufs Gegenteil zielen: Er prangert »die Barbarei« an, welche die Zuwanderung auf unserem Boden darstelle, bekundet aber derselben Barbarei großen Respekt, wenn sie sich im Süden manifestiert. Die freundliche Haltung der extremen Rechten Frankreichs gegenüber der irakischen Diktatur bezeugt dies. Weshalb diese unterschiedliche Behandlung? Einfach deshalb, weil die Verächter des »schlaffen Staates« den Gedanken befördern, daß die Barbaren ein Muster an Härte seien. Angesichts ihrer Entschlossenheit, ihres Fanatismus, ihrer Grobheit müssen wir die verweichlichten Sitten der Demokratie ablegen. Die extreme Rechte will unsere gar nicht so fernen barbarischen Ursprünge restaurieren. Ehe wir von den griechisch-lateinischen Idealen angesteckt wurden, waren wir jene kühnen Gallier, von denen Ammianus Marcellinus ein schmeichelhaftes Bild malt: »Fast alle Gallier sind hochge-

255

wachsen, von heller Hautfarbe und rotblond. Ihr Blick ist furchterregend, sie selbst sind streitsüchtig und in hohem Maße übermütig. Wenn ein Gallier Streit anfängt und seine Frau ihm zu Hilfe kommt, die bedeutend stärker als er und grauäugig ist, wird es keine Schar von Fremden mit ihm aufnehmen, besonders dann, wenn sie mit geschwollenem Nacken und zähneknirschend die schneeweißen Arme schwingt und anfängt, Faustschläge abwechselnd mit Fußtritten auszuteilen, wie Wurfgeschosse, die von gedrehten Bogensehnen geschleudert werden.«[2]

Ach, wenn wir es doch wieder mit dergleichen Schlachten zu tun hätten!

Darin liegt das Paradoxon von Mark Aurel. Er kämpft für die Zivilisation und das Recht. Doch ihm zur Seite stehen viele, die im Limes gerade die Gelegenheit sehen, diese Werte zu verwerfen.

Mark Aurel steht auf einsamem Posten, zwischen zwei bedrohlichen Feuern. Nach außen kämpft er gegen die Barbaren, verfolgt den verzweifelten Plan, sie zum Reich auf Distanz zu halten. »Beste Art, sich zu wehren, sich nicht anzugleichen«, erklärt er (6. Buch, 6). Im Innern wird er von Leuten gestützt, die über seine zivilisatorischen Ansprüche lachen, seine Feinsinnigkeit und Philosophie verachten. Sie kämpfen für dieselbe Sache wie er, aber sie üben noch schlimmeren Verrat an ihr, denn sie wollen die Barbaren bekämpfen, indem sie sich ihnen angleichen. Im Grunde schlägt Mark Aurel im Gewand des Stoizismus den einzigen Weg ein, den die Verzweiflung ihm offenläßt: er ist ein Ästhet, ein Romantiker. Er treibt die Zivilisation zur höchsten Verfeinerung, aber im Wissen, daß sie unwiderruflich räumlich begrenzt und zeitlich zum Untergang verdammt ist. Was er verteidigt, ist dem Tode geweiht, aber seine Bewußtheit dieses Geschicks gibt seinem Weltentsagen einen zusätzlichen Beiklang von schwermütiger Lust.

»Nicht als ob du Tausende von Jahren leben wirst. Die Notwendigkeit hängt über dir. Solang du lebst, solang es möglich ist, werde gut.« (4. Buch, 17).

Man kann aber den Pakt auch ablehnen. Diese Haltung illustriert Jean-Baptiste Kléber, der General der Revolutionsarmeen, der in Ägypten, wo er Napoleons Nachfolge angetreten hatte, den Tod fand.

Dieser Mann ist dadurch bemerkenswert, daß er, wenn man so will, beide Pole umfaßt. Er ist ein politischer Kopf, man hat ihm sogar den Vorwurf gemacht, er habe nicht die utopische Kraft Napoleons besessen. Aber er ist auch ein Mann von Idealen. Er hat alles im Kampf erworben: Kriegskunst, Macht, Autorität. Doch es war ihm niemals darum zu tun, diese bescheidenen Privilegien für sich allein zu behalten. Kléber ermangelt ganz und gar jenes bourgeoisen Geistes, der den Reichtum als eine Möglichkeit zur Rache an der Gleichheit versteht. Wer aufgestiegen ist, muß dafür kämpfen, die anderen zu sich hinaufzuheben. Keinerlei Sicherheit rechtfertigt in seinen Augen den Verzicht auf die Gerechtigkeit.

Betrachtet man sein Leben, dann erkennt man, wie sehr Kléber der Begriff der Grenze fremd war. Er sieht keine Scheidewände zwischen den Menschen, den Tätigkeiten, den Orten. Die Revolution trifft ihn als Architekten an, sie macht ihn zum Soldaten. Er steht General Jourdan in der Schlacht bei Fleurus zur Seite. Bonaparte gewinnt ihn für sich. Er folgt ihm nach Italien, später geht er im Gefolge des Ersten Konsuls nach Ägypten. Ein erstaunlicher Feldzug ist das: Wahnwitz, die reinste Traumvision führt diese zerlumpte Armee auf den afrikanischen Kontinent, unter dem Vorwand, England entgegenzutreten.

Was kann einem aus Straßburg gebürtigen Mann im Jahre 1799 Ägypten bedeuten? Es ist entlegener als das Ende der Welt: eine andere Welt. Für Kléber aber ist nichts entlegen. Die Ungezwungenheit, mit der Bonaparte und er sich am Fuße der Pyramiden tummeln, rührt gewissermaßen aus unterschiedlichen Antrieben her. Napoleon steht allem gleichermaßen fern, Kairo ebenso wie dem

Palais-Royal. Kléber empfindet überall dieselbe Nähe. Er erkennt keine Grenzen, weder zwischen Territorien noch zwischen Menschen, welcher Herkunft sie immer sein mögen. In Alexandria gründet er die Freimaurerloge Isis. Er begnügt sich nicht damit, ein osmanisches Gebiet zu besetzen; er will es aufklären, will hier zwischen den Individuen etwas anderes aufrichten als Gewalt, Herrschaft und eine erstarrte Autorität. Für ihn, den Militär, kann es keine Eroberung ohne Brüderlichkeit, keine Sicherheit ohne Gerechtigkeit geben. Er wird mit seinem Leben dafür bezahlen. Bonaparte verläßt Ägypten nach vierzehn Monaten um eines anderen Traumes willen: des Kaiserreichs. Kléber bleibt in Kairo, wo er den Tod finden wird.

Wie würden sich die Prinzipien dieses Lebens in der heutigen Welt verkörpern?

Der Gedanke eines Limes, einer Nord-Süd-Grenze, einer durch Trennmauern gegliederten Welt wäre für einen Mann wie Kléber unerträglich. Er gehört zu denen, die solche Grenzen nicht sehen können, ohne sie auf der Stelle zerbrechen zu wollen. Er würde es nicht ertragen, daß die Idee der Demokratie an ihrer Wurzel verraten wird, indem das, was Tocqueville einige Zeit später als die Gleichheit der Voraussetzungen bezeichnen sollte, in Frage gestellt wird. Er, der Mann von niedriger Herkunft, würde sich vorstellen, wie sein Leben aussähe, falls er unglücklicherweise jenseits des Limes geboren wäre, mitten im Süden, erfüllt von Neid, Ohnmacht und Haß. Er würde die ungenutzten Talente, die ignorierten Leiden, die bedeutungslose Größe dieser armseligen Massen fühlen, als ob sie bloß vor ihm lägen. Er würde sich darüber entrüsten, daß sie der Liebe zur Barbarei verdächtigt werden, in der zu leben sie verdammt sind, als ob der Arme seiner Natur nach sein Elendsloch lieben und der Analphabet Freude daran haben müßte, nichts als Bilder zu betrachten.

Das Desaster der Dritten Welt wäre in seinen Augen kein hinreichender Grund, um darin einen Wesensunterschied zwischen Nord und Süd zu erblicken und die

Ungleichheit zu verschärfen. Kléber würde statt dessen für die Entwicklung, die Solidarität zwischen beiden Welten, die Ausweitung der Demokratie kämpfen.

Was würde er praktisch tun? Zunächst einmal würde er es ablehnen, Diktaturen nur deshalb zu unterstützen, weil sie stabil sind. Diese Stabilität hat in seinen Augen keinerlei Wert: Die Weltgeschichte zeigt zur Genüge, daß die totalitären Regime unter einer friedlichen Oberfläche die destruktivsten Wirkungen haben und auf lange Sicht größte Explosionen verursachen. Durch eine Art Treibhauseffekt erhitzt sich in ihnen der Haß aufs äußerste. Die Tyrannei wünscht den Bürgerfrieden einzig mit dem Ziel herbei, ihre Herrschaft aufrechtzuerhalten. Er, der Revolutionär, weiß, daß Demokratie nicht immer in Begleitung von Stabilität entstehen kann. Sie ist auch eine Tochter des Bruchs. Sie bleibt Demokratie und verdient es, verteidigt zu werden, solange sie noch fähig ist, Ungewißheit in sich aufzunehmen, innere Konflikte zu lösen, kurz, das in sich zu bergen, was sie bedroht und zugleich nährt.

Er würde sodann ein Risiko eingehen. Wider alle von der *Realpolitik* gebotene Vorsicht würde er fortfahren, China mit Vorwürfen zuzusetzen, seine Dissidenten unterstützen, für seine Demokratisierung kämpfen. Er würde Castro mit Anschuldigungen verfolgen, bis der Traum von Valladares endlich verwirklicht wäre. Aber er würde seine Angriffe nicht auf die alten, atemlos keuchenden Marxismen beschränken: er würde auch die neuen Totalitarismen belagern, zumal den der Religiösen. Dem Iran helfen, ihn wieder aufnehmen in den Kreis der Nationen, jawohl. Doch mit der Forderung, daß er der Unterdrückung seines Volkes ein Ende setzt. Zusammenarbeiten mit Schwarzafrika, gewiß, aber nicht zum ausschließlichen Wohle der Clanchefs, die das lokale politische Leben abriegeln.

Kléber würde seine Unnachgiebigkeit nicht nur den etablierten Machthabern vorbehalten; sein Haß würde auch und in erster Linie den Usurpatoren der Freiheit gelten, jenen, die vorgeben, die Völker befreien zu wollen, und dabei schon den Apparat zu ihrer Knechtung installieren.

Die neuen Guerillabewegungen wie der »Leuchtende Pfad«, die oppositionellen religiösen Fundamentalismen, die Indigenismen und andere Formen von Ideologien des Bruchs wären ihm zweifelsohne höchst unsympathisch.

Kléber würde wissen, daß, wenn es einen Limes zu verteidigen gibt, dies nicht der Limes zwischen Norden und Süden, sondern jener andere ist, der durch jeden Staat und vielleicht durch jeden Menschen verläuft, zwischen den Kräften der Brüderlichkeit, Freiheit und Gerechtigkeit und den finsteren Verlockungen der Barbarei. Der Süden ist kein Gebiet, das ganz und gar in seine *conditio* der Armut und Feindseligkeit zurückzuwerfen ist. Es gibt überall Menschen, die kämpfen: ein Vargas Llosa in Peru hätte größere Unterstützung verdient; ein Fernando Collor in Brasilien spielt eine dramatische Partie, bei der es um die Essenz geht; selbst Sankara, der widerborstige und argwöhnische Führer von Burkina Faso hatte in seinem Land einen echten Modernisierungsprozeß gewagt. Hätte Kléber geduldet, daß man ihn niederschießt wie einen Hund?

Ich sagte schon: für ihn gibt es keine Distanz. Er würde die Ansicht verabscheuen, daß die Welt schrumpft, daß die eine Hälfte sich in sich selbst verschließt und in eine archaische und gewalttätige Form von Einsamkeit zurücksinkt. Er, der Osmanen in die Brüderlichkeit einweihte, glaubt mehr als irgend jemand sonst an die Universalität des Menschen. Er könnte sich nicht damit abfinden, jenseits des Limes Methoden angewandt zu sehen, die im Norden abgelehnt werden. Die Menschheitsgeißeln sind an jenen fernen Orten ebenso abscheulich wie hier. Armut, Krankheit, Hunger sind Feinde der Menschheit, und zwar überall. Ein Soldat kann sich nichts anderes vorstellen, als mit dem Feind von Angesicht zu Angesicht zu kämpfen; niemand erschiene ihm verächtlicher als Leute, die aus solch schändlichen Mitteln einen Vorteil zu schlagen trachten. Die Vorstellung von der nützlichen Katastrophe, die Hoffnung, daß AIDS, Bürgerkrieg oder der Zusammenbruch der Nahrungsmittelversorgung uns vor

Bevölkerungsmassen schützen könnten, die zu reduzieren und zu kontrollieren man aufgegeben hat, wäre für ihn niedrigster Egoismus.

Er würde, wider alle und jeden, weiter dafür kämpfen, daß für jedes Problem humane Lösungen gefunden werden. Er stünde an der Seite von Jonathan Mann und all jenen, die anstreben, das AIDS-Problem in der Welt zu einer Priorität der öffentlichen Gesundheitsfürsorge zu erklären; er würde die humanitären Organisationen in ihren hartnäckigen Anstrengungen unterstützen, auch noch die unzugänglichsten Orte zu erreichen, die einzigen, wo hinzugehen sich lohnt; er würde alle Initiativen unterstützen, mit denen versucht wird, die Methoden zur demographischen Kontrolle unter Achtung der menschlichen Würde zu vervollkommnen, anzupassen und auszuweiten; er würde ein Plädoyer für die Kinder von Rio halten, als wären es seine eigenen; er würde für die Erhöhung der Entwicklungshilfebudgets kämpfen, aber auch dafür, daß der Fluß von Kapitalien, Technologie und Austausch nicht zur Gänze vom Norden bestritten wird; er würde zu denen gehören, die den Flüchtlingsstatus reformieren und die Archipele von Entwurzelten, welche heute die Flüchtlingslager bilden, resorbieren wollen, nötigenfalls in der Auseinandersetzung mit den lokalen politischen Kräften.

Eine Utopie? Ja, im gleichen Maße wie der Ägyptenfeldzug. Doch während er für Napoleon nur eine ephemere heroische Geste war, hat Kléber all seine Energie, seinen praktischen Sinn und sein Leben dreingegeben. Er weiß, daß gewaltige Kräfte im gegenläufigen Sinne wirken und daß er allenfalls hoffen kann, sie auszubalancieren. Sein Handeln muß, so lachhaft es auch erscheinen mag, den Anspruch von Mustergültigkeit erheben. Er sagt im Kern: Wir werden nicht allein reich sein. Um sein Unterfangen zu beurteilen, muß man weniger aufs Detail als auf die Bewegung schauen: Kléber ist dem Limes gegenüber ein Grenzüberschreiter. Er überspringt ihn und beweist im Süden seine Präsenz. Im Gegensatz zu all denen, die den Süden ignorieren oder sich damit begnügen, ihm von weitem einen Tribut zu zahlen, begibt er sich in ihn hinein. Er weiß, daß dies das Entscheidende ist: weiterhin in den Süden gehen, seine Erforschung unentwegt fortsetzen, Zeugnis ablegen, Partei ergreifen, Anstoß erregen.

Es fehlt Kléber an der Geschmeidigkeit, die Napoleon befähigt, bei den Muslimen eine Rede als Muslim, bei den Christen eine als Christ, bei den Revolutionären eine als Republikaner zu halten. Aber Kléber ist eben ein Universalist: er akzeptiert den Gedanken eines Imperialismus der Demokratie. Er tritt den anderen mit der ganzen Kraft seiner Überzeugung entgegen. Natürlich setzt er sich der Gefahr aus, wegen seiner Haltung den Tod zu finden. Im Juni 1800 durchbohrt ihn ein Mameluk mit dem Messer und macht seinem Leben ein Ende, nicht aber seinen Grundsätzen.

Von Ungern: der Aufstand

Mark Aurel nahm den Pakt an: er tauschte die Sicherheit des Nordens ein gegen seinen Anspruch auf Gerechtigkeit. Kléber lehnte ihn ab und verkündete, daß es Sicherheit ohne Gerechtigkeit nicht geben könne. Bleibt eine letzte Position: den Pakt umkehren, behaupten, daß allein die Unsicherheit, die Destabilisierung des Nordens Gerechtigkeit herbeiführen kann.

Das Beispiel dafür liefert das Schicksal des Roman von Ungern. Nach der Revolution der Bolschewiki kämpfte dieser Offizier des Zaren zuerst in der von Admiral Koltschak geführten Weißen Armee in Sibirien. Nach dessen Niederlage weigerte sich von Ungern, ins Exil zu gehen oder sich zu ergeben. Mit einer Handvoll anderer Russen zieht er in die Mongolei, reitet durch die Steppen und stachelt die nomadisierenden Krieger, auf die er trifft, zum Aufstand an.

In dieser seltsamen Armee sind Russen ebenso wie Mongolen in Tierfelle gekleidet, leben in Jurten, reiten auf kleinen Pferden. Von Ungern ist nicht nur umständehalber in die Mongolei ausgewichen: sein Plan ist die rigorose Konsequenz aus seiner Gesamtsicht der Weltgeschichte. Die Barbaren, so denkt er, haben das erste Rom zerstört; sie haben das zweite (Konstantinopel) in ihren Besitz gebracht. In Gestalt der Bolschewiken haben sie ihren Einzug gehalten im dritten Rom, dem der Zaren. Alles deutet darauf hin, daß sie lange bleiben werden. Sie haben dort ihre Macht errichtet, kontrollieren die Bevölkerung und das Land. Für von Ungern liegt die Hoffnung neuerlich in der Steppe. Die Mongolen, die einstigen Eroberer des Moskauer Fürstentums, stellen die letzte Kraft dar, die Kraft, die aus den Tiefen der Steppe die Sicherheit der russischen Hochstapler zerbrechen und die Gerechtigkeit wiederherstellen kann. Christenheit, Monarchie, Reich – sie besitzen für von Ungern nur noch eine Heilshoffnung: das Wiedererstehen einer Goldenen Horde. Er will der neue Dschingis-Khan sein.

Wer ist heute von Ungern? Alle, die in der Wiedervereinigung des Nordens das Ende jeder ernsthaften Opposition gegen den kapitalistischen Produktivismus sehen. Die meinen, daß die Kritik von Marx begründet war und daß heute ein kalter Ökonomismus herrscht, die seelenlose Maschinerie der Demokratie, eine Gesellschaft, die sich auf ihr eigenes Spektakel zurückzieht und den Bürgern lediglich das medienvermittelte Trugbild einer falschen Wahl bietet. Alle, die meinen, daß der Norden in Ermangelung einer wahren gesellschaftlichen Alternative zu einer gigantischen und schmutzigen Tyrannei geworden ist. Für sie alle sind die Zukunft des Menschen, das Abenteuer, die Freiheit, das Ideal nur noch auf seiten der Barbaren zu finden, das heißt, wie von Ungern glaubte, irgendwo in den Steppen.

Sie, die heute den Pakt umzukehren versuchen, sind zahlreich. Diesen Wunsch verspüren zunächst einmal viele im Norden lebende Vertreter südlicher Bevölkerungsgruppen, die das Gefühl haben, ausgeschlossen zu sein, und ihre verlorenen Werte preisen. Ihnen schließen sich all jene an, die im demokratischen Ruhezustand nicht mehr die radikale Alternative finden, die ihrem Ideal von Gerechtigkeit und ihrem Bedürfnis zu träumen entspricht. Vor fünfzehn Jahren waren es die palästinensischen Lager, Libyen, die regionalen Terrorismen, in denen sich die Haßempfindungen auf den Westen trafen, nachdem sie an den revolutionären Tugenden des Ostens bereits zu verweifeln begannen. Heute wird die Ideologie des Limes diesen äußeren Bedrohungen einen neuen Auftrieb – und zweifellos auch einen neuen Aspekt – verleihen. Sie benutzen die Ungerechtigkeit, deren Opfer der Süden und seine Völker sind, um den Norden unter Anklage und seine Sicherheit in Frage zu stellen. In Peru sind Universitätsdozenten in den Untergrund gegangen, überall bauen die Fundamentalisten ihre Strukturen auf, Jacques Vergès prangert im Namen der aus dem Limesbezirk verwiesenen Völker die Gerechtigkeit des Nordens an, Jean Ziegler rechtfertigt die erbittertsten Rebellen und den Einsatz einer Freiheit bringenden Gewalt gegen jegliche Macht des Nordens.

Man hat erklärt, daß der von der Roten Armee besiegte von Ungern verlassen und verbittert den Tod gefunden hat in seiner Steppe, in der jetzt die Nomaden eingeschlossen sind.

Ihr aber, die ihr den Limes verteidigt, ihr, die ihr die Barbaren auf die andere Seite einer wohlgeschützten Grenze zurückwerfen wollt, schaut nur, schaut genau hin. Seht ihr inmitten dieser Menschenmassen, die ihr für bedrohlich haltet, nicht jemand, der unter seinen buntscheckigem Aufzug und seiner seltsamen Kopfbedeckung euch an irgend etwas erinnert? Ja, gibt es unter diesen neuen Barbaren nicht jemand – und das ist das Beunruhigende –, der euch ähnelt?

Der Bruch zwischen dem Norden und dem Süden ist nicht mehr zu verhehlen. Er weitet sich aus, in der Realität der Fakten, vor allem aber in den Denkweisen. Alles trägt dazu bei, ihn zu verschärfen. Je mehr der Norden innere Bedrohungen verspürt, je öfter er Serben, Balten oder

Korsen bei dem Versuch beobachtet, die Einheit seiner Nationen in Frage zu stellen; je mehr er in Moskau oder Berlin autoritäre Anwandlungen wiederkehren sieht, die die von ihm als Anspruch verfochtene Demokratie erneut in Frage stellen — um so stärker wird es ihn verlocken, den Süden als Kontrastmittel, als Bedrohung, als das Land der Barbarei aufzubauen.

Der Bruch zwischen Nord und Süd besitzt alle Merkmale eines Teufelskreises. Wenn der Süden als andersartig erscheint, bestärkt er diejenigen im Norden, die meinen, man müsse sich vor ihm schützen. Wenn die entwickelte Welt Züge an den Tag legt, die sie mit der Barbarei gemeinsam hat — Tendenz zur Zersplitterung, aufständische Bevölkerungsgruppen, autoritäre Anwandlungen —, dann ermuntert sie jene, die diese Dämonen nach draußen verbannen wollen: Der Süden ist der erkorene Feind, durch den sich die inneren Gefahren per Exorzismus bannen lassen. Die Ideologie des Limes gestattet es dem Norden, der sich wiedervereinigt und als Wahrer der Werte von Demokratie und Recht sieht, zu vergessen, daß der Weg bis zu seinen Idealen noch lang ist. Indem sie Tragödien — deren Worte und Handlungen der nördlichen Welt durchaus vertraut sind — auf die tropischen Bühnen projiziert, erlaubt sie dem Norden, eine Zeitlang zu vergessen, daß er diese Tragödien durchaus noch im eigenen Repertoire hat. Angesichts des Nord-Süd-Bruchs und des daraus hervorgehenden Limes kommt es nicht so sehr darauf an, den Anteil an Realität zu trennen von dem der Phantasmen. Allein die Wirkungskraft dieser Ideen zählt, ihr Einfluß auf die heutigen Denkweisen. Um die Ideologie des Limes anzunehmen oder abzulehnen, muß man sie zunächst einmal erkannt haben.

DANKSAGUNG

Ich danke für Hilfe und Unterstützung:
Claude Malhuret, Irène Commeau, Frl. Semence und der
Bibliothek des Institut d'Etudes Politiques in Paris, Jean-
Marie Milou, René Russbach, François Jean, Francis
Chahron, Catherine Flach und Françoise Le Rolland

Anmerkungen

Der Brand von Karthago

1 F. Fukuyama, »La fin de l'histoire«, in: Commentaire, Nr. 47, 1989, S. 457–469.
2 A. Besançon, in: Commentaire, Nr. 47, S. 476.
3 Das Überleben sichern. Gemeinsame Interessen der Industrie- und Entwicklungsländer. Bericht der Nord-Süd-Kommission. Mit einem Vorwort von Willy Brandt. Köln 1980.
4 E. Canetti, Masse und Macht, Carl Hanser, München o. J., S. 66.
5 Polybios, Des Polybios Geschichte, übersetzt von H. Kraz, Berlin und Stuttgart 1855–1904. III, S. 454 f.
6 P. Veyne, Le Pain et le Cirque, Le Seuil, Paris 1976, S. 384.
7 D. Roussel, Vorwort zu: l'Histoire von Polybios, Gallimard, Paris 1970, S. XXX.
8 Le Monde, 22. November 1991.
9 Pomponius Mela, Geographie des Erdkreises, 1. Teil: Mittelmeerländer. Erstes Buch, IV. Aus d. Lat. v. H. Philipp, Leipzig o. J., S. 13.

1

Die neuen *Terrae Incognitae*

1 Siehe G. Chaliand, Stratégies de la guérilla, Mazarine, Paris 1985.
2 R. Braumann, »L'Espoir assassiné«, in: La lettre du Quai, Nr. 10, Juni 1990.
3 J.-F. Bayart, L'Etat en Afrique. La politique du ventre, Fayard, Paris 1990, S. 312.
4 Zitiert von C. Rangel, L'Occident et le tiers monde, Laffont, S. 118.
5 M. A. Martin, »Khmers rouges, des partenaires incontournables«, in: Politique internationale, Nr. 47, Frühjahr 1990.
6 P. Burin des Rosiers, »La drogue entre deux Amériques«, in: Ramsès 90, S. 108 ff.
7 Solidarité France-Brésil, 15, rue Frédéric-Sauton, 75005 Paris.
8 Le Monde.
9 Genau zum Zeitpunkt der Unterzeichnung eines Abkommens zwischen den Behörden von Mali und den aufständischen Tuareg wird ein Lastwagenfahrer von einer Kugel getötet (11.1.1991).

Bevölkerung: Drama der einen, Waffe der anderen

1 Siehe z. B. Centre français sur la population et le développement: de l'homme au chiffre, CEDEP 1988. P. Fargue, Y. Combage »Reconstitution de la fécondité passée à l'aide d'un seul recensement dans les pays à statistiques incomplètes«, in: Population, Nr. 42, Juni 1987.
2 Siehe Protokolle des Kongresses der Internationalen Union zur wissenschaftlichen Erforschung der Bevölkerung. New Delhi, 20.–27. September 1989.
3 J.-C. Chesnais, La transition démographique, PUF, Paris 1986.
4 Ebd., S. 64.
5 J.-C. Chesnais in: Tiers monde: controverses et réalité, S. 120ff.
6 G. Etienne in: Asie-Afrique: greniers pleins; greniers vides, Economica, 1986.
7 Le tiers-mondisme en question, Protokoll des Kolloquiums der Stiftung Liberté sans Frontières, éd. Orban, 1986.
8 UN-Enquête bei den Staaten, zitiert von J.-C. Chasteland in: Tiers monde, Nr. 94.
9 F. Deron, »Chine, l'héritage empoisonné de Mao«, Champs économiques, Le Monde, 27. Februar 1990, S. 26.
10 Ebd.
11 Siehe Interview mit Dr. Mann, in: Le Monde, 23. März 1990, S. 11.
12 M. D. Grmek, Histoire du SIDA, Payot, Paris 1990.
13 J.-C. Chesnais, »Pays riches, halte: contrôle«, Libération, Beilage La nouvelle planéte, Februar 1991, S. 26.

3

Die Archipele des Elends

1 J.-F. Bayart, L'Etat en Afrique, a. a. O., S. 43.
2 A. Laurent, »Camps des réfugiés, camps de combattants: les Palestiniens«, in: Revue d'Etudes Polémologiques, Nr. 44, 1987, S. 103ff.
3 J.-C. Rufin, Le Piège humanitaire, Lattès, Paris 1986.
4 W. Shawcross, Le Poids de la pitié, Balland, Paris 1985.
5 Y. Zajewski, A future preserved. International Assistance to refugees, Pergamon Press, London 1988.

6 Unabhängige Kommission zu internationalen Menschenrechtsfragen: Réfugiés, la dynamique du déplacement, Berger-Levrault, 1987.

7 J.-C. Rufin, »Les sanctuaires humanitaires«, in: Le devoir d'ingérence, Denoël, Paris 1987.

8 Unabhängige Kommission zu internationalen Menschenrechtsfragen: Réfugiés, la dynamique du déplacement, a. a. O.

9 S. Artikel von A. Guilloux »L'explosion urbaine«, in: Tiers monde: controverses et réalités, a. a. O., S. 169, sowie P. Bairoch »L'explosion urbaine dans le tiers monde« in: Revue tiers monde, Nr. 94, 1984.

10 L. Zecchini, Le Monde (champs économiques), 27. Februar 1990.

11 J.-F. Bayart, ebd.

12 P. Bairoch, ebd.

13 A. Guilloux, ebd.

14 O. Lewis, Die Kinder von Sánchez, Econ, Düsseldorf und Wien 1963.

15 Ebd., S. 26.

16 Ebd., S. 27.

17 O. Lewis, Five families. Mexican case studies in the culture of poverty, Basic Books, New York 1959.

18 O. Lewis, Die Kinder von Sánchez, a. a. O., S. 28f.

19 Ebd., S. 350.

20 M. A. Martin, »Khmers rouges: des partenaires incontournables?«, in: Politique internationale, Nr. 47, Frühjahr 1990.

21 J.-F. Bayart, a. a. O., S. 292.

22 Ebd.,

23 O. Lewis, a. a. O., S. 30.

4

KRITIK DER DIALEKTISCHEN MACHETE

1 G. Bernanos, Les enfants humiliés. Journal 1939/40, Paris 1949, S. 109.

2 K. Marx, Der achtzehnte Brumaire des Louis Bonaparte, in: K. Marx/F. Engels, Werke, Bd. 8, Berlin 1960, S. 115.

3 Siehe Autrement, »Brésil«.

4 Oswald de Andrade, Manifesto de Antropofagia (1928).

5 Frantz Fanon, Les Damnés de la Terre, Vorwort von J.-P. Sartre, Maspéro, Paris 1961.

6 Ebd., S. 11.

7 Ebd.

8 »Demokratie, das ist Westen, und vom Westen wollen wir nichts wissen«. R. Chomeini in Le Monde, 11./12. März 1979.

9 F. Nahavandi, Aux sources de la Révolution iranienne, L'Harmattan, 1988.

10 Siehe die ideologische Darstellung dieser Verbindung in Darius Shayegan, Qu'est-ce qu'une révolution religieuse?, Les Presses d'Aujourd'hui, 1985.

11 Lucio Lami, »L'irrésistible ascension du 'Sentier Lumineux'«, in: Politique internationale, Nr. 45, Herbst 1989. Das von Lucio Lami wiedergegebene Programm des »Leuchtenden Pfades« ist ein vollendetes Beispiel »revolutionären Ausbruchs«.
»Erstens: Mobilisierung und bewaffnete Propaganda.
Zweitens: Sabotage.
Drittens: Verallgemeinerung der revolutionären Gewalt.
Viertens: Eroberung und Ausweitung von Stützpunkten.
Fünftens: Erhebung in den Städten und totale Zerstörung des bürgerlichen Staates.«

12 A. Hertoghe, A. Labrousse, Le Sentier Lumineux: un nouvel intégrisme dans le tiers monde, La Découverte, 1989, S. 89.

13 N. Bonnet, Le Monde, 14. Februar 1991.

14 A. Hertoghe, A. Labrousse, a. a. O., S. 214.

15 Siehe Pin Yathay, L'Utopie meurtrière, Laffont, Paris 1980.

16 V. Grossman, Vie et destin, L'Age d'Homme, S. 627.

17 O. Lewis, Die Kinder von Sánchez, a. a. O., S. 30.

18 G. Kepel, La revanche de Dieu, Grasset, Paris 1991.

5

Das Recht für alle auf Krieg

1 P. P. Rey, »Le marxisme congolais contre l'Etat«, in:
A. Corten, M. Sadria, M. B. Tahon, Les autres marxismes réels, Christian Bourgois, Paris 1985, S. 190.

2 C. Leclercq, L'Empire d'Ethiopie, Berger-Levrault, 1965.

3 J.-F. Bayart, a. a. O.

4 C. Carle, Des armes pour le tiers monde, Ramsès 90, S. 171.

5 Ebd.

6 Tacitus, Germania, 14. Übersetzt von H. Ronge, München 1932, S. 13.

6

Das Heil durch den Hamster

1 S. Bessis, La nouvelle frontière. Les tiers mondes et la tentation de l'Occident, Lattès, Paris 1983.
2 Siehe die zahlreichen Schriften von René Dumont, insbesondere sein jüngstes Werk Démocratie pour l'Afrique, Le Seuil, Paris 1991.
3 J.-C. Chesnais, La revanche du tiers monde, a. a. O.
4 Politique internationale, Nr. 47.
5 E. Taïeb, Economie et société brésiliennes: croissance ou développement, Nathan 1989.
6 S. Le Monde, 7. Februar 1991.
7 Ein von Michel Rocard bei Stéphane Essel angeforderter und niemals veröffentlichter Bericht.
8 C. Lévi-Strauss, Race et Histoire, UNESCO 1952. Deutsche Ausgabe: Rasse und Geschichte, Aus dem Franz. v. T. König, Suhrkamp, Frankfurt/Main 1972.
9 T. Mommsen, Römische Geschichte, 1. Band, Berlin 1856, Kap. III, S. 41.
10 Tacitus, Germania, 14, a. a. O., S. 12.
11 Ebd., 5, S. 4.
12 L. Halphen, Les barbares, Alcan, 1926, S. 4f.

7

Das Schrumpfen der geschichtsträchtigen Gebiete

1 P. Kennedy, Rise and Fall of the Great Powers, London 1987.
2 Im Jahr 1800 kontrollieren die Europäer 35% der Gebiete auf der Erde; 1878 sind es 67%, 1914 84%. Ebd., S. 150.
3 Strabo's Geographie, 2. Buch, 5.8. Übers. von K. Kärcher, Stuttgart 1829, S. 221f.
4 S. T. Mommsen, Römische Geschichte, 4. Buch, Kap. 1 u. folg.
5 Caius Julius Cäsar, Denkwürdigkeiten des Gallischen Krieges.
6 Strabo, ebd., 17. Buch, 3.24. A. a. O., S. 1496.
7 T. Mommsen, a. a. O.
8 Zu einer kritischen Darstellung der Monroe-Doktrin siehe T. D. Allman, Un destin ambigu. De Monroe à Reagan, Flammarion, Paris 1984, S. 134ff.

8

Die Entstehung des Äquators

1 R. A. Camp, Mexico's political stability. Bericht für das State Department. Boulder Colorado West View, 1986.
2 S. J.-C. Chasteland, »La politique de la population dans les pays en voie de développement«, in: Tiers monde, Nr. 94, IEDES, Paris.
3 E. Fottorino, »La santé retrouvée du Mexique«, Le Monde, Wirtschaftsteil, 15. Januar 1991, C 23.
4 J. Edin, »La nouvelle Espagne«, in: Ramsès 90, S. 229 f.
5 R. Girard, Shakespeare. Les feux de l'envie, Grasset, Paris 1991.
6 D. Noin, Géographie de la population, Masson, 1988.
7 R. Cagnat und M. Jan, Le milieu des Empires, Laffont, Paris 1982.
8 F. Jean, »Hong Kong, chronique d'une mort annoncée«, in: Commentaire, Nr. 51, Herbst 1990.
9 Vom Meer überflutete kleine Inseln, die möglicherweise Erdöllagerstätten enthalten, wurden 1895 von der besiegten Mandschurei an Japan abgetreten und werden jetzt von Taiwan beansprucht. Siehe Le Monde, 24. Oktober 1990 und 22. November 1990.
10 R. Cagnat/M. Jan, a. a. O., S. 260 f.
11 H. Carrère d'Encausse, La gloire des nations, Fayard, Paris 1990.
12 O. Roy, »Iran: les habits neufs de Rafsandjani«, in: Politique Internationale; Nr. 50, 1990/91, S. 67 f.

9

Den Süden verlieren

1 Niccolò Machiavelli, Betrachtungen über die erste Dekade des Titus Livius, 2. Buch, 24. Zitiert nach: N. M., Politische Betrachtungen über die alte und die italienische Geschichte, übers. u. eingeleitet von F. v. Oppeln-Bronikowski, Köln u. Opladen 1965, S. 204.
2 Ammianus Marcellinus, Römische Geschichte, 26. Buch, 6.13. Zitiert nach: A. M., Römische Geschichte, lat. u. deutsch v. W. Seyfarth, Vierter Teil, Buch 26–31, Akademie-Verlag, Berlin 1971.

3 P. Kennedy, Rise and Fall of the Great Powers, Hyman, London 1987.

4 J. D. Steinbruner (Hg.), Restructuring American Foreign Policy, The Brooking Institution, Washington, Januar 1989, S. 2.

5 Ebd., S. 1.

6 Sueton, Julius Cäsar, in: Cäsarenbilder, Stuttgart 1883.

7 S. Gherardi; »L'Amérique, la guerre et la prospérité«, Le Monde, Wirtschaftsteil, 15. Januar 1991.

8 J. Kirkpatrick, »Il faut défendre les Droits de l'homme à l'ONU«, in: Colloque sur les Droits de l'homme et les relations internationales, Masson, 1988, S. 59.

9 J. Krauze, »Etats-Unis: le casse-tête de l'aide«, Le Monde, 2. April 1990. Siehe auch L. Zecchini, in Le Monde vom 17./18. Februar 1991: »Ausstieg der USA aus ihrem Engagement in Pakistan. Wenn die amerikanische Hilfe überhaupt wieder-aufgenommen wird, wird sie nur ein Drittel des früheren Wertes betragen.« Pakistan hat seinen Pufferstatus verloren.

10 M. Hunt, Ideology and US Foreign Policy, New Haven, Yale University Press, 1987. E. Angelli, C. Murphy, America's Quest for Supremacy and the Third World. A Gramscian Analysis, Pinter Publishers, London 1988, S. 62.

11 J.-F. Bayart, L'Etat en Afrique, a. a. O.

12 A. Sauvy, L'Europe submergée, Dunod, 1987.

13 C. Whittaker, Les frontières de l'Empire romain, Les Belles Lettres, 1989, S. 90 f.

14 Für eine vollständige Darstellung dieser Kolonisierung siehe H. Carrère d'Encausse, L'Empire éclaté, Flammarion, Paris 1978, sowie R. Cagnat/M. Jan, Le milieu des Empires, Laffont, Paris 1982.

15 R. Cagnat/M. Jan, a. a. O.

16 A. Nove, Glasnost in Action. Cultural Renaissance in Russia, London 1989.

17 I. Commeau-Rufin, Lettres des profondeurs de l'URSS, Gallimard, Reihe Témoins, Paris 1990.

18 C. Saint-Etienne, Demain l'union slave, Le Monde, Wirtschaftsteil, 11. Dezember 1990, S. 27.

19 C. Tréan, Le Monde, 20. November 1990, S. 3: »Man ist heute der Ansicht, daß in dem neuen politischen Kontext diese Konzentration östlich des Urals weniger bedrohlich geworden ist, und man gibt sich mit den Erklärungen von Schewardnadse in Washington zufrieden, wonach die Hälfte dieser Ausrüstungen der Modernisierung der fernöstlichen Streitkräfte der Sowjetunion dienen soll.«

10

Die Politik des heiligen Ambrosius

1 C. J. Cäsar, Denkwürdigkeiten des Gallischen Krieges, 1. Buch, 1. Zitiert nach: Römische Prosaiker in neuen Übersetzungen. C. J. Cäsars Werke, übers. v. A. Baumstark, Stuttgart 1838, S. 71.
2 Pomponius Mela, Geographie des Erdkreises, aus d. Lat. v. H. Philipp, Leipzig o. J. 1. Teil Mittelmeerländer, III. Buch, 92.
3 O. Roy, »Les habits neufs de Rafsandjani«, in: Politique Internationale, Nr. 50, 1990–91.
4 Äußerung gegenüber François Léotard im Dezember 1990.
5 M. Heller, A. Nekride, L'Utopie au pouvoir, Calmann-Lévy, Paris 1982.
6 A. Dowty, Closed Borders, Yale University Press, New Haven 1987.
7 F. Jean, »Hong Kong: chronique d'une mort annoncée«, in: Commentaire, Nr. 51, Herbst 1990.
8 Ein Zeichen der Zeit: die sehr antikommunistisch orientierte Moon-Sekte hat unter dem Firmenschild der Panda Motor Company in Huizhou in China ein Autowerk errichtet, das Mitte dieses Jahrzehnts bis zu 300000 Fahrzeuge jährlich herstellen soll. Nach Le Monde, 9. Februar 1991.
9 S. Le Monde, Serie »Plaies d'Afrique«, Juni 1990.
10 C. Clément, »Ecrasons l'infâme«, La règle du jeu, Nr. 3, S. 126.
11 Der Ausdruck stammt von F. Chahron.
12 Ambrosius von Hélio und Ieunio, zitiert bei Whittaker, Les frontières de l'Empire romain, Les Belles Lettres, 1989.

11

Die weltweite Apartheid

1 A. Toynbee, A Study of History, Oxford University Press, New York 1946.
2 R. Aron, »La guerre est un caméléon«, in: Contrepoint, 1975.
3 C. Carle, J. Paolini, »Armes nouvelles et prolifération«, in: Ramsès 90, IFRI, Dunod, S. 133 f.
4 Le Monde, Oktober 1990.
5 C. Whittaker, Les frontières de l'Empire romain, a. a. O.

12

DREI ZUKUNFTSPERSPEKTIVEN

1 Diese und die nachfolgenden Stellen sind zitiert nach: Kaiser Mark Aurel, Wege zu sich selbst, hg. u. übertragen v. W. Theiler, 3. Aufl., Diogenes, Zürich u. München 1984.
2 Ammianus Marcellinus, Römische Geschichte, 15. Buch, 12.1. Zitiert nach: A. M., Römische Geschichte, lat. u. deutsch v. W. Seyfarth, Erster Teil, Buch 14—17, Akademie-Verlag, Berlin 1978, S. 151.

INHALT